KB143316

한국 세계시민교육이 나아갈 길을 묻다

한국 세계시민교육이 나아갈 길을 묻다

초판 1쇄 인쇄 2020년 11월 25일
초판 1쇄 발행 2020년 11월 30일

기획 및 엮음 유네스코 아시아태평양 국제이해교육원
지은이 김보명 박순용 안현효 이동기 이선경 임현묵 장은주 조대훈 최현 한건수 한숭희
펴낸이 김승희
펴낸곳 도서출판 살림터
등록 2008년 3월 18일 제313-1990-12호
주소 서울시 양천구 목동동로 293, 2215-1호
전화 02-3141-6553
팩스 02-3141-6555
이메일 gwang80@hanmail.net
블로그 http://blog.naver.com/dkffk1020
ISBN 979-11-5930-167-4 93370

유네스코 아시아태평양 국제이해교육원 기획 및 엮음

한국 세계시민교육이 나아갈 길을 묻다

살림터

차 례

발간에 부쳐

한국 세계시민교육의 이론과 실천 심화를 위하여 • 임현묵 • 7

1부 학교교육 및 평생교육을 위한 세계시민교육

　1장 세계시민교육 개념의 다원성 • 박순용 • 23

　2장 학교교육의 혁신과 세계시민교육 • 조대훈 • 53

　3장 평생학습 맥락에서의 세계시민성교육 • 한숭희 • 83

2부 세계시민교육의 중심 주제 (1):

　　　인권과 시민격, 평화, 민주주의, 세계화와 불평등

　4장 시민격(citizenship)과 세계시민교육 • 최현 • 117

　5장 세계시민 관점의 평화교육 • 이동기 • 155

　6장 민주시민교육에서 세계시민교육으로:

　　　'세계시민주의적 애국주의'라는 발판 • 장은주 • 179

　7장 세계화와 경제적 세계시민성 • 안현효 • 209

3부 세계시민교육의 중심 주제 (2):
　　　문화다양성, 성평등, 지속가능한 발전

　　8장 세계시민성의 보편가치와 문화다양성·한건수·237

　　9장 페미니즘과 세계시민교육은 어떻게 만날까?·김보명·265

　　10장 지속가능한 발전과 미래를 위한 세계시민교육·이선경·295

주 332

도움받은 글 339

일러두기

1. 이 책에서 각 저자의 관점과 견해를 존중하여 세계시민교육과 세계시민성교육, 세계시민성과
   세계시민권과 세계시민격, 시민교육과 시민성교육과 시민권교육 등을 하나로 통일하지 않고
   혼용하였다.
2. 본문에서 단행본은 《 》, 논문, 보고서, 선언은 〈 〉로 표시하였다.
3. 유네스코 아시아태평양 국제이해교육원의 국문 발간물을 인용한 경우 '유네스코 아태교육원',
   영문 발간물일 경우 'APCEIU'로 표기하였다.
4. 외국 저자의 번역본을 인용한 경우, 국내에 출간된 단행본에서 사용한 국문 저자명을 사용하
   였다.
5. 주는 모두 후주로 처리하였다.

한국 세계시민교육의
이론과 실천 심화를 위하여

임현묵

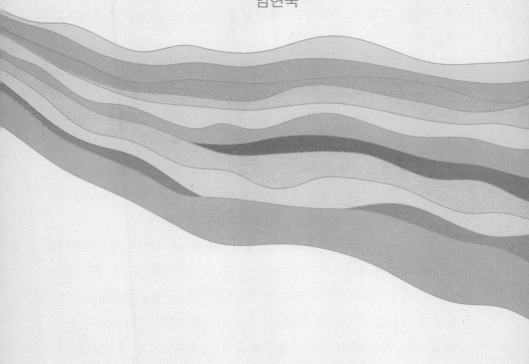

이 책은 유네스코 아시아태평양 국제이해교육원(이하 '유네스코 아태교육원')이 2019년 여름부터 2020년 6월까지 진행한 '세계시민교육 세미나'의 결과물을 엮은 것이다. 이 세미나는 국내 세계시민교육 이론과 실천의 심화에 목표를 뒀다. 단순히 외국 이론을 정리하는 차원을 넘어 한국 사회의 과제와 고민을 바탕으로 세계시민교육의 역할과 방향에 관해 숙고하고, 그 결과물을 단행본으로 출간할 계획으로 추진했다.

유네스코 아태교육원은 아태지역을 중심으로 세계 여러 지역에서 국제이해교육과 세계시민교육을 증진하는 일을 주된 임무로 하는 유네스코 산하 기관이다. 2015년 5월 인천에서 열린 세계교육포럼에서 세계시민교육이 국제사회의 주요 교육 의제로 정립되고, 곧바로 9월에 열린 유엔 총회에서 지속가능발전목표(Sustainable Development Goals, SDGs)의 세부목표 4.7로 세계시민교육이 채택된 이후, 유네스코 아태교육원은 세계시민교육 사업을 크게 강화해 왔다.

한국 교육부와 시도교육청도 세계시민교육을 확산하려는 노력을 그즈음부터 본격화하기 시작했다. 교육부는 세계시민교육 선도교사 연수 사업을 2015년부터 꾸준히 지원하고 있고, 시도교육청도 시도 차원의 선도교사 연수와 더불어 교사 연구회 같은 사업을 추진하고 있다. 이런 지속적인 노력에 힘입어 국내 교육현장에서 세계시민교육에 대한 관심과 인식이 부쩍 높아진 것은 분명하나, 여전히 세계시민교육의 개념적 모호성, 그 범위의 불분명성이 실천상의 어려움으로 지적되고 있는 것도 사실이다. 특히 교육의 내용이나 목표 측면에서 상당 부분이 겹치는 인권교육, 평화교육, 민주시민교육, 문화다양성교육, 성평등교육, 지속가능발전교육 등과 세계시민교육이 어떻게 다른지를 묻는 현장의 목소리가 끊이지 않고 있다.

이런 배경에서 2019년에 '세계시민교육 세미나'가 계획되었다. 세계시민교육 개념 명료화를 요구하는 현장의 요구를 염두에 두기는 하되, 세계시민교육에 대한 어떤 통일된 개념 정의를 추구하는 작업은 가능하지도 바람직하지도 않다고 보고, 오히려 세계시민교육 개념의 다원성을 인정하면서 서로 다른 관점과 입장 사이의 토론과 논쟁을 통해 세계시민교육 개념에 대한 이해를 높이는 쪽으로 방향을 잡았다.

특히 외국의 논의를 국내에 소개하는 차원을 넘어서기 위해, 국내 인권교육, 평화교육, 민주시민교육, 문화다양성교육, 성평등교육, 지속가능발전교육 등에 어떤 문제가 있고, 이 문제를 해결하는 데 세계시민교육이 어떤 도움을 줄 수 있는지에 초점을 맞추기로 했다. 달리 말해서, 국내 인권교육, 평화교육, 민주시민교육, 문화다양성교육, 성평등교육, 지속가능발전교육 등에 세계시민교육의 관점이 얼마나 스며들어 있는지, 별로 없다면 왜 문제인지, 세계시민교육의 관점을 좀 더 늘리려면 어떻게 해야 하는지에 답하려 했다. 이는 근본적으로 한국에서 왜 세계시민교육을 해야 하고, 어떤 세계시민교육을 할 것인가라는 물음에 답하려는 시도이기도 할 것이었다.

그래서 세미나에는 세계시민교육 연구자와 더불어, 평화, 인권, 민주주의, 문화다양성, 페미니즘, 경제 세계화, 지속가능발전 분야의 연구자를 초청했다. 이렇게 다양한 분야의 연구자들이 세계시민교육에 관한 논의를 벌임으로써 국내 세계시민교육 이론과 실천을 좀 더 풍부하게 만들고, 동시에 이들 분야에서도 세계시민교육에 대한 관심이 높아질 수 있으리라 기대했다.

물론 이런 기대가 전적으로 충족되었다고 말하기는 어렵다. 애초 세미나를 매달 하기로 했으나, 연구자들의 바쁜 일정으로 두 달에 한 번 하게 되었다. 게다가 코로나19 사태까지 터지는 바람에 모이는 것 자체가 어려울 때도 많았다. 토론과 논쟁을 충분히 이어 가기에는 시간이 턱없이 부족했고, 결국 이 점은 큰 아쉬움으로 남는다. 이런 어려움에도 불구하고 세미나 이후 참가자들은 한국의 교육현장과 시민사회, 정책 당국에 큰 울림을 줄 중요한 문제 제기와 제안이 담긴 원고를 보내왔다. 세미나 참가자와 세미나에는 참여하지 않았지만 꼭 필요한 글을 보내 주신 한숭희 교수께 감사의 마음을 전한다.

시민권, 시민성, 시민격

세계시민교육 세미나에는 교육학, 철학, 역사학, 정치학, 경제학, 사회학, 여성학, 인류학, 생물학 등 다양한 학문 분야 연구자들이 참여했다. 이들은 모두 오늘날 한국 사회에서 세계시민교육이 필요하고 확대되어야 한다는 총론에는 동의했지만, 구체적인 내용에서는 상당한 견해 차이를 보였다.

무엇보다 시티즌십citizenship을 무엇으로 번역할지부터 문제였다. 세계시민교육global citizenship education이 무엇인지 이해하려면 글로벌 시티즌십은 무엇이고, 그중에 또 시티즌십은 무엇인지를 따지지 않을 수 없다.[1] 현대 국민국가에서 시민은 주권자로서 정치에 참여할 권리와 책임을 지닌 주체이자, 그러한 국가에 소속되어 정체성을 공유하는 구성원을 가리킨다. 따라서 이런 시민의 자격 내지 됨됨이를 뜻하는 시티즌십이라는 개념에는 법적 지위나 권리의 측면과 더불어 책임과 덕성의 측면도 내포되어 있다. 요컨대 시티즌십이란 시민으로서 여러 권리를 누릴 자격과 권리(시민권)인 동시에, 시민으로서 책임과 의무를 다하기 위해 갖춰야 할 덕성(시민성)이기도 하다.

이에 국내에서는 지금까지 시티즌십을 시민권 또는 시민성으로 번역해서 써 왔다. 하지만 시티즌십은 시민권과 시민성을 모두 포괄하는 개념이다. 어느 한쪽을 택하면 다른 한쪽의 의미가 제대로 살아나지 않아 아무래도 만족스럽지 못하기 십상이다. 이 책에서 최현 교수는 '시민격'이라는 개념을 새롭게 만들어 쓰자고 제안한다. 법적 지위와 품격의 뜻을 모두 담고 있는 시민격이야말로 시티즌십의 의미를 잘 전달할 수 있다는 것이다.^{최현, 4장}

이 제안의 바탕에는 시민교육이나 세계시민교육이 시민의 덕성이나 역량 함양에 치중하면서 그런 덕성과 역량을 발휘할 수 있게 해 주는 법적 자격과 권리를 소홀히 다루게 되면 자칫 추상적인 가치의 "계몽적 주입"이 되거나 현실과 유리된 당위론에 머물 수 있다는 문제의식이 깔려 있다. 시민을 양성하는 시민교육은 "선한 말의 향연"이 아니라 시민의 삶과 관련된 실질적인 것이 되어야 한다. 그렇게 되려면 시민의 자격과 권리를 보장하고 보호해 주는 제도에 관한 내용을 다뤄야 하고, 이는 그러한 제도를 만들고 유지하고 바꿔 나가는 정치 공동체의 존재를 전제로 한다. 바꿔 말하면, 시민교육은 시민으로 하여금 정치 공동체 안에서 자신의 권리를 보장하는 제도를 만들어 나가는 과정에 참여해서 자신의 덕성과 역량을 기르고 그 효능을 경험할 수 있도록 해 줘야 한다는 것이다.^{최현, 4장}

이 책의 저자 다수는 이러한 문제의식에 공감을 나타냈고, 일부는 '시민격'이 시티즌십의 의미를 잘 드러내는 말이 될 수도 있겠다는 기대를 표시하기도 했다. 하지만 그렇다고 해서 이 책의 모든 장에서 '시민격'이라는 용어를 쓰기로 한 것은 아니다. 각 저자는 자신이 지금까지 써 온 시민성 또는 시민권이라는 용어를 계속 쓰기로 했다. 세계시민교육에 대한 단일한 정의를 추구하지 않고 그 다양한 의미를 존중하기로 한 이 책의 취지와도 부합하기에 그렇게 결정했다. 혹시라도 독자께서 이로 인해 혼란스러워할까 걱정이지만, 취지를 잘 이해해 주시리라 기대해 본다.

실천은 어디까지?

시민교육이나 세계시민교육이 개인의 책임이나 윤리만을 다뤄서는 곤란하다는 점은 이 책의 저자 다수가 공유하는 문제의식이다. 일례로 한숭희 교수는 시민성citizenship을 시민 개인의 자질이 아니라 시민들이 집합적으로 형성하는 공동체적 생활의 특성으로 이해한다. 그리고 이를 바탕으로 전통적인 시민교육civic education과 달리 시민성교육은 공동체의 문제 상황에서 출발하여 그 안의 모순과 갈등 구조를 이해하는 학습과정이자 그 해결을 모색하는 실천과정이라고 본다. 한숭희 교수가 다른 저자들과 달리 '세계시민성교육'이라는 용어를 쓰는 까닭도 여기에 있다.한숭희, 3장

시민교육과 세계시민교육에서 실천성을 강조해야 한다는 점에 이의를 제기하는 사람은 별로 없을 것이다. 다만 그 실천의 성격과 내용이 문제일 것이다. 교육은 사회운동이 아니다. 따라서 교육에서의 실

천활동과 사회운동에서의 실천활동은 분명 다르다. 물론 양자는 긴밀하게 연결되어 있고, 한 사회가 직면한 문제를 해결하는 데 두 영역의 상호보완 작용이 중요하기는 하지만, 그렇다고 해서 두 영역의 차별성을 무시해서는 곤란하다. 교육이 어떤 특정 운동에 직접적으로 참여하거나 특정 운동 목표를 달성하기 위한 실천에 나서는 일은 바람직하지 않다.이동기, 5장

사실 시민교육과 세계시민교육에서 실천활동의 한도를 정하기란 쉬운 일이 아니다. 얼마 전 스웨덴의 10대 기후운동가인 그레타 툰베리Greta Thunberg가 기후위기의 심각성을 알리고 즉각적인 행동을 촉구하기 위해 시작한 기후파업에 많은 나라 청소년이 호응하면서 국내에서도 '기후 결석시위'에 참여하겠다는 학생들이 있었다. 이 중에 어떤 고등학생은 결석시위에 나가 청소년으로서 기후위기 대책을 요구하겠다고 학교에 체험학습 신청서를 냈더니, 학교는 학생이 시위에 나가는 것은 학교의 명예를 떨어뜨리는 행동이므로 징계위원회에 넘길 수밖에 없다는 반응을 보였다고 한다.김한솔, 2019

많은 나라에서 청소년 결석시위를 놓고 논란이 일었다. 한쪽에서는 청소년의 기후위기 대책 요구 주장을 지지하며 이러한 의사표현은 정당하다는 반응을 보이는가 하면, 다른 쪽에서는 그러한 주장이 아무리 정당하더라도 학생이 수업에 빠지는 것은 학습권을 침해하는 행동이므로 용납하기 어렵다는 입장을 보이기도 했다.

전통적인 시민교육에서 학습자는 사회의 지배적인 가치와 자질을 습득하고 그것을 태도와 행동으로 일치시키는 수동적인 역할에 머무는 경향이 일부 있었다. 반면 최근의 시민교육이나 세계시민교육에서는 다원적이고 때로 상충하기도 하는 가치관과 견해들을 비판적으로 인식하고 성찰하며, 이를 구체적 실천과 행동으로 연결시키는 학습자

의 능동성과 주체성을 강조한다.조대훈, 2장

물론 학습 수준에 따라 시민교육의 실천활동은 그 내용과 성격에 상당한 차이가 있을 것이다. 초등학생의 실천활동과 고등학생의 실천활동이 같을 수 없을 것이다. 문제는 고등학교 수준의 시민교육이라 하더라도, 그리고 아무리 학습자의 능동성과 주체성을 강조하더라도, 기후위기의 심각성에 관한 수업을 한 뒤 그 연계 활동으로 시위를 조직하거나 거기에 참여하는 것이 교육적으로 적절한가에 있다. 기후위기라는 주제가 사회적으로 많은 관심과 공감을 끌고 있고, 최근 교육과정에서 체험활동을 중시하고 있으므로, 교육적으로 적절할 뿐만 아니라 적극 권장해야 한다고 보는 교사, 학생, 학부모가 있을 수 있고, 반대로 시위는 수업 연계 실천활동으로 적절치 않다고 보는 교사, 학생, 학부모가 있을 수 있다.

이 문제를 어떻게 풀어야 할까? 우리가 학습자의 능동성과 주체성을 중시하는 교육철학과 비전에 공감한다면, 이 문제에 대해서도 그런 원칙을 일관되게 적용해야 하지 않을까? 교사가 전달하는 지식을 수동적으로 받아들이는 학습자가 아니라 교사의 도움을 받아 자기주도적으로 지식을 습득하고 공동체의 문제 상황을 이해하며 그 해결에 참여하는 학습자라면, 어떤 실천활동이 교육적으로 적합한지 결정하는 과정에도 참여해야 하지 않을까?

하지만 오늘날 한국의 학교교육은 논쟁적인 주제나 사회적으로 민감한 문제를 회피하려는 경향이 강하다. 여기에는 오랜 기간 지속된 권위주의 정부의 이념 통제 정책의 영향이 크게 작용했을 법하다. 물론 교사가 학생에게 특정 이념이나 정치적 견해를 일방적으로 전달하는 행위는 전혀 교육적이지 않다. 그렇다고 해서 교사가 수업에서 정치적 주제나 사회적 논란을 다루길 꺼리게 만드는 유무형의 압박 내지 강제가 작용한다면 그것은 교육적일까?

그런 분위기에서 학교와 교사는 '정치적으로 안전한 사회문제와 쟁점을 선호하는 접근 방식'을 따르게 된다. 동성애, 북한, 영토 분쟁에 관한 주제는 한국의 대표적인 '교육적 금기'이며, 강력한 자기 검열의 대상이 된다.조대훈, 2장 이럴 경우 학교와 교실은 학습자가 사회적으로 논란거리가 되는 주제에 관해 자유롭게 토론하며 자신의 독립적인 생각과 판단력을 기르는 안전한 공간이 되지 못한다. 대신 사회 현실과는 거리가 있는 추상적이고 공식화된 지식이 전달되는 공간, 시민성이나 세계시민성을 기르기에 적합하지 않은 공간이 될 수 있다.

다시, 세계시민교육이란 무엇인가?

유네스코는 세계시민교육을 "학습자들이 더 포용적이고, 정의롭고, 평화로운 세상을 만드는 데 이바지할 수 있도록 필요한 지식, 기능, 가치, 태도를 길러 주는 교육"이라고 정의한다.유네스코 아태교육원, 2015: 15 전 세계 많은 사람이 보편적으로 받아들일 수 있도록 최대한 포괄적이고 추상적으로 세계시민교육의 의미를 규정했다. 그렇다 보니 막상 이 개념 정의가 실천 현장에서는 별 도움이 되지 않을 때가 많다.

이에 많은 연구자가 한국의 현실에 적합한 세계시민교육 개념과 실천 방안을 제시하고자 했다.강순원, 2014; 김남준·박찬구, 2015; 성열관, 2010 하지만 이런 노력에도 불구하고 최근 연구에 따르면 국내에서 세계시민교육 개념에 대한 오해나 세계시민교육의 취지와 방향에서 벗어나는 학교 수업 사례가 적지 않다.조윤정 외, 2018

그렇다 해도 세계시민교육을 바라보는 시각이나 그 이해 방법이

15

워낙 다양하기 때문에 어떤 단일한 개념을 정립해서 혼란을 줄이려는 시도는 성공할 확률이 높지 않다. 더욱이 다양성 존중이 세계시민교육의 핵심 요소 중 하나인데, 세계시민교육에 대한 다양한 이해를 포괄하는 단일한 개념 정의를 모색하는 작업이 바람직한 것인지도 의문이다. 세계시민교육에 관한 다양한 이해는 다양한 가치관과 맞물려 있는 경우가 많고, 오늘날 다양한 가치관을 포괄하는 어떤 단일한 최상의 가치를 세우려는 시도는 도덕적으로나 정치적으로 지지받기 어렵다. 오히려 박순용 교수의 제안처럼 급변하는 세계 속에서 학습자가 세계시민으로서 자신을 어떻게 바라보고 행동할지 스스로 성찰하고 판단하며 결정할 수 있도록 해 준다는 원칙이 바람직할 수 있다.^{박순용, 1장}

특히 지금처럼 코로나19라는 감염병이 전 세계를 혼란 속에 빠뜨리고 수많은 사람에게 고통을 주고 있는 상황에서 세계시민교육의 의미와 방향을 찾는 일은 더욱더 중요하다.[2] 팬데믹이 몰고 온 불행은 유독 취약계층에 집중되고, 저소득국가에 훨씬 더 가혹하다. 특별한 노력을 기울이지 않는 한, 이번 위기는 기존 불평등을 한층 더 악화시킬 가능성이 크다. 지난 2008년 금융위기 때와 마찬가지로 비정규직과 여성이 가장 먼저 일자리를 잃고 소득이 줄었지만, 최상위 소득집단의 부는 오히려 더 늘어났다.

안타깝게도 불평등과 차별을 줄이기보다 누군가를 희생양으로 몰고 불만의 초점을 그쪽으로 돌려 위기를 모면하려는 정치 지도자와 그 지지자들이 적지 않다. 이들은 이방인에 대한 혐오와 공포를 자극하는 배타적 민족주의의 망령을 불러내고, 경제적 보호주의와 고립주의가 살길이라고 선동한다. 전 지구적 위기를 해결하려면 글로벌 대응이 필수적인데도, 편협한 자국 이기주의만을 외치고 있는 것이다.

이러한 상황에서 어떤 세계시민교육이 필요할까? 무엇보다 불평등과 차별을 줄이기 위한 시민의 공동행동을 가능케 해 주는 교육이 되어야 하지 않을까? 배타적 민족주의와 외국인 혐오는 불평등을 자양분 삼아 독버섯처럼 번져 나간다. 불평등을 줄이지 않은 채 연대와 협력만을 외쳐서는 이 독버섯을 막을 수 없다. 불평등을 줄이고 차별과 혐오를 차단하는 일은 정부에게만 맡겨 놓을 수 없다. 정부가 책임을 회피하거나 불만의 초점을 외부로 돌리지 못하도록 하려면 시민의 감시와 견제가 필수적이다. 최상위 소득집단에게 부를 계속 몰아주는 세계화가 아니라 불평등을 완화하는 데 도움이 되는 대안적인 세계화를 추구하도록 정부와 기업에 압력을 넣는 일도 세계시민이 해야 할 일이다.

요컨대 세계시민교육은 배타적 민족주의나 외국인 혐오를 부추기는 선동의 배경과 의도를 비판적으로 분석하고 판단해서 책임 있게 행동할 수 있도록 해 줘야 할 것이다. 더 나아가 불평등과 차별을 유발하고 심화하는 사회구조와 국제질서를 비판적으로 인식하고 개혁하기 위해 국내외 시민과 연대하고 협력할 수 있게 해 줘야 할 것이다. 아울러 기후위기와 생태위기에 대한 인식과 경각심을 높이고 그 해결을 위한 공동행동을 할 수 있도록 해 줄 필요도 있다. 코로나19 위기는 이 모든 것이 서로 연결되어 있음을 보여 주었다. 불평등이 심화되면서 가난한 사람들은 생계유지를 위해 자연 생태계를 파괴할 수밖에 없는 처지로 내몰렸고, 이로 인해 야생동물과 인간의 접촉이 늘어나 인수공통전염병이 발생할 확률이 높아진 것이다.

세계시민교육 개념을 둘러싼 논란은 아마 앞으로도 계속 이어질 것이다. 세계시민성을 어떤 관점에서 무엇으로 정의하느냐에 따라 그 방향과 내용이 크게 달라질 뿐만 아니라, 세계시민 개념이 서구화로서의 세계화 내지 서구중심 보편주의에 편향되어 있다는 의심도 만만치 않기 때문이다. 하지만 분명하게 말할 수 있는 것은 이런 논란에도 불구하고 세계시민교육에 대한 관심은 세계적으로 계속 늘어나고 있다는 점이다.[3]

이 책은 기본적으로 세계시민교육 개념의 다원성을 인정하면서 이런 다원성에 좋은 점이 있다는 입장을 따른다. 이 책의 저자들은 세계시민교육에 관해서 어떤 통일된 개념 정의에 애써 합의하려 하지 않았다. 그리고 세계시민교육에 관한 견해 차이를 굳이 감추려고도 하지 않았다. 물론 세미나에서 저자들은 서로 토론하는 과정에서 자신의 견해를 수정하거나 다른 참가자의 견해를 받아들이기도 했을 것이다.

이 책의 1부는 세계시민교육 개념의 다원성을 다룬 글과 국내 학교교육과 평생교육에서 세계시민교육이 어떻게 실천되고 있는지 살펴본 글로 구성되어 있다. 2부와 3부에는 인권교육, 평화교육, 민주시민교육, 문화다양성교육, 성평등교육, 지속가능발전교육 등이 세계시민교육과 어떤 관계를 맺고 있는지 검토한 글이 포함되어 있다. 이들은 세계시민교육에서 중요한 주제이기도 하며, 세계시민교육과 상호보완적인 관계에 있기도 하다. 이와 더불어 세계시민교육의 중요한 주제인 경제 불평등과 세계화 문제를 다룬 글도 들어 있다.

코로나19로 온 세상이 위기에 빠져 있다. 세계화에 뒤따르는 위험에 제대로 대비하지 않은 탓에 혹독한 대가를 치르고 있는 듯하다. 빈부, 인종과 민족, 종교와 문화, 성적 정체성 등을 떠나 하나로 연결된 세계에서 누구 하나라도 안전하지 않으면 아무도 안전할 수 없음을 깨닫는다. 세계시민교육이 그 어느 때보다 절실하게 필요하다.

이런 전 지구적 위기의 시기에 이 책이 세계시민교육을 이해하고 실천하는 데 조금이나마 도움이 되길 바란다. 이 책은 세계시민교육의 이론과 현실을 어느 정도 접해 본 교육자, 실천가, 연구자, 정책담당자를 염두에 두고 쓰였음을 밝혀 둔다. 아울러 이번 세미나와 이 책 출간은 유네스코 아태교육원 세계시민교육연구소 이양숙 부소장과 이언경 선임연구원의 수고가 있었기에 가능했음도 밝혀 둔다. 충분치 않은 시간에 여러 저자의 글을 매끄럽게 다듬고 엮어 주신 살림터 출판사 대표와 편집자에게 감사의 마음을 전한다. 무엇에 쫓기듯 촉박하게 책을 내는 일을, 이번만은 하지 말자는 다짐도 헛되이 반복하고야 말았다. 출판사와 편집자에게 미안하다는 말을 남기고 싶다. GCED

1부

학교교육 및 평생교육을 위한
세계시민교육

1장

세계시민교육 개념의 다원성

박순용

1. 머리말

세계화의 과정은 20세기 후반 이후 경제적, 기술적, 환경적, 정치적 영역 등 거의 모든 분야에 걸쳐 전통적인 시민의식과 관행을 때로는 점진적으로, 때로는 급진적으로 변화시켜 왔다. 지역 간의 상호연계 및 상호의존성 확대, 국제 인권 체제의 통합, 초국가적 또는 포스트 국가적 시민참여의 새로운 형태의 출현에 대한 기대 등이 이러한 변화의 큰 물결을 표상한다. 그 어느 때보다도 밀접하게 연결되어 있는 지구촌은 역설적으로 국가 차원을 넘어서는 엄중한 인류 공동의 위기 상황을 여러모로 체감하게 되었다.

이러한 가운데 등장한 세계시민교육은 교육을 통해 개인이 인류의 일원으로서 연대의식을 갖고, 지구촌 상황에 대한 정확한 인식을 바탕으로 다양성 존중과 평화의 가치를 실현하여 공존공영을 모색하려는 노력의 집약이다. 그러나 '세계시민global citizen'이라는 개념이 온전히 기능하기 위해서는 용어가 등장하고 해석이 다양하게 이루어지게 된 배경을 이해해야 한다. 본 장에서는 '세계시민권global citizenship'[1] 과 '세계시민'이 의미하는 바가 무엇인지를 여러 관점에서 살펴보고 그 가운데 수렴되는 가치가 교육에 어떻게 반영될 수 있는지를 생각해 본다. 더 나아가 세계시민교육이 학습의 장에서 구현될 수 있는 실체로서 어떤 인간상을 상정하고 학습 목표를 만들어 갈지에 대한 고민을 다각도로 검토해 본다.

2. 세계시민권 개념 정립의 과제

2.1. 세계화의 허상과 실상

21세기의 세계화globalization는 국가 단위로 나뉜 정치 및 경제 세력이 각자의 이익을 추구하기 위해 더욱 효과적으로 협력할 수 있는 방식을 만들어 가는 가운데 나타난 독특한 현상이다. 전례 없는 세계 무역의 팽창, 개인 이동성 증가, 정보통신기술ICT의 광범위한 접근성을 고려한다면, 세계화는 유동적이고 거스를 수 없다는 것을 알 수 있다. 우리는 일반 시민들의 행동이 전 세계의 다른 사람들의 삶에도 영향을 미칠 수 있는, 점점 더 상호의존적으로 바뀌어 가는 세상에 살고 있다. 결국 우리의 삶, 우리의 직업, 우리가 먹는 음식, 그리고 공동체의 발전은 상호연결성의 심화에 영향을 받고 있다. 이와 동시에 우리는 인류 공동의 위기로 이어지는 비자발적 이주, 기후변화, 고양되는 민족주의, 생태계 파괴, 심화되는 빈곤과 불평등, 감염병의 확산과 같은 초국가적 도전에 직면하고 있다.

세계화는 시작점이 분명하지 않고 끝도 보이지 않는 지속적이고 고르지 못한 과정이다. 세계화는 정보통신기술 시대 이전에도 존재했을지 모르지만, 무소부재無所不在의 정보통신기술과 교통 및 수송 인프라의 확충을 통해 불과 몇십 년 동안 전례 없이 가속화되었다. 정보통신기술의 발달과 확대로 인해 전 세계인이 훨씬 더 가까워지고 서로 연결되고 소통할 수 있는 가상공간들이 만들어지는 지금의 상황은 세계시민의 탄생을 기대하게 한다. 정보통신기술 혁명의 영향은 지역, 국가 및 국제 수준에서 다자간 의존성 및 다중적 정체성을 형성Doering, 2008: 4하는 데 일조하고 있으며, 세계 경제가 확장됨에 따라 작업의 패턴도 변화하고 있다.

이러한 상황 가운데 세계화에 대해 비판하는 자와 지지하는 자 모두가 각자의 확고한 신념으로 자기 입장을 뒷받침하는 근거를 제시하기 때문에 세계화가 과연 전술 지구적으로 긍정적인 발전을 가져오는지에 대한 논쟁 또한 계속되고 있다. 예컨대 세계화의 긍정적인 효과Meredith & Hoppough, 2007, 또는 세계화의 부정적인 결과Weber et al., 2007에 각각 초점이 달리 맞춰질 수 있다. 세계화의 혜택으로는 국제무역을 예로 들 수 있는데, 여러 지역 간의 노동 분업, 투자에 의한 자본의 자유로운 흐름, 무역 장벽의 감소 등으로 세계의 경제 규모가 꾸준히 성장해 왔다. 글로벌가치사슬global value chain로 대변되는 국제무역 방식은 오늘날 국경을 초월한 협업에 의한 상행위를 대표한다. 또 다른 순기능으로 세계를 가로지르는 혼종hybridity의 양상을 통해 세상이 활기차고 긍정적으로 변하고 있다. 예를 들어 문화적 교류가 빈번해지고 있으며, 물리적인 국경이 문화의 침투에 의해 그 어느 때보다도 느슨해졌다. 이에 따라 세계화의 본질적 특성이 드러나는 문화의 혼종과 창조적 파괴의 과정을 모두가 경험하고 있다. 음악, 청소년 문화, 취향, 복장, 언어 코드, 요리, 미적 표현 등 여러 분야에 걸쳐 다양성이 세계화를 통해 더욱 풍성하게 존재한다.

반면에 세계화에 대한 비판으로는 심화된 환경 문제, 인종차별, 부의 편중, 폭력적 극단주의, 국제 수준에서의 갈등, 세계관의 충돌, 감염병의 빠른 전파 등이 거론된다. 그러나 긍정론자든 부정론자든 상관없이 그 누구도 세계화의 물결이 세계 구석구석까지 밀려드는 것을 막을 수 있으리라고 기대하지는 않을 것이다. 오히려 세계화 과정을 주어진 상태로 단순히 받아들이려는 경향이 있다. 실제로 소비자, 생산자, 무역인, 교육자 등 다양한 위치에서 세계화의 효과를 매일 경험하는 시대에 살고 있지만, 일상에서 작용하고 있는 힘을 의식적으로 순간순간 이해하려고 애쓰는 사람은 거의 없을 것이다.

　세계화의 본질을 더 잘 이해하기 위해서는 먼저 '세계화'라는 용어를 면밀히 검토해야 할 것이다. '세계화'라는 용어는 우리의 존재에 대해 미시적인 지역성을 넘어 거시적인 조망을 강요하고 있다. 하지만 "세계화의 시대가 우리 앞에 도래했다"와 같은 거창한 화술은 거대담론을 이끌어 내는 데 유용할지언정 세계화에 담긴 미시적 과정들microprocesses을 담아내는 기능적 의미를 정의하는 데는 별로 도움이 되지 않는다. 요컨대 각기 다른 분야의 수많은 이론가와 실무자들은 대부분의 상황에 적용 가능한 세계화에 대한 보다 이해하기 쉬운 개념을 생각해 내려고 노력해 왔다. 일반적으로 사용되는 '세계화'라는 용어의 의미를 충분히 짐작할 수 없는 것은 아니지만, 동시에 대부분의 사람들을 만족시키거나 거의 모든 맥락에 적용할 수 있는 명료한 단일 정의를 내리기는 어렵다.

　그런데 그러한 포괄적인 사용은 사실 바람직한 정의를 찾는 데 더 많은 어려움을 초래할 수도 있다. 세계화는 실제로 "복잡하고 경쟁이 치열한 용어이며, 널리 사용되지만 다중 해석에 개방적인 용어"Crossley & Watson, 2003: 53이다. 세계화는 다양한 형태로 현시顯示될 수밖에 없으므로 세계화의 진행과 그 과정에서의 역동에 대해서는 다원적으로 이해하려는 시도가 필요하다. 즉 보다 명확한 개념 정리를 위해, '세계화'를 정적인 상태보다는 역동적인 과정으로 간주하는 접근 방식이 아마도 더 나을 것이다. 그러나 여기서는 혼란을 피하고 일관된 의미로 읽히도록 세계시민교육을 염두에 두고 '세계화'를 실용적인 용어로 정의하려 한다. 그 이유는 "우리가 어떻게 정의하고 어떤 관점을 취하든 간에 세계화는 가르치고 배우는 것, 교육하는 것, 교육정책과 교육개혁에 직접적인 영향"Koh, 2004: 335을 미치기 때문이다. 학습에 대한 방향 설정 차원에서, 세계시민교육은 학생들이 세계화를 이해하고, 자신과 국가가 지역적, 국제적 문제에 어떻게 관여하는지에 대한 자기 비판적 접근을 견지하며, 문화 간 관점의 차이와 다양성을 존중하도록 장려하는 것을 권고한다. 이를 위해 세계화와 관련된 몇 가지 주요 관점의 차이에 대해 우선 주목할 필요가 있다.

세계화의 개념은 그것이 회자되고 적용되는 다양한 맥락에서 광범위한 해석의 대상이 된다. '세계시민'의 개념 또한 '세계화'를 전제로 하는데 세계화는 동질화와 파편화를 동시에 현현顯現한다. 여기서 세계화의 개념에 내포된 상반되는 경향에 주목할 필요가 있다. 세계화라는 용어는 한편으로 공간적, 시간적 융합을 통해 세계가 더 큰 동질성을 향해 나아가고 있다고 상상하게 하지만, 또 한편으로는 이로 인해 이질적인 다양성과 뿌리 깊은 타자성의 인간 상태를 노출하고 심화시킨다. 세계화는 보편적 준거의 수용을 주장하는 동질성의 힘을 웅변하며, 동시에 다양성이 어우러져 파괴적 창조를 유도하는 이질성의 힘을 상징하기도 한다. 이러한 맥락에서 세계화에 대한 학계의 다양한 관점을 살펴보는 것이 좋겠다.

세계화는 "멀리 떨어진 곳에서 일어나는 사건들과 지역적 사건이 서로 영향을 주고받을 수밖에 없게 된 전 지구적 관계망의 강화"Held, 1991: 9로 정의되기도 하고, 그 연장선상에서 한때 불가능했던 복잡한 상호작용과 교류가 일상 활동이 되는 시간과 공간의 변화로 보기도 한다.Urry, 1999 또 다른 관점에서는 세계화를 "글로벌 자본주의 경제의 확장과 영향을 밑거름으로 하는 후기 자본주의의 양상 또는 포스트모더니즘적 상황에 의해 출현된 세계체제"Luke & Luke, 2000: 287로 보려고도 하고, 전통적인 개념의 사회와 국가에 대한 본질적인 이해를 근본적으로 바꾸게 하는 공격적인 시도로 간주하기도 한다.Rhoads & Torres, 2005

이처럼 학자들은 세계화의 적절한 정의에 관해 서로 다른 견해를 가질 뿐만 아니라 세계화의 규모, 연대기, 영향, 궤적, 정책 성과 등에 대해서도 다양한 의견을 피력하고 있다.Steger, 2009 예컨대 세계화라는 용어의 기원에 대해서도 매우 다른 관점이 존재한다. 세계화를 지역 간 교역 행위나 외교 등을 위한 제도와 규범의 통일과 연관 지어 비교적 최근의 현상으로 간주하는 사람들이 있는가 하면, 문물의 전파와 같은 역사적 흔적들을 통해 우리가 이미 아주 오랫동안 '세계적'이었다고 주장하는 이들도 있다. 전자는 보통 우리가 공간적, 시간적 장벽을 극복할 수 있게 하고 전 세계적으로 정보, 인구, 상품의 거대한 이동을 촉발한 최근의 정보통신기술의 접근성에 초점을 맞추고 있다. 후자는 비단길, 무역풍, 피진어pidgin, 제국주의 등과 같은 어휘를 탄생시킨 역사적 상황들을 거론하는데, 주로 수 세기 동안 상당한 물리적인 거리에도 불구하고 존재해 왔던 상호연결성과 지역 간 왕래를 강조한다. 어느 경우든 '세계화'는 추상체가 아닌 매우 현실적인 상황을 지칭하며, 시공간을 넘나들며 상호 연결되는 일체감을 개념적으로 정립한 것이다. 스테거Steger2009에 따르면 세계화는 시대와 공간을 넘어 사회관계와 의식이 확대되고 강화되는 것을 말한다. 즉 세계화는 시간과 공간이 압축되어 다른 사람들의 삶과 조건이 자기 자신과 관련되도록 만드는 과정이다. 같은 맥락에서 세계화의 핵심적인 의미를 추론한다면 상호연관성과 동시대적 감각을 하나로 모으는 실존 상태를 말한다.

2.2. 시민권과 세계시민권: 세계시민은 누구인가?

세계시민권에 대한 언급과 논의는 루소[1712~1778]의 평화사상, 칸트 [1724~1804]의 영구평화론 등에서 찾아볼 수 있다.[Falk, 1994] 특히 계몽주의 시절 칸트는 상호 연결된 세계 공동체에 대한 성찰을 통해 '코즈모폴리턴 시민cosmopolitan citizen'이라는 용어를 도입했다.[Cavallar, 2012] 세계시민교육의 사상적 기반을 칸트의 세계시민공동체 논의에서 찾을 수 있다고 보는 근거는 교육을 통해서 인간 이성에 대한 신뢰를 높이고, 국가 범위를 넘어 국제적 차원에서 보편적인 질서를 구축하자는 주장과 맥을 같이하기 때문이다.

시민권의 개념은 시대에 따라 유연하게 변화하면서, 점차 배타적인 개념에서 포용적인 개념으로 변해 왔다.[Pike, 2008] 시민권에 관한 근대 이전의 역사적 연구는 주로 '자격'에 초점을 맞췄다. 이는 사회적 계약에 따라 시민으로서 위임 사항을 실천할 수 있는 지식과 능력을 갖춘 사회 구성원의 자격을 부여하는 것에서 비롯되었다. 예를 들어 로마 제국 시대에는 '시민권'을 가진 시민들에게 스토아Stoic 전통에 따라 '공동선'을 위해 일하도록 독려하고 '자연에 대한 보편적 법칙'을 따를 것을 강조했다. 그런데 근대 이전의 시민권은 모든 구성원들에게 부여된 것이 아니라 특권적 지위에 해당된 것이었다. 시민으로서의 의무와 권리는 인종, 혈연, 성별, 계급과 같은 특정한 기준을 가진 사람들에게만 제한되었다. 이러한 배타성은 사회의 다른 구성원들에 대한 차별과 계급의 세습을 심화시키는 특정 집단의 배타적 현실을 반영하는 규범적 관점이었다.

근대국가의 태동과 함께 혈연 중심적이고 특권적 사고를 하는 인간이 아닌, 국가주의적이고 보편적인 사고를 하는 성실한 산업 일꾼을 만들고자 하는 근대 민족국가의 의도가 생겨났다.[조혜정, 1992] 중세의 보편적 교육이 신을 중심으로 이루어졌다면, 근대의 보편적 교육은 산업 인력의 확보와 정치적 전략이라는 두 가지 주요한 국가적 임무를 수행하기 위한 것이었다. 현대적인 의미에서 시민권은 국민과 국가 간의 권리와 의무에 대한 사회적 계약일 뿐만 아니라 사회 규범과 질서에 대한 정의이기도 하다. 따라서 국가에서는 의무교육의 일환으로 국가교육과정에 시민권 교육citizenship education 또는 공민교육civic education을 도입하는 것이 일반화되었다.

이처럼 '시민권'이라는 용어는 식별 가능한 집단의 헌신적인 멤버십을 염두에 두고 사용되지만, 훨씬 더 포괄적인 '세계시민권global citizenship'의 개념은 모호하며 문맥에 따라 다르게 이해될 수 있다. 특히 학계에서 세계시민권에 대한 일반적인 정의에 도달하기는 어려울 것으로 보인다. 세계시민권의 개념이 이처럼 논쟁의 여지가 있고 개념적으로 모호하지만, 적어도 교육 분야에서는 글로벌 지향적인 시민권 교육의 필요성과 이를 이론화하려는 작업이 매우 활발하다. 그러나 교육 분야 안의 다양성은 포괄적인 정의를 여전히 어렵게 만들고, 교육학자들 사이에서도 세계시민권과 교육의 관계에 대한 실제적 정의를 내리는 데 접점을 찾지 못하고 있다. 이런 상황과 관련해서 팝케위츠Popkewitz[1980]의 주장을 상기시켜 보자. 그는 글로벌 교육은 사람들이 특정한 교육학적 관행을 결합시킬 수 있는 분위기를 조성하기 위해 고안된 구호slogan로 작동한다고 지적했다. 시민권교육과 세계시민교육의 경쟁적이고 복잡한 성격Tanner, 2007에 대해서도 비슷한 주장이 제기되었다. 국내외 교육학 분야에서 학자들이 세계시민권이라는 용어를 사용할 때 일반적으로 국경 밖으로 시야를 확장하는 시민권의 의미로 사용하는 경우가 많았고, 비교적 최근에 와서야 세계시민으로서의 정체성을 함양하는 교육 차원에서 세계시민권을 원용하기 시작했다.

결과적으로 세계시민권의 정의에 대한 혼란은 다양한 사회적, 문화적, 정치적 맥락에서 전 지구적 차원의 공동 의무의 우선순위를 고려할 때 무엇을 강조하는가에 따라 용어의 정의나 적용이 달라질 수 있기 때문에 생긴다. 예를 들어 딜Dill[2013]은 세계시민권을 각각 글로벌 의식과 글로벌 역량으로 나누어 볼 것을 제안하고, 카브레라 Cabrera[2010]는 세계시민권을 개인의 세계주의로 본다. 그 밖에 세계시민권을 '국경을 넘어선 시민권', 또는 '민족국가를 넘어선 시민권'으로 보려는 경향도 있으며 용어로서 '코즈모폴리턴주의cosmopolitanism'가 세계시민권보다 더 광범위하고 더 포괄적일 수 있다는 점을 주장하는 부류도 있다. 또 다른 이들은 지구를 보존해야 하는 지구촌의 책임에 초점을 맞추면서 '평화의 시민권'이라는 용어가 더 적합하다고 주장하기도 한다.

그 밖에 세계시민권의 개념에 이의를 제기하는 학자들은 시민권이 정해진 영토적 경계 내의 정치 공동체에서만 작동하는 개념임을 강조한다. 시민권은 법과 정치 제도에 의해 공식화된 정치적 현실인 반면, 세계시민권은 개인이 지구촌에 대한 윤리적 책임을 지니고 있다는 인식을 나타내는 보다 추상적인 개념이므로 전혀 다르게 취급해야 한다는 것이다. 예를 들어 세계시민권 개념의 주요 비판자 중 한 명인 밀러Miller[2011: 2]는 시민권은 정치적 개념인 데 비해, 세계시민권은 본질적으로 비정치적이라고 강조한다. 밀러에 따르면 시민권은 시민들 사이의 정치적인 관계로서, 약하거나 강한 형태의 상호주의를 수반한다. 그는 민주주의 사회에서 이러한 형태의 상호주의가 모든 사람들의 동등한 권리와 주장을 인정하는 방식으로 오랜 기간 다듬어져 왔기 때문에 우리가 지구상의 모든 사람과 시민 관계를 맺는 세계시민권은 국가 또는 권역(예컨대 EU) 단위의 시민권과는 상관이 없다고 주장한다. 이와 더불어 보든Bowden[2003]과 파레크Parekh[2003]는 세계시민이라는 실체가 없으며 세계시민 개념 또한 실행 가능한 것이 아니라고 보고 특정 국가에 속한 시민이 세계를 지향하는 의식을 갖도록 하는 것을 세계시민의 개념으로 이해해야 한다고 주장한다. 이처럼 세계시민권은 종종 매우 다양한 맥락에서 광범위한 해석의 대상이 된다. 그러므로 세계시민권과 같은 개념은 보편적이지 않고 오히려 특정한 문화적, 시대적, 지정학적 환경 위에 위치하며, 용어의 이해와 용도가 맥락에 따라 달라지기 때문에 용례가 변화할 수 있고 의미도 잠정적이다.

여러 학자가 지적했듯이 세계시민권은 구속력 있는 법적 지위를 수반하지 않는다. 따라서 정치적 지형이 나뉜 상황에서 포스트 국가주의post-nation 시대로의 전환이 이루어지지 않는 이상 세계시민권은 글로벌 상상력global imagination에 머무르는 '세계를 지향하는 시민의식'이며 기존의 국가적 시민권을 대체하기 위한 것은 아니다. 세계시민권은 지위나 권리를 연상시키는 구체적인 발상이라기보다는 하나의 정신이나 은유로 볼 수 있다. 이 점에서 '시민권'의 의미를 '시민적 책무의식' 또는 '자발적 시민성'이라는 개념에 맞추어 고려해야 하는데, 이를 세계시민권에 적용한다면, 지역주의나 민족주의보다 인류의 안녕과 장기적 생존 가능성을 우선시하는 보편적 호혜 정신을 강조해야 한다는 것을 의미한다. 즉 세계시민권은 인류 공동의 지구촌 문제를 해결하고, 갈등과 위기를 극복하기 위해 긍정적인 행동을 취하기 위한 의식적인 연대감의 발로로 볼 수 있다. 따라서 세계시민권은 정체성을 수반하며, 세계사회와 사람 사이의 유대관계를 전제한다. 이러한 관점에서, 세계시민권은 모든 인류의 더 나은 미래를 촉진하기 위한 공익적 시민 활동을 통해 구성원들 사이에서 바람직한 행동과 참여를 이끌어 낼 수 있도록 하고, 또 그렇게 되기를 기대하는 것이다.

세계시민교육은 이러한 기대에 부응하기 위한 적극적이고 구체적인 노력으로 볼 수 있다. 이와 관련해 데이비스Davies[2006]는 세계시민권이 추상적이지만, 글로벌 네트워크 내에서 학생들에게 권리와 책임뿐만 아니라 자신의 행동을 이해하도록 가르치는 것의 중요성에 대한 공감대를 형성하는 데 꼭 필요한 개념이라고 주장한다. 데이비스는 또한 현재 국가 중심의 시민교육 모델은 시대에 뒤떨어져 있으며 세계시민권의 개념을 교육과정 내에서 정교화할 필요가 있다고 주장하는데, 이는 세계시민교육의 필요성과 일맥상통하는 부분이다.

세계시민권은 학계에서 최근 들어 활발하게 통용되는 용어이지만 정부, 교육기관, 국제기구, 비정부기구NGO, 민간기업 등 다양한 분야에서도 널리 사용되는 용어가 되었다. 또한 '세계시민'이라는 용어는 단순히 현실을 묘사하는 것이 아니라 "현실을 구성하는"[Andreotti, 2010: 240] 것이다. 대외적 또는 국제적 지향을 통해 전통적인 시민의 개념을 확장하자면 국가의 정치조직을 기반으로 한 시민권의 핵심 신조(권리, 의무, 참여, 정체성)를 어떻게 볼 것인가에 대한 물음으로 귀결된다. 시민권에 대한 이러한 물음은 세계시민이 민족국가가 정의한 공간에 매여 있지 않은 새롭고 다방면으로 활동이 가능한 개인이라는 사고의 전환을 요구할 수 있다. 대표적으로 옥스팜Oxfam[2]은 비교적 명료하게 세계시민권과 세계시민을 정의하고 있다.[표 1-1] 참조 세계시민은,

- 더 넓은 세상을 인지하고 있으며 세계시민으로서 자신의 역할에 대한 의식이 있다.
- 다양성을 존중하고 중시한다.
- 세상이 어떻게 돌아가는지를 이해한다.
- 사회정의 실현에 열정적으로 참여한다.

- 로컬에서 글로벌에 이르기까지 다양한 수준의 공동체에 참여한다.
- 세상을 보다 평등하고 지속가능한 곳으로 만들기 위해 다른 이들과 협력한다.
- 자신의 행동에 대해 책임을 진다.Oxfam, 2015: 5

[표 1-1] 세계시민권의 세 가지 요소

	능동적이며 책임감 있는 세계시민권	
지식 및 이해	**역량 및 기술**	**가치 및 태도**
• 사회정의와 평등 • 정체성과 다양성 • 세계화와 상호의존 • 지속가능한 발전 • 평화와 갈등 • 인권 • 권력과 거버넌스	• 비판적이며 창조적인 사고 • 인간에 대한 공감 • 자기인식과 성찰 • 소통력 • 협력과 갈등 해소 • 복잡함과 불확실함에 대한 대처 능력 • 지식을 바탕으로 한 성찰적 행동	• 정체성과 자부심 • 사회정의와 평등에 대한 헌신 • 인간과 인권에 대한 존중 • 다양성에 대한 존중 • 환경에 대한 관심과 지속가능한 발전에 대한 헌신 • 참여와 포용에 대한 헌신 • 변화를 만들 수 있다는 믿음

출처: Oxfam, 2015: 8

위와 같은 정의는 보다 실용적인 관점에서 접근한 것으로, 여기서 드러나는 세계시민권에 대한 이해는 특정 공동체에 뿌리를 두고 있지만 다른 지역 사람들에 대한 연결감, 책임감, 염려를 가진 개인 정체성의 확장으로 볼 수 있다. 즉 세계시민을 민족국가를 넘어 자신의 정체성, 충성심, 헌신으로 전환하여 인류를 조망하는, 더 넓은 공동체의 일원으로 보는 것이다. 옥스팜은 세계시민교육이 어린이와 젊은이들에게 교실의 안전한 공간에서 복잡한 글로벌 이슈에 대한 비판적 사고를 키울 기회를 주고, 어린이와 젊은이들이 타인의 의견을 경청하고 존중하면서 자신의 가치관과 의견을 탐색, 발전, 표현하도록 장려해야 한다고 주장한다. 비슷한 맥락에서 시어스Sears와 휴스Hughes[1996: 133]는 "오늘날의 시민은 점점 세계시민이 되어 간다"라고 말했는데, 이는 거대한 국제사회의 일원으로서 앞으로 닥칠 도전에 대처하는 데 필요한 역량을 갖추고 현시대의 변화에 순응하기 위해 지식, 태도, 가치, 기술을 습득해야 한다는 것을 일컫는다.

그런데도 세계시민권의 개념은 여전히 모호하고 정의하기에는 불분명한 요소가 많다. 가령, 세계시민권이 어떤 사람들에게는 보편적인 윤리에 대한 확산과 공감을 내포하고 있거나[3] 공동체 의식의 확장으로 인식되지만, 또 다른 사람들에게는 전통적인 시민권 사상을 기초로 하는 지배적 권위(예: 세계 정부)의 부재 때문에 유효한 개념이 될 수 없다. 세계시민권 개념화의 어려움은 이 구성의 핵심 요소인 세계화와 연관되어 있다. 경계를 무너뜨리려는 경향을 내포하는 세계화와 경계를 더 공고하게 하려는 경향의 시민권은 서로 대립하는 모양새를 보인다. 서로 포괄하기 어려운 개념인 세계화와 시민권은 "격렬한 논쟁을 촉발하는 경쟁적인 개념"[Rapoport, 2015: 28]이다. 따라서 영토 경계를 초월하고 통치 주체가 없는 '세계'와 중앙 정치권력에 의해 지배되는 독점적 집단의 구성원 자격인 '시민권'의 역설적인 조합으로 이루어진 용어를 정의하는 것은 매우 조심스럽다. '세계'와 '시민'은 하나의 조합으로 성립할 수 없는 대립하는 개념으로 보이기 때문이다. 즉 세계시민권에 대한 다양한 견해들 사이의 긴장은 "본질적으로 그것이 경쟁적인 개념이라는 것을 나타낸다".[Dower, 2000]

이는 세계시민교육에 대한 다양한 시각과도 연결된다. 여러 다른 의제와 이론적 틀에 따라 세계, 시민, 교육이라는 세 단어에 각기 다른 방점을 두고 의미를 구성할 수 있는데, 이는 커리큘럼 구상과 교육 실천이 매우 달라질 수 있음을 암시한다. 궁극적으로 세계시민권의 특성과 관련하여 모든 유형의 교육자를 만족시킬 수 있는 단일한 정의나 이론적 틀을 구상하기는 어렵다. 또한 세계시민교육과 관련된 다양한 개념을 식별하고 구분하기 위해 모든 것을 포괄하는 단일 개념을 내세워 혼란을 정리하리라 기대할 수도 없다. 이처럼 세계시민권의 개념은 유동적이기 때문에 세계 환경의 변화무쌍한 역동성 안에서 개인이 세계시민으로서 자신을 어떻게 바라보고 처신하는지를 주어진 상황에 맞게 스스로 성찰하도록 유도할 필요가 있다. 결국 세계시민이 된다는 것은 세계가 직면한 가장 중요한 문제들에 대한 진지한 지적, 도덕적 성찰을 통해 지역사회의 경험을 전 세계 다른 사람들의 경험과 상호 연결된 것으로 보는 세계적 관점을 채택하는 것이다. 따라서 세계시민 교육은 교육을 통해 개인이 세계시민으로서의 자신을 발견하도록 하는 의도적인 개입으로 볼 수 있다.

3. 세계시민교육은 무엇을 담아내는가?

3.1. 세계시민교육의 부상과 존재 이유

1990년대에 등장한 세계시민교육은 유럽과 미주 지역에서 세계적 교육 담론Andreotti & De Souza, 2012과 국제 교육 정책Tarozzi & Torres, 2016에 대한 논의가 활발하게 이루어진 가운데 빠르게 두드러진 개념이 되었다.[4] 세계화 시대의 신흥 주제로 떠오른 세계시민교육global citizenship education과 글로벌교육global education은 특히 지난 20년 동안 가속화된 세계화에 상응하는 교육 목표를 정하기 위해 다양한 맥락에서 언급됐다. 세계화와의 연관성을 제외하면 세계시민교육과 글로벌교육에 대해 공통적으로 합의된 정의는 없다. 그러나 기존의 인권교육, 포용적 교육, 시민교육, 지속가능발전교육 등 관련 분야의 주제에서 다루는 개념들은 세계시민교육 및 글로벌교육과 연계되는 경우가 많았다. 1999년부터 2015년까지는 세계시민교육과 글로벌교육이 국가 및 지역사회 차원에서 글로벌 캠페인으로 전환되는 기간으로 볼 수 있다. 세계시민교육과 글로벌교육의 개념은 '개발교육development education', '지구학습global learning', '국제교육international education' 등과 같이 다른 제목으로 국가 간 의제에 등장하기 시작했다. 글로벌교육의 경우 2002년 11월에 유럽평의회CoE가 주최하고 네덜란드 마스트리히트Maastricht에서 개최된 세계교육회의Global Education Congress에서 채택한 〈마스트리히트 선언〉 이후 그 필요성과 가능성을 널리 인정받게 되었다. 이때 글로벌교육의 확산과 발전을 위한 참여국들의 공식적인 약속이 처음으로 이루어졌다. 이후 유럽의 지역 단체들은 지역 차원에서 글로벌교육의 이행을 촉진하기 위한 노력을 구체화하게 된다.

세계시민교육은 2012년 9월 반기문 전 유엔사무총장의 〈글로벌교육우선구상Global Education First Initiative, GEFI〉 선언과 함께 제시된 세 가지 우선순위 중 하나인 '세계시민권의 함양Foster Global Citizenship'을 통해 국제사회의 주요 교육 담론으로 주목받기 시작했다. 여기서 '세계시민교육'은 유엔의 용어로서 공식적으로 인정받았다. 유엔은 GEFI를 통해 세계시민교육에 대한 일련의 추수 조치를 제안했다. 이와 더불어 2015년 9월 유엔 지속가능발전 정상회의에서 선언된 지속가능발전목표와, 같은 해 11월 유네스코 총회에서 채택한 〈교육 2030Education 2030〉에 연이어 세계시민교육이 핵심주제로 포함되면서 이와 관련된 국제적 공조와 실천적 의지가 확산되었다.

세계시민교육 및 글로벌교육은 서로 다른 배경과 지향점에도 불구하고 공통분모가 크다. 그 가운데 '세계화에 대한 우려'는 가장 일관 되게 드러나는 부분이다. 세계시민교육과 글로벌교육 모두 지구촌에 서 이루어지고 있는 교육들의 주요 도전과제들을 세계화와 연관시키 고, 이를 집요하게 추적하는 한편, 이에 대응하려는 의도를 숨기지 않 는다. 세계시민교육과 글로벌교육은 공통으로 다음 세대를 위한 교육 에서 세계화 시대의 새로운 도전에 대한 대처를 광범위하게 설정하고 지식과 기술의 진보와 함께 필요한 가치, 태도, 행동에 이르기까지 포 커스를 기존 교과 중심에서 이동시키려 한다. 특히 지구촌 구성원들 이 서로의 연대와 집단 정체성, 지구에 대한 집단적 책무의식을 갖도 록 교육 분야의 전문가들과 종사자들이 나서서 기여해야 할 부분에 대한 기대는 동일하다. 심지어 유럽평의회와 유네스코가 공동 주관한 2015년 제3차 글로벌교육 관련 유럽회의3rd European Congress on Global Education에서는 세계시민교육과 글로벌교육의 주요 개념과 용어를 통 일했다. 그러나 세계시민교육과 글로벌교육의 진화는 애초에 서로 다 른 출발, 역사적 맥락, 목적의식에 바탕을 두고 있다. 글로벌교육은 적 어도 1970년대부터 영국의 학교에서 주창되고 실행된 반면, 세계시민 교육은 비교적 새로 부상한 개념으로 아직은 실천보다 정신 운동으로 전개되고 있다. 더구나 세계시민교육이 등장한 초창기에는 기존의 국 가적 경계를 초월하는 교육적 영감으로서 다루어진 많은 개념들의 불 명확한 정의로 인해 교육자들에게 혼란을 야기했다.[5]

유네스코는 세계시민교육에 대해서 3대 학습 영역domains of learning 차원의 접근을 통해 구체적으로 설명해 준다. 세계시민교육 의 행동적behavioral 영역은 "학습자가 좀 더 평화롭고 지속 가능한 세 상을 위해 국가, 지역, 글로벌 차원에서 효과적이고 책임감 있게 행동 하기 위한 것"이다. 사회-정서적socio-emotional 영역의 세계시민교육은 "가치와 책임, 공감, 연대, 차이와 다양성에 대한 존중 등을 공유하며 공통의 인간성을 함양하는 것"이다. 인지적cognitive 영역에서는 "지구적, 지역적 및 국가적 문제와 서로 다른 국가와 인구의 상호연결성과 상호의존성에 대한 지식, 이해 및 비판적 사고력을 키우는 것"이다.UNESCO, 2015 세계시민교육의 행동적, 인지적 영역은 세계시민의 몇 가지 주요 원칙을 대변하며, 사회-정서적 영역은 세계시민의 보편적 가치를 상기시키지만, 구체적인 규칙과 정치적 강제성은 없다. 전반적으로 세계시민교육에 대한 유네스코의 접근 방식은 특정한 글로벌 및 간문화적inter-cultural 역량의 개발을 강조하는 하나의 틀을 추구한다. 이는 인본주의적인 보편적 가치(인권, 관용, 평화)에 초점을 맞춘 관점 안에서 구성되는 것으로 볼 수 있다.

유네스코는 이와 같은 가치에 대한 이해와 헌신을 보여 주는 사람을 '훌륭한 세계시민good global citizen'으로 규정하고 있다. 유네스코는 '훌륭한 세계시민'을 세 가지 학습 영역(행동적, 사회-정서적, 인지적)과 연관 지어 더욱 구체적으로 정의하고 있다. "'훌륭한 세계시민'은 지식과 비판적 문해력을 갖추고, 사회적으로 연결되고, 다양성을 존중하며, 윤리적으로 책임감 있고, 적극적으로 참여하는 자"이다.UNESCO, 2015: 23-24 이처럼 학습의 3대 영역을 중심으로 세계시민교육에 접근하고 있는데, 그 가운데 사회-정서적 영역이 세계시민권과 가장 관련성이 높아 보인다. 그 이유는 이 영역의 '학습 결과'가 유네스코의 세계시민교육 관련 목표 중 하나인 "학습자는 공통의 인간성에 소속감을 느끼고, 인권을 바탕으로 가치와 책임을 공유한다"UNESCO, 2015: 22를 가장 뚜렷하게 표명하기 때문이다. 3대 영역에서의 세계시민교육과 관련된 학습 목표는 실제 적용 단계에서는 더 세분화될 수 있다.[그림 1-1] 참조 세계시민교육이 무엇을 다루어야 하는가에 대해서는 여전히 많은 논쟁이

[그림 1-1] 세계시민교육과 연계된 학습 목표

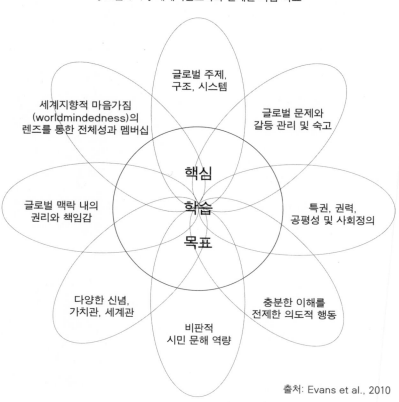

글로벌 주제,
구조, 시스템

세계지향적 마음가짐
(worldmindedness)의
렌즈를 통한 전체성과 멤버십

글로벌 문제와
갈등 관리 및 숙고

핵심

학습

목표

글로벌 맥락 내의
권리와 책임감

특권, 권력,
공평성 및 사회정의

다양한 신념,
가치관, 세계관

충분한 이해를
전제한 의도적 행동

비판적
시민 문해 역량

출처: Evans et al., 2010

있다. 하지만 세계시민권과 관련된 몇 가지 일관된 요소들을 식별하고, 지구촌의 현실을 직시하는 가운데 세계화에 대한 비판적 이해, 지구적 상호연결성에 대한 인식, 그리고 지구의 미래를 예견하고 대비하는 통합적 사고를 습득하도록 돕는 것으로 볼 수 있다.

세계시민교육은 유엔에서 선언문의 형식으로 공표된 이후 유네스코를 통해 실천 가능한 구체적인 형태로 정비되고 확산되어 왔다. 그러나 세계시민교육은 이를 수용하는 국가, 지역, 학교에 따라 운용 방식에서 차이가 있을 수밖에 없다. 활용할 수 있는 교육자원, 사회문화

적 맥락, 교육정책 결정권자의 의지, 교육 전문가들의 관심 등에 따라
세계시민교육 수용의 정도와 확산 속도가 결정될 것이다. 이러한 가운
데 "공통적인 글로벌 문제에 교육적으로 대응해야 한다는 절박한 요
구는 교육에 있어서 범세계적 당면 목표를 상정할 당위성을 제공한
다".Pashby, 2011 세계시민교육의 핵심 정신은 세계사회global society에서 개
인의 참여를 중시하고 장려하는 것이다. 실제로 21세기 학교교육에서
는 세계 공통의 위기에 대한 경각심에 대응하고 적절한 방식으로 참여
를 유도해야 한다는 압박감이 점점 커지고 있다. 이러한 맥락에서 세
계시민교육은 '세계시민권'이라는 화두를 학교 안으로 가져와 학습자
개개인의 '세계시민 자아自我'가 발현되도록 학습을 촉진할 수 있다.

3.2. 대안적 접근으로서의 비판적 세계시민권과 교육

세계시민권은 종종 국가 시민권의 단순 확장 개념으로 간주되는
데, 시민권 개념을 마치 글로벌 지향성의 정도에 따라 수직적인 위계가
존재하는 것처럼 정렬하는 것은 오해의 소지가 있다. 국가 시민권의
단순 확장으로서 세계시민권을 이해하는 것은 전자에 담겨 있는 배타
적 특권과 경계성을 극복하지 못함으로써 지구상의 권력 관계와 불평
등을 변화시키기보다는 이를 간과하고 주의를 다른 곳으로 돌리는 결
과를 가져올 수 있다. 세계시민권은 기존의 시민권 개념을 대체하거나
변형하는 것이 아니므로 아예 새로운 사고의 전환에서 비롯된 시민권
에 대한 재개념화가 필요할 수 있다. 이러한 맥락에서 비판적 세계시
민권critical global citizenship은 매력적이다. 비판적 세계시민권은 세계화
의 과정에서 심화하는 불평등에 내재된 권력관계의 실질적인 변화를
촉진하는가, 아니면 신자유주의적 패러다임에 갇힌 채 피상적인 변화
만을 추구하는가를 예의 주시한다. 이에 따라 비판적 세계시민교육의

목적 또한 변화를 위한 구호가 수사적인 수준에 머물지 않고 세계 권력의 구조적 불평등을 개선하고 사회정의를 고양시키며 세계시민권을 둘러싼 복잡한 가정들을 점검하는 데 있게 된다.

비판적 세계시민교육에 대한 이해의 출발점은 안드레오티Andreotti 2006의 '소프트(자유주의적/신자유주의적)' 모델과 '비판적' 모델이라는 세계시민교육의 구분에서 찾을 수 있다. '소프트' 모델의 세계시민교육은 세계화의 순기능을 중심으로 국가와 사람들 사이의 대등한 상호의존성을 토대로 하는데, 이는 다국적 기업의 형태로 구현되는 국제 분업과 초국가적 협력이 필요한 새로운 경제 현실을 반영한다. 이와 대조적으로 '비판적' 모델의 세계시민교육은 구조화된 폭력과 부의 불평등에 따른 상호의존성을 비판하고 적극적인 참여와 행동을 요구한다. 비판적 모델은 종속과 불평등의 원인으로 기득권을 가진 선진국들을 지목한다. 특히 서구 사회가 온갖 세계적인 문제의 시작이자 원인인데도 이를 '제3세계' 문제로 치부하고 있다는 세계화 비판론자들의 주장에 동조한다. 또한 글로벌 스탠더드global standard라는 명목하에 자신들의 제도와 규범을 지구촌 곳곳에 심고 있다고 본다.[6]

안드레오티의 비판적 세계시민교육 모델은 잘 드러나지 않는 지구촌의 현실에 대한 분석과 판단을 통해 학습자들의 참여와 성찰을 촉진하는 교육학적 접근 방식을 강조하고 이를 위해 비판적 문해력critical literacy을 권장한다. 비판적 문해력은 비판적 성찰을 기반으로 학습자가 자신이 처한 맥락과 자신과 다른 이들의 인식론적, 존재론적 가정을 살피도록 한다. 따라서 비판적 세계시민교육은 비판적 문해력을 바탕으로 개인의 세계관과 주변 세계의 상호작용을 촉진해 변화의 필요성을 찾게 하며, 학습자는 자신과 더불어 다른 사람의 관점을 이해하고 긍정적인 변화를 위해 참여하도록 한다. 비판적 세계시민교육에 대한 이해는 슐츠Shultz[2007]가 말한 전환적 시민권을 통해 더욱 명료하게 설명된다. 슐츠에 따르면 세계화를 역동적인 과정으로 볼 때 세계시민 권을 "북반구-남반구의 위계질서를 무너뜨리는"Shultz, 2007: 249 방향으로 작동하는 전환적 과정으로 보는 것이다. 그는 지배집단의 이익과 신자유주의 어젠다에 부합하도록 현실을 구성하는 일반적이고 단순한 세계 질서에 대한 이해를 거부한다. 따라서 세계시민교육이 학습자들 스스로 건설적인 비판을 할 수 있도록 그들의 사고력을 키워 주고자 한다면 사회정의에 바탕을 둔 정치적 관점의 형성이 필요하다고 주장한다. 즉 세계시민교육은 지구촌의 현실에 대한 이해와 이에 따른 행동을 유발하고 지배적인 담론의 비판적 해체를 촉진하기 위해 필요한 것이다.

세계화의 심화와 함께 유동적인 전 지구적 상황은 거시적인 관점에서 교육에 대한 전향적이면서도 성찰적이고 비판적인 접근을 필요로 한다. 그러나 그동안 국제적인 차원에서 교육을 다루는 거시적 접근 방식은 주로 비교 단위로서 국가들을 상정해 왔다. 예컨대 PISA, TIMMS 등에 의해 공표된 국가 순위를 매기는 학생들의 성취도 점수와 같은 계량화된 데이터는 지역 교육환경이나 그 근저의 교육철학을 세계시민권 차원에서 조망하는 데는 별로 도움이 되지 않는다. 더 나아가 이러한 단순 비교는 세계화가 교육에 미치는 지속적이고 다양한 차원에서의 영향력을 간과한다. 이러한 방식의 단순 비교는 주로 '위로부터의 세계화'와 관련이 있다. '위로부터의 세계화'는 신자유주의의 이념에 의해 틀이 잡히고 국경 개방, 다양한 시장 창출, 빠른 속도의 경제 및 금융 교류의 확산 등의 상황 변화를 가져왔다. 반면 세계화에 대한 회의론이 잦아지면서 세계화에 대한 새로운 관점도 부상했다. 세계화에서 국가의 역할은 뉴미디어의 출현, 국경을 초월한 가상적 공간 창출 등의 기술 개발로 인해 변화를 맞이했다. 이러한 변화는 국경을 초월한 시민의식의 진전과 함께 '아래로부터의 세계화', 또는 '반反세계화'로 묘사되는 기존 세계화에 대한 역발상을 가능하게 했다. '아래로부터의 세계화'는 기업의 세계화corporate globalization가 중심이 되는 상황에 적극적으로 반대하는 개인, 제도, 사회 운동을 통해 나타나며Tarozzi & Torres, 2016 다분히 비판적인 성격을 띠고 있다. '아래로부터의 세계화'를 주장하는 이들은, 일반인을 대변하지 않는 세계화는 존재하지 말아야 한다고 본다.

세계시민권이 온전하게 구현되기 위해서는 현시대에 존재하는 엄중한 도전들을 이해하는 깨어 있는 의식과 실천적 역량을 가진 시민들의 참여가 요구된다. 세계시민권은 21세기의 정체성, 종교, 영성, 민족성, 문화, 정치, 경제, 사회, 대외 관계에 대한 질문들을 의미 있게 다룬다. 즉 정체성, 의존성, 가치관, 도덕성, 문화, 민족성, 종교와 같은 요소뿐만 아니라 권리, 책무, 기여를 포함한 개념들이 전통적 의미에 도전하여 세계적인 관점에서 고려되도록 한다. 세계시민권이 다루는 문제는 지구적 상황의 경제적, 정치적, 사회적, 과학적, 기술적 측면에서 광범위하고 예측 불가능한 변화로 인해 야기된 것이며, 이는 한편으로 가치, 윤리, 규범에 있어서 근본적이고 돌이킬 수 없는 변화를 가져오게 하는 강한 동기를 유발한다. 그런데 세계화와 관련된 이론적 개념화, 정책 이니셔티브, 교육 프로그램 이면의 아이디어는 중립적인 노력의 결과가 아니다. 따라서 시민권과 교육에 대해 제도화된 화법으로서 세계시민권의 담론을 형성하는 것은 특정한 의미와 관행을 확립하는 데 관여하는 작업일 수 있다.

일례로 유네스코의 세계시민교육에 대한 기본 방침은 기존 글로벌 시스템의 부정의와 지속가능성에 대한 의구심에서 출발하지만, 근본적으로 시스템에 대한 본질적인 문제 제기나 글로벌 정의global justice 를 이루기 위한 정치적 행동을 주장하는 것은 아니다. 궁극적으로 유 네스코에서는 세계시민교육을 국가별 교육정책에 반영하여 지구촌의 교육적 사명으로 이를 포용하게 함으로써 지구촌 시대에 걸맞은 보편 적이고 범세계적인 교육 패러다임을 창출해 내는 것을 목표로 하고 있 다. 그러나 국제기구로서의 유네스코는 정치성을 최대한 배제하는 가 치중립적인 차원에서 접근할 수밖에 없어서 비판적 접근보다는 평화 와 지속가능성과 같은 인본주의적이고 포용적인 가치에 무게를 둔다 는 점에서 한계가 있다. 따라서 지구촌에 엄연히 존재하는 권력관계 를 정치적으로 문제 삼거나 국가 간의 첨예한 이해관계의 실타래를 풀 어 가는 데는 소극적일 수밖에 없다. 이는 유네스코가 선도하는 세계 시민교육을 통해서도 확인되는데, 세계시민교육의 기본 방향이 기존 질서하에 반복, 재생산되는 불평등의 구조적인 문제점들을 직접적으 로 비판하기보다는 탈경계적인 시민적 행동 양식에서의 비정치적인 개 인의 윤리성과 책무성을 강조하는 양상으로 나타난다. 예컨대 유네스 코가 강조하는 세계시민교육의 역할을 관통하는 핵심 가치는 '더불어 사는 교육learning to live together'과 '모두에 대한 존중을 가르치는 교육 teaching respect for all'에서 찾아볼 수 있다. 따라서 유네스코가 추구하 는 세계시민교육은 개인적 사고의 범위와 행동의 지향점을 글로벌 차 원으로 넓히도록 조력하는 방식이자 과정으로 봄으로써 개개인이 지 구촌의 일원으로서 갖추어야 할 지식, 기술, 가치관, 성향 등을 교과서 적으로 정의하고 있다. 반면에 개인의 삶에 실제적인 영향을 미치는 거 시적인 경제 질서, 권력 구조, 문화적 영향력 등의 맥락화에는 상대적 으로 소홀한 것으로 보인다.

이와는 대조적으로 국가 간 이해관계와 종속적 세계 질서를 반대하기 위해 뭉친 세계의 노동자들, 국가의 정책에 반反하더라도 인권과 평화라는 인본주의적 목적을 달성하기 위해 연대하는 세계 인권단체들, 지구적 환경 문제를 해결하기 위한 시민사회 조직의 움직임 등은 세계시민교육에서 나타나는 '중립적'이거나 '일반적'인 교육의 범위 설정을 경계한다. 이들의 비판적 관점에서 세계시민교육은 국제적인 상호연결성과 국가 간의 문제가 서로 얽혀 있는 상황을 파악하고 개선을 위한 행동으로 이어지도록 사고하는 방법을 알려 주는 것이다. 또한 세계시민교육을 통해 지구의 미래 건강을 위한 인간의 역할을 의식하고 지역적, 국가적, 초국가적 차원에서 사회 변화를 촉진하기 위한 건설적인 행동을 추구한다. 이를 위해서는 '불편한 진실'과 마주하는 데 주저함이 없다. 이들의 공통점은 세상을 변화시키고 더 나은 곳으로 만들 수 있다는 신념을 밑거름으로 한다. 비판적인 관점에서는 세계화라는 맥락에서 새롭게 부상하고 있는 구조적 불평등, 또는 점점 심화되고 있는 낡은 불평등의 새로운 형태가 세계시민권에 대한 상상과 발현을 방해할 수 있다는 점을 강조한다. 세계화를 단순히 상태의 변화를 가져오는 일련의 과정으로 보기보다는, 세계화가 어떻게 부를 편성하고 인구를 관리하는 경쟁적이고 모순되는 힘의 거대한 집합체로 작동하는지에 관심을 두기 때문에 비판적 성찰을 포함하는 대안적 관점을 세계시민교육이 구성할 수 있는지가 주목된다. 여기서 거론되는 세계시민권은 개인이 발 딛고 있는 정치적, 경제적, 사회적, 문화적, 환경적 현실 위에 자신의 삶에 관한 결정에 참여할 수 있는 권한이 주어질 때 제대로 구현될 수 있다. 따라서 세계시민권은 지역적, 국가적, 국제적 차원에서 개인이 속한 다양한 단체나 공동체의 참가를 통해 표현된다. 그것은 권위와 기존 권력 구조에 도전하고, 세상을 변화시킬 목적으로 생각하고, 논쟁하고, 행동할 권리를 포함한다. 같은 맥락에서

키핑Keeping과 샤피로Shapiro[2007]는 만약 젊은이들이 그들의 미래와 현재 그들의 삶에 대해 충분히 알고 윤리적인 선택을 하기 위해서는 주어진 선택에 영향을 미치는 세계적인 상황에 대해 잘 알아야 한다는 점을 강조한다.

4. 21세기 세계시민교육 담론 형성을 위한 제언

세계시민권과 여기서 파생되어 구성된 세계시민교육은 교육 담론과 정책에서 두드러진 개념이 되었다. 세계화의 가속화와 더불어 지구촌의 위기 상황에 대한 교육적 대응의 필요성은 학교에서 점점 더 세계시민권에 관심을 갖도록 한다. 이러한 상황에서 세계시민교육이 등장했음을 상기해 보면, 교육적 가치와 세계적 상황을 어떻게 연결 지을 것인가에 대한 구상이 절실해졌다. 바로 이러한 시점은 '세계시민권'이라는 용어가 내포하는 의미를 되새기면서 학교교육에 기반을 두고 세계시민의식 함양을 목표로 삼는 세계시민교육의 가능성이 무엇인지를 다시 한 번 생각해 볼 적기이기도 하다. 이러한 새로운 국면을 맞아, 학교교육을 근대 이후 국가 차원의 시민의식을 심어 주기 위한 수단으로 생각하는 교육 방식에서 벗어나 지구촌 공동의 도전에 대응하는 더 넓은 포용 의식을 고취시키는 과정으로 고려해 볼 기회다. 세계의 상황에 집중하는 것은 교육에서 국가 시민적 관점의 한계를 극복하는 구체적인 방법이기도 하다. 특히 21세기의 환경에서 기존의 시민권 개념에 대한 재검토는 학교교육이 새로운 요구에 어떻게 반응해야 하는지에 대한 중요한 문제를 제기한다. 이는 국가 주도의 학교교육에서 핵심적으로 다루는 국가적 시민의식의 함양 과정을 탈국가적,

탈경계적인 맥락 위에서 펼쳐지는 세계시민권과 어떻게 타협시킬 수 있는지의 문제다.

세계시민교육은 기본적으로 시민권 교육에 대한 국가 중심적 접근 방식의 대안이다. 그러나 세계시민권을 세계시민교육의 결과로 얻게 되는 것으로 이해하는 인과론적 접근은 세계시민교육의 취지를 축소한다. 세계시민권을 결과로 본다는 것은 '교육받기 전에는' 젊은이들이 세계시민이 아니라는 것을 시사한다.[Sant et al., 2018] 이러한 관점은 젊은이들이 그들이 처한 사회적, 문화적, 경제적, 정치적 지형에서 이미 세계와 관계하고 있고 세계적인 역학관계 내에서 시민으로서 다채로운 활동을 하고 있다는 점을 인식하지 못하도록 한다. 젊은이들은 학교에서만 세계시민권에 대해 배우는 것이 아니라 그들의 인생 경험과 실천에서도 배운다. 따라서 세계시민교육은 "학생들이 글로벌 연결성과 책임감에 대한 의식을 발전시키도록 장려하는 글로벌 정신의 습득을 촉진하고, 지식과 글로벌 양심을 갖춘 능동적인 시민"[Pike, 2008: 48]이 되도록 조력하는 과정이다. 즉 젊은이들은 복잡한 세계에서 자신의 위치를 이해할 수 있어야 하고, 더 나은 세상을 위해 생각과 행동을 구체화하는 방향으로 나아가야 한다. 결과적으로 무엇이 '훌륭한 세계시민권'인지를 정책 입안자, 학자, 교육자들이 미리 정의해 버릴 경우 세계시민권의 범위와 가능성은 제한받게 된다. 세계시민권은 교실 안에서 반복학습을 통해 성취되는 가치가 아니다. 세계시민권의 의미는 학생들의 삶의 맥락과 인생 경험에 관한 지속적인 질문의 대상이 되어야 한다. 그 연장선에서 세계시민교육은 교수자가 학습자에게 개념적 도구를 제공하고 이를 통해 정형화된 틀로 세계를 바라보는 방식에서 벗어날 수 있도록 조력하는 것이다.

바로 이 점에서 세계시민교육의 온전한 실행은 자발적인 참여에 달려 있다는 것을 유념할 필요가 있다. 당면한 전 지구적 과제에 대응하기 위한 지구공동체 의식을 고양시키고 지속가능성과 정의로움에 입각한 공동 번영을 구현할 수 있는 방향으로 교육의 청사진을 만들어 가는 가운데 개개인의 자발성이 무엇보다 요구된다. 따라서 세계시민교육은 자문화 중심적 논리에 기대는 폐쇄적 사고방식과 지역 이기심을 버리려는 의식적인 선택을 교육적 가치로 삼고, 교육의 우선순위를 재고하게 한다. 세계시민교육에서 핵심이 되는 부분은 지구촌 상황에 대한 논의의 장과 실천을 위한 기반을 마련하는 것이다. 세계적인 것을 보는 안목과 지역적 경계를 넘어 사고하는 확장된 관점을 키우려는 목적은 학습자들이 지구촌에 관심을 두고 로컬 상황과의 연결고리를 이해하여, 그들의 세계관이 민족 중심적이거나 또 다른 틀에 갇혀 사고와 행동에 제한을 받지 않도록 하는 것이다. 만약 더 넓은 세계적 관점의 육성을 소홀히 한다면 개인들은 이미 형성된 자신의 관심사, 편견, 세계관만을 통해 좁은 시야로 세상을 계속 보려 할 것이다. 그 이유는 적절한 자극이 주어지지 않으면 대부분의 사람들은 기존의 사고방식에 안주하는 것이 편하기 때문이다. 세계시민권은 겉으로 명시되지 않는 권리와 책임, 의무와 자격에 대한 함의를 분명히 갖고 있어서, 교육을 통해 이를 일깨워 주고 개인에게 일생 동안 다양한 시점에서 활용할 수 있는 지식과 습관을 제공하는 데 초점을 맞춰야 한다. 결국 세계시민교육은 양질의 교육의 의미와 사명을 재정의하려는 의도로도 볼 수 있다. GCED

2장

학교교육의 혁신과 세계시민교육

조대훈

1. 머리말

한국 학교 개혁의 역사는 단편적 지식 전달, 획일적 교육 방법, 대학 입시 중심의 학교 문화라는 고질적 병폐에서 벗어나 학습자의 능동성과 주체성, 창의성과 문제해결력, 그리고 사회 참여와 실천 중심의 교육을 학교현장에서 실현하기 위한 부단한 노력의 과정으로 요약할 수 있다. 21세기에 접어들면서 한국 사회의 민주화, 세계화, 그리고 다문화 사회화의 거대한 흐름은 우리나라 학교 정책에 커다란 영향을 미쳤으며, 이 과정에서 세계시민교육 담론이 등장하여 한국 교육의 방향을 새롭게 정립하는 데 중요한 역할을 담당하게 되었다. 국내외 학자들은 기존의 단일국가 시민성 개념에 기반한 시민교육이 오늘날 지구촌 사회가 당면한 시급한 문제들(예: 환경오염, 지역 분쟁, 무력 전쟁, 여성 및 아동 인권 유린, 경제적 불평등)을 해결하는 데에 근본적인 한계가 있으며, 세계시민성에 기반한 교육이 이러한 한계를 극복할 가능성이 있다고 주목해 왔다.김왕근, 1999; 데릭 히터, 2007; 설규주, 2001; Gaudelli, 2016; Heater, 2002

세계시민교육은 전 지구적 생존과 직간접적으로 연결된 다양한 갈등과 문제들을 해결하고, 지구촌 여러 나라의 상호 공존과 공영을 모색하고자 하는 목적을 지닌다. 2000년대 이후 유네스코와 옥스팜

Oxfam 등의 국제기구가 제안한 세계시민교육 정책 구상 및 연구보고서는 세계시민교육을 전 세계적인 교육 패러다임으로 거듭나게 한 원동력이 되었다. 2012년 9월 반기문 전 유엔사무총장이 공표한 〈글로벌교육우선구상Global Education First Initiative〉과 세계시민성과 세계시민교육의 개념을 새로운 교육 의제로 각인시키는 데 크게 기여하였다. 한국에서는 2015년 인천 세계교육포럼World Education Forum을 기점으로 세계시민교육이 학교교육 정책 담론에 반영되기 시작했다. 그리고 세계시민교육에 대한 높아진 관심은 교육기관 대상 프로그램 개발 및 적용, 교수학습 자료 개발 등에 관한 연구로 이어지고 있다.박환보·조혜승, 2016; 윤노아·최윤정, 2015

20세기의 학교와 비교하여 21세기의 한국 학교는 분명 여러 측면에서 학교 혁신의 성과를 보였다. 학교 경영은 과거에 비해 점점 더 민주화되었고, 교사 1인당 학생 수와 교사들의 근무 여건은 과거에 비해 더 나아졌으며, 학교교육과정은 다양성, 인권, 정의, 환경 등의 가치를 더욱 중시하게 되었다. 그러나 세계시민교육의 관점에서 볼 때 21세기 학교와 교실의 모습은 20세기의 상황과 크게 달라지지 않았다고 이야기할 것이다. 학교교육의 정수精髓에 해당하는 '교수-학습 과정'의 본질적 측면에서 시민교육은 여전히 과거의 관행에서 크게 벗어나지 않고 있다. 화제의 드라마 〈SKY 캐슬〉이 그려 낸 대한민국 입시교육의 현실은 결코 지나치게 과장된 소설 속 이야기로만 치부될 수는 없다. 가족이기주의와 성과지상주의로 점철된 한국의 중상류층 계급 사회의 욕망과 이에 부응하는 학교문화는 학교 안 시민교육의 부재를 반증하고 있다. 장은주2017는 이 같은 학교 안 시민교육의 부재不在를 통렬하게 비판하며, 상호 존중과 관용, 협동이 아닌 혐오, 차별, 그리고 경쟁의 문화가 학교교육 안에 팽배한 배경에는 '유교적 메리토크라시

meritocracy'가 작동하고 있음을 지적한 바 있다.

이상의 문제의식을 바탕으로, 필자는 세계시민교육의 관점에서 우리나라 학교 혁신 정책 및 관련 성과들을 종합적으로 조망하고, 세계시민교육이 학교 혁신에 어떻게 기여할 수 있는지를 비판적으로 검토하고자 한다.[1] 이하에서는 학교 혁신 정책의 역사를 개괄적으로 살펴보고, 세계시민교육이 학교교육과정과 교사교육 정책에 미친 영향을 검토할 것이다. 마지막으로 세계시민교육의 관점에서 학교 혁신 정책의 주요 한계점과 과제를 분석하고자 한다.

2. 한국 학교 혁신 정책의 변천과 세계시민교육 패러다임

2.1. 국가 주도 학교 혁신 정책의 역사

동서양을 막론하고 학교교육은 끊임없는 개혁의 대상이었다. 1990년대 초 민주화의 진전 속에 문민정부가 들어서면서, 학교교육은 국가에 순응하는 시민을 길러 내는 도구라는 오명을 벗어던지고, 교육 현실에 대한 반성을 토대로 교육의 내재적 원리와 사회적 요구의 조화를 꾀하기 시작했다. 학교 혁신의 관점에서 한국 교육개혁사를 조망해 볼 때, 현시점에서 논의되고 있는 바람직한 학교교육 담론의 출발점은 바로 1995년 5월 31일 김영삼 정부의 세계화·정보화 시대를 주도하는 신교육 체제 수립을 위한 교육개혁 방안(이하 '5·31 교육개혁')이라 할 수 있다.교육개혁위원회, 1996 5·31 교육개혁이야말로 교육을 종속 변인이 아닌 독립 변인으로 간주하고, 학교교육의 내적 혁신을 본격적으로 고민하기 시작한 분기점에 해당한다.

〈5·31 교육개혁 보고서〉에는 교육이 국가 발전의 원동력임을 확인함과 동시에, 한국의 학교교육이 처한 다양한 교육 문제들을 직시하였다. "단편적 지식만을 암기하는, 현실로부터 유리된 교육", "입시지옥 속에 묻혀 버리고 있는 창의성", "값싼 학교교육과 과중한 사교육비", "획일적 규제 위주의 교육행정" 등의 보고서 내용은 2020년의 시점에서도 여전히 해결하지 못한 교육의 현안임에 틀림없다._{교육개혁위원} 회, 1996: 11-14 새로운 교육 체제 수립을 원대한 목표로 삼은 〈5·31 교육개혁 보고서〉는 공급자 중심이 아닌 수요자 중심 교육 패러다임을 내걸면서, 대학입학제도, 교원양성교육, 고등교육 개혁 등 포괄적이고 광범위한 교육개혁 방안을 제시하였다. 특히, 초·중등학교 혁신과 관련해서는 학습자 다양성을 존중하는 교육, 인성 및 창의성 함양 교육, 자율적 학교 공동체 구축 등과 더불어, 학교 간 경쟁 강화를 위한 학교 다양화, 학교 책무성 강화를 위한 성과 평가 공개 등의 신자유주의 교육정책을 최초로 채택하였다.

김영삼 정부의 뒤를 이은 김대중 정부, 노무현 정부, 이명박 정부, 그리고 박근혜 정부까지 5·31 교육개혁의 주요 근간은 그대로 계승되었다._{안선회, 2015} 정치 리더십의 변화에 따른 교육정책의 차이가 발생하기는 했지만, 5·31 교육개혁의 신자유주의 기조는 정책적으로 구체화되고 강화되었다. 특히 이명박 정부의 교육정책은 자율형 사립고등학교 설립 등을 통한 학교 특성화 및 다양화, 학업성취도평가 시험을 통한 단위학교 책무성 평가 등의 정책을 통해 신자유주의 교육 이념을 충실히 이행했다고 할 수 있다. 박근혜 정부에 들어서는 '꿈과 끼를 살리는 교육과정'을 통해 인성교육과 창의성교육을 동시에 강화하고, 학습자의 전인적 성장을 위한 자유학기제 정책과 문·이과 통합형 교육과정 개발을 추진하였다. 하지만 교육 수요자의 학교 선택권 강화를 근거로 특수목적고와 자사고는 유지하였다.

문재인 정부 등장 이후 5·31 교육개혁의 신자유주의 담론은 크게 공격받게 되었다. 문재인 정부의 학교교육 정책은 균등한 교육 기회 보장과 교육의 공공성을 상위 목표로 설정하고, 교실 혁명을 통한 공교육 혁신, 그리고 교육자치 강화를 통한 교육 민주주의 회복을 강조하였다.한국교육학술정보원, 2019 신자유주의 학교 정책은 학교 간 경쟁에 따른 서열화와 학교 간·지역 간 교육 격차 심화를 초래한 주범으로 평가되었고, 공교육 정상화를 위해서는 학교 간 경쟁 위주의 교육이 아닌, 학습자의 전인적 성장을 핵심 목표로 삼는 교육이 우선시되어야 함을 강조하였다. 특수목적고와 자사고를 일반고로 전환하도록 유도하는 정책은 문재인 정부의 이러한 교육 이념을 단적으로 반영한다. 문재인 정부의 학교교육 혁신 개념은 위로부터의, 교육 당국 주도의 개혁 정책에 의해서만이 아닌, 공동체로서의 단위학교 구성원들 간의 숙의 과정과 민주적 의사결정에서부터 비롯되어야 한다는 점에 주목한다.

문재인 정부의 교육정책 중에서 특히 눈여겨봐야 할 교육 운동은 '혁신학교' 운동이다. 문재인 정부의 국정과제에 포함된 혁신학교는 2009년 경기도교육청에서 13개 학교로 처음 시작되었고, 2019년에는 17개 모든 시도교육청에서 1,689개의 혁신학교로 지정, 운영되고 있다.한국교육과정평가원, 2019: 3 [2] 최근 10년 동안 축적된 혁신학교 관련 연구물들을 종합해 볼 때, 혁신학교는 학교 공동체의 개념과 민주적 학교 운영의 개념에 기초하여 학교교육과정과 수업 문화를 자율적으로 혁신하는 학교라 정의할 수 있다. 이러한 학교 혁신의 궁극적 목표는 학생들의 전인적 성장이며, 창의성, 교사 역능화力能化, empowerment, 전문적 학습공동체 등을 핵심 키워드로 삼는다. 특히 혁신학교 정책은 시도 교육청과 각 지방자치단체 간의 재정적 협력을 위한 '혁신교육지구 정책'을 아울러 병행하면서 혁신학교의 일반화를 추진하고 있다. 이러한 진행 과정에서 볼 때, 혁신학교는 지역의 작은 학교 운동에서 시도교육청의 공교육정책으로 포괄되고, 다시 국가 수준의 교육정책으로 발전하기에 이른 상향식의 교육운동이라고 정의해 볼 수 있다.

정리해 보면, 5·31 교육개혁이 20세기 후반 한국 교육의 병폐라 지목했던 대학 입시 위주의 교육 등의 문제 현상들은 여전히 학교현장에 남아 있다. 그럼에도 불구하고, 학교현장의 모습은 여러 정부를 거치면서 결과적으로 이전보다 개선되는 모습을 보이는 점도 부인할 수 없는 사실이다. 무엇보다도 학교 내부의 권위주의적 의사결정 구조는 학교 구성원의 대화와 타협을 통한 민주적 의사결정 구조로, 주입식·경쟁 위주의 일제식 교육은 학습자의 다양성을 고려하면서 창의성과 문제해결 능력을 중시하는 교육으로 점차 탈바꿈하고 있다.

2.2. 하그리브스와 셜리의 분류와 한국 학교 혁신 정책

이상에서 살펴본 한국 혁신 정책의 흐름을 교육 패러다임이라는 조금 더 넓은 관점에서 접근해 보도록 하자. 해방 이후 현재까지 우리나라 교육개혁에 서구 여러 나라의 교육 이론과 실천 경험들이 미치는 영향들을 고려할 때, 해방 이후 한국 교육개혁의 역사는 서구 교육개혁의 역사와 결코 무관하지 않다. 미국의 교육학자 앤디 하그리브스Andy Hargreaves와 데니스 셜리Dennis Shirley[2015]는 《학교교육 제4의 길 The Fourth Way》이라는 책을 통해 서구 학교교육 개혁의 패러다임 진행에 관한 통찰력 있는 분석을 제공하였다. 하그리브스와 셜리[2015]가 제시한 '제4의 길'이라는 개념은 한국 학교교육에서 펼쳐진 혁신 정책의 패러다임 변천 과정을 이해하는 유용한 방식을 제공한다. 그들이 제시한 제4의 길은 책 제목에서 연상되듯이 앤서니 기든스Anthony Giddens

의 저서 《제3의 길The Third way》의 내용들에 기반을 두고 있다. 하그리브스와 셜리[2015]가 말한 학교 혁신에 관한 제1의 길에서 제4의 길은 다음과 같이 요약할 수 있다.[3]

제1의 길은 제2차 세계대전 이후 1970년대까지 미국, 캐나다, 영국, 호주 등 서구 선진국에서 나타난 복지국가 정책의 시기를 지칭하는데, 이 시기의 학교에는 정부의 특별한 규제나 통제 없이 상당한 자율성을 바탕으로 진보적이고 실험적인 교육이 많이 접목되었다.

1970년대 중반 이후 과도기적 시기를 거쳐 1990년대 중반까지 두드러졌던 제2의 길은 시장주의의 원리와 표준화의 시대였다. 국가교육과정 제정 및 학력평가시험 등을 통해 중앙집권적 교육 시스템 구축이 진행되고, 교육 주체로서 학교와 교사의 자율성은 줄어들며, 전인적·창의적 교육이 약화되는 시기였다.

제3의 길은 1990년대 중반 이후 영국과 미국을 중심으로 국가 운영의 정책 대안으로 부상하였다. 제3의 길은 국가의 풍부한 지원과 경쟁을 모두 손에 쥐고 시장주의의 장점을 결합시키려는 접근이었다. '구조적 다원주의structural pluralism'와 '다원 공급자 모델diverse provider model'을 기반으로 하여 공공 부문, 민간 부문, 비영리 부문 간의 파트너십을 강조하며, 상향식과 하향식 접근의 절충을 시도하였다. 학교교육 분야에서 대표적인 제3의 길 정책으로는 지역별·학교별 학업성취도 평가 체제를 통한 엄격한 성취표준 제정과 학교 성과 정보의 공개, 학력 부진 학교에 대한 보충교육 지원, 교육 수요자의 학교 선택권 부여, 교사 학습공동체 강조 및 교사 전문성 개발 지원 등이 포함된다.

마지막으로 제4의 길은 표준화와 성과지상주의의 목표에서 벗어나, 정부와 민간, 교육계의 수평적 파트너십을 기반으로 하는 교육 거버넌스governance를 구축하고자 한다. 이제 정부와 교육 당국이 적극 주도하는 개혁보다는, 교원 단체와 시민사회가 동등하게 참여하는 학교 혁신을 강조한다. 이 과정에서는 민주적 절차를 강조하는 지역사회와 긴밀한 연계된 학교 개념, 혁신 주체로서의 교사와 학생, 다양성의 존중, 교사 학습공동체 중시, 보다 정교한 학업성취 데이터 활용 등을 주요 특징으로 한다.

이와 같은 하그리브스와 셜리의 학교 혁신 패러다임 분류 방식을 적용해 볼 때, 1990년대 이후 한국의 학교 혁신 정책은 어떻게 평가될 수 있을까? 요약하면, 5·31 교육개혁의 김영삼 정부부터 박근혜 정부 시기까지 한국의 학교 정책은 제2의 길, 즉 공급자 중심의 권위주의적이고 획일적인 교육에서 벗어나 제3의 길을 지향하는 일련의 학교 혁신 시도였다고 설명할 수 있다. 그리고 문재인 정부의 교육 정책은 제3의 길에서 제4의 길로 넘어가는 과도기 상황에 해당한다고 하겠다. 특히 상향식으로 전개된 혁신학교 관련 정책은 혁신의 주된 동력, 학교와 교사의 역할, 정부의 리더십 측면에서 제4의 길이 견지하는 여러 요인들을 잘 반영하고 있다.

이상의 학교 혁신 패러다임 분류는 본 장의 핵심 주제인 세계시민교육과 학교 혁신의 관계를 보다 거시적이고 총체적인 관점에서 조망할 수 있게 해 준다. 하지만 세계시민교육에 초점을 맞춰 학교교육의 변화 흐름을 분석하는 일 역시 본 장의 목적을 위해 중요하며, 이하에서는 새로운 교육 패러다임으로서 세계시민교육의 등장 배경, 그리고 세계시민교육이 학교교육에 가져온 변화 양상을 살펴보고자 한다.

3. 세계시민교육이 학교교육에 미친 영향

3.1. 교육 패러다임으로서의
세계시민교육 페다고지의 특징

서론에서 언급한 것처럼, 반기문 전 유엔사무총장의 〈글로벌교육
우선구상〉과 인천 세계교육포럼은 세계시민교육이 학교교육의 대안적
관점이자 내용으로 국제사회에 각인되도록 만든 기폭제임에 틀림없다.
하지만 대안적 교육 패러다임으로서 세계시민교육의 성장은 20세기에
걸쳐 지구촌교육global education, 국제이해교육educational for international
understanding, 시민성citizenship 및 시민교육citizenship education 분야에서
누적된 이론적, 실천적 노력의 결실이라 할 수 있다. 세계시민교육의
적용 방식을 크게 '약한' 세계시민교육과 '강한' 세계시민교육의 두 가
지로 분류한 데릭 히터2007의 관점을 차용할 때, 한국의 학교 혁신 정
책은 21세기로 접어들면서 '강한' 세계시민교육의 관점을 채택한 전형
적 사례라 할 수 있다.[4] 한국은 중앙정부와 지방자치단체, 그리고 유관
공공기관 수준에서 '강한' 세계시민교육에 입각한 학교교육과정, 교
사교육 정책을 체계적으로 실행에 옮기고 있는 보기 드문 사례에 해
당한다.

세계시민교육은 이론적, 이데올로기적 관점에서 다양한 방식으
로 정의할 수 있으며, 끊임없는 논쟁의 대상인 것은 분명하다.김진희, 2015;
Davies, 2006; Gaudelli, 2016; Sant et al., 2018[5] 그럼에도 불구하고 시민교육 관련 학
자 및 유관 기관들은 세계시민교육의 궁극적 목적이 평화, 공생, 지속
가능성 등의 가치를 지향하며 인종, 성별, 국적, 종교, 계급의 차이에
상관없이 지구촌 사회의 구성원이라는 정체성과 책임감을 바탕으로
실천하고 행동하는 '세계시민'을 길러 내는 데 있음에 동의하고 있다.

유네스코 아태교육원, 2014; 한경구 외, 2015; Oxfam, 2015 그간의 세계시민교육 관련 학교
정책과 교육계의 학문적 성과를 종합해 볼 때, 세계시민교육의 페다고
지는 '전통적 시민교육의 관행'과의 대조를 통해 그 특징을 설명할 수
있다. 여기서 '전통적 시민교육'이란 세계시민교육의 각 지향점과 대비
되는, 한국전쟁 이후부터 반세기 이상 지속되어 온 시민교육의 관행을
종합한 이념형이다. 즉, 어느 특정 시기 또는 특정 이론적 관점에 기초
한 시민교육을 지칭하는 것은 아니며, 이제까지 학교현장 시민교육의
문제점으로 지목되어 왔던 시민교육의 양상을 의미한다. [표 2-1]은
여섯 가지 측면에서 전통적 시민교육과 세계시민교육의 차이점을 보여
준다.

[표 2-1] 전통적 시민교육 페다고지와 세계시민교육 페다고지의 차이점 비교

	전통적 시민교육 페다고지		세계시민교육 페다고지
주된 관심/목적	소속 국가 이익의 극대화와 국가 내 현상·문제에 초점	⇔	국가 이익과 지구촌 사회 상생의 조화를 지향하며, 지역-국가-세계의 상호연결성을 강조
학습자 이미지	수동적 학습 주체로서의 학습자	⇔	능동적 학습 주체로서의 학습자
교육과정 지식	국가가 정당성을 부여한 학교 지식 습득과 평가의 강조	⇔	지식의 구성성과 특수성 이해의 강조
교수 방법	단일 학문 중심의 지식·내용 전달 중심의 교육	⇔	통합적 접근을 바탕으로 하는 과정 및 문제해결 중심의 교수법
시민교육 접근법	주류 사회가 강조하는 핵심 가치와 시 민적 자질에 대한 규범적 학습 강조	⇔	학습 내용과 연계된 시민 참여와 시민 행동 강조
적용 범위	단기적·공식적 학교교육 중심	⇔	지역사회와의 연계를 활용한 전 학교적 접근 강조

첫째, 전통적 시민교육이 해당 국가의 이익 극대화와 국내 문제에
매몰되어 있었다면, 세계시민교육 페다고지는 세계주의와 국가주의
의 갈등에 대한 균형점을 모색하면서 국가의 이익과 지구촌 사회의 상

생을 도모하고, 지역-국가-세계의 상호연결성에 기초해 주어진 현상과 문제를 바라보도록 하는 관점의 전환을 가져왔다. 세계시민교육 페다고지는 그동안 대다수의 국가에서 사회 통합과 국익 최우선의 목표 달성을 위해 의문을 제기하지 않았던 단일국가 기반 시민교육에 대한 반성과 대안적 접근의 필요성을 깨닫는 전환점을 마련해 주었다. 이 첫 번째 특징은 세계시민교육이 한국의 학교교육과 학교 혁신 정책에 가져온 가장 중대한 변화라고 이야기할 수 있다.

둘째, 전통적 시민교육이 수동적인 학습자의 모습을 잠재적으로 강조하는 경향이 높았다면, 세계시민교육 페다고지는 이러한 학습자 개념에 실질적인 변화를 가져왔다. 능동적이고 주체적인 학습자 이미지는 세계시민교육 개념이 등장하기 이전에 구성주의 교육학 등 다양한 교육 이론과 학파를 통해 이미 등장하였다. 이 중에서 파울로 프레이리Paulo Freire의 이론을 출발점으로 하는 비판적 페다고지critical pedagogy의 이론적·실천적 흐름Apple, 2014; Freire, 2000, 2005; Giroux, 2011; Kincheloe, 2008; McLaren, 1995은 세계시민교육의 학습자 개념 형성에 크게 기여했다. 비판적 페다고지의 전통에서 학습자는 자신이 처한 객관적 현실 세계를 비판적으로 인식하고 성찰하게 되며, 이를 바탕으로 현실 상황의 변화를 위한 실천적 행동으로 나아가게 된다. 비판적 문해교육을 지향하는 이 같은 학습자의 모습은 세계시민교육이 강조하는 학습자와 일맥상통한다.

셋째, 전통적 시민교육이 국가가 정당성을 부여한 학교 지식school knowledge의 습득을 강조했다면, 세계시민교육은 지식의 구성성과 특수성을 이해하는 작업의 중요성에 주목한다. 여기서 '학교 지식'은 주류 사회의 관점을 반영한 지식, 즉 '정치적·문화적으로 올바른 지식'의 의미를 내포한다. 세계시민교육 페다고지는 이 같은 학교 지식에 대해 문제를 제기하며, '지식의 주체적 구성'에 대한 믿음을 바탕으로 학습 자가 자신이 처한 학습환경 속에서 능동적으로 고유한 지식을 구성 하도록 권장한다. 이러한 지식의 구성성과 특수성에는 구성주의 교육 이론, 특히 사회적 구성주의 교육 이론이 크게 영향을 미쳤다고 볼 수 있다.[6]

넷째, 전통적 시민교육이 단일 개별 학문과 교과 중심의 지식 및 내용을 전달하는 수업을 특징으로 했다면, 세계시민교육 페다고지는 다양한 학문 또는 교과 간의 통합적 접근을 바탕으로 과정 및 문제해 결 중심의 수업을 강조한다. 세계시민교육의 핵심 대주제들(예: 세계시 민의식, 인권, 평화, 문화다양성, 지속가능발전)은 교과 간 내용 연계 및 통합의 매력적인 소재를 제공해 왔다. 학교현장에서 교육과정 구성 시 학제적이고 교과 통합적인 접근을 강조함으로써, 통합 주제(예: 팬데믹 영향, 플라스틱의 역습, 케이팝 한류)를 통해 학습자가 교과 간의 울타 리를 넘나들며 학습 대상인 현상 또는 문제를 해결해 나가는 과정을 통해 다면적·심층적·총체적 이해를 도모한다.

다섯째, 전통적 시민교육이 주류 사회가 중시하는 핵심 가치와 시 민적 자질을 규범적으로 학습하도록 유도했다면, 세계시민교육은 교 실에서 배운 학습 주제 및 내용을 학습자가 구체적인 시민 행동과 시 민 참여로 연결시키고자 한다. 참여 및 실천 지향성은 시민으로서 개 인의 권리와 의무를 강조하는 전통적 시민교육에서 중시되지 못한 것 이 사실이다.

여섯째, 전통적 시민교육이 단기적·공식적 학교교육 중심의 시민 교육이었다면, 세계시민교육 페다고지는 공식적·비공식적 교육까지 모 두 포괄하면서, 지역사회와의 긴밀한 연계에 기초한 전 학교적 접근the whole school approach을 학교 혁신의 주요 내용으로 위치시켰다.유네스코 아태교육원, 2018b 전 학교적 접근은 단위학교 교육 프로젝트의 주요 원리에 해당하며, 민주적 의사결정에 기반하여 학교 구성원들의 이해와 참여를 중요한 전제 조건으로 삼는다.

3.2. 학교교육과정과 교사교육 측면에 나타난 세계시민교육의 영향

2015년 인천 세계교육포럼 이후, '세계시민교육의 확산'은 교육부의 주요 정책 과제로 채택되게 되었다. 대표적으로 교육부는 유네스코 아태교육원을 세계시민교육 확산을 위한 중심추진기관으로 정하고, 세계시민교육 교육과정 개발, 세계시민교육 선도교사 양성 연수 프로그램, 국내외 교사 교류 활성화 등의 사업을 추진해 왔다.APCEIU, 2019 시도교육청의 학교 정책에도 세계시민교육의 영향력은 상당했다. 각 시도교육청은 세계시민교육 정책 과제를 교육청 업무계획에 반영하고 있으며, 수도권 4개 교육청의 경우 '세계시민교육 교과서'를 공동 개발하여 일선 학교에 보급하는 등 관련 사업을 지속적으로 추진하고 있다.유혜영 외, 2017; 한국교육개발원, 2015 또한 다문화 중점학교 및 연구학교와 별도로, 2017년 기준 총 32개의 세계시민교육 중점학교 및 연구학교가 시도교육청에서 운영되고 있었다.유네스코 아태교육원, 2018a: 67-68

세계시민교육 패러다임이 학교교육과정에 가져온 변화는 상당하다. 세계시민교육 주요 주제와 개념에 관한 10개국 국제 비교 연구 결과에 따르면, 한국은 다른 국가들에 비해 세계시민교육의 핵심 주제 반영 비율을 포함한 글로벌 지향성global orientation 측면에서 가장 높은 점수를 보였다.Cox, 2017: 24-36 교육과정 총론의 경우, 7차 교육과정기에 국제이해교육이 범교과 학습 주제의 일부로 들어오게 되었고, 2007 개정 교육과정기에는 다문화교육, 인권교육, 지속가능발전교육 등이 추가되었으며, 2009 개정 교육과정기에 세계시민성 함양이 핵심 목표 중 하나로 등장하기에 이르렀다. 특히 교육과정의 단원별 성취기준 면에서 세계시민교육의 반영 정도는 모든 학교급에서 점진적으로 증가하고 있었다.모경환·김선아, 2018; 성경희·이소연, 2019; 이정우, 2017[7] 이러한 교육과정 변화의 흐름 속에, 학교현장을 대상으로 하는 세계시민교육 교육과정 및 교수법 개발·적용 연구가 크게 증가한 것으로 나타났다.박환보·조혜승, 2016

세계시민교육 선도교사 프로그램 및 교사연구회 운영 역시 주목해야 할 성과이다. 교육부는 유네스코 아태교육원과 함께 학교현장에서 세계시민교육을 이끌 리더 교사 양성을 목표로 2015년 이후 세계시민교육 중앙 선도교사 사업을 해마다 실시하며 선도교사를 배출해왔다. 또한 각 시도교육청은 세계시민교육 시도 선도교사를 자체 선발하여 15시간 이상의 직무연수를 제공하고, 중앙 선도교사와 더불어 소속 교육청 내 교사들에게 전달연수를 실시하도록 하고 있다. 그리고 이들 선도교사를 중심으로 소속 학교별 또는 교육청별로 세계시민교육 교사연구회가 구성, 운영되고 있다.유네스코 아태교육원, 2018a: 70-73

4. 학교 혁신 및 세계시민교육 정책 성과에 대한 비판적 성찰

그렇다면 이상에서 검토한 우리나라 학교 혁신 정책의 성과는 세계시민교육의 관점에서 어떻게 평가될 수 있을까? 요약하면, 세계시민교육 페다고지의 관점에서 5·31 교육개혁기 이후의 학교 혁신 정책 성과는 크게 다음 네 가지의 문제점과 한계를 안고 있다고 할 수 있다. 1) 세계시민교육에 대한 신자유주의적·부가적 접근 방식의 문제, 2) 학교현장의 맥락적 특수성 이해 부족의 문제, 3) 교과 간 장벽과 정치 이데 올로기 검열의 문제, 4) 전 학교적 접근의 부족 문제.

4.1. 한국형 시민교육과정: 신자유주의적·부가적 접근 방식의 한계

20세기 후반기 교육과정 기조 및 정책과 비교할 때, 2007 개정 교육과정기에서 2015 개정 교육과정기까지의 학교교육과정 정책은 인간 존엄, 인권, 문화다양성, 그리고 지속가능발전 등의 핵심 가치를 보다 적극적으로 수용하고 세계화, 다문화 사회화, 그리고 4차 산업혁 명의 흐름에 능동적으로 대응하는 진일보한 모습을 보여 왔다. 하지 만 이 같은 변화에도 불구하고 21세기 한국 시민교육과정 정책의 근 본 전제 중 하나는 바로 '단일국가 기반의 시민교육'이었다. 20세기 후 반기 단일국가 기반 시민교육 관점의 배후에 애국주의와 반공주의 이 데올로기가 있었다면, 21세기에는 신자유주의 이데올로기와 부가적 교육과정 접근법이 그 자리를 대신하게 되었다.

20세기 한국의 역사를 되돌아볼 때, 국가 정체성과 애국심은 제 국주의 열강들의 힘겨루기 속에 살아남기 위한 필요조건이었을 것이 다. '민족국가주의ethnic nationalism', 즉 순혈주의와 단일민족의 신화에 입각한 국가주의는 일제 강점기와 한국전쟁을 거치며 피폐해진 남한 사회를 재건하는 데 중요한 원동력이었다.Shin, 2006 1990년대 권위주의 적 군부 통치에서 벗어난 한국 사회는 자본주의의 지속적 성장을 꾀 하고 세계화의 흐름에 능동적으로 대처하기 위해 20세기를 지배했던 민족국가주의 이데올로기로부터 벗어나기 시작했으며, 국가교육과정 문서와 교과서에도 이러한 변화의 흐름이 반영되었다. 이를 반영하는 상징적 사건으로, 2006년 당시 노무현 정부는 대한민국을 '다문화 국가'로 선포하며 기존 단일민족주의의 사회 통념을 대체하는 새로운 사회 통합의 이데올로기를 제안한 바 있다. 그로 인해 학교교육과정에서 순혈주의 이데올로기가 사라지고, 세계화·다문화 시대에 능동적으로 대처하는 데 필요한 다양성과 타 문화 이해, 문화상대주의 태도, 세계시민, 지속가능발전의 키워드가 점진적으로 강조되기 시작했다. 김진희·차승한, 2016; 모경환·임정수, 2014; 이동민·고아라, 2015; 이정우, 2017

그런데 이 같은 국가 주도 교육과정 개혁 성과가 '신자유주의 교육관'의 직간접적인 영향하에 놓여 있었다는 점을 우리는 간과해서는 안 된다. 앞서 언급한 바와 같이, 신자유주의 교육관은 5·31 교육개혁에서부터 한국의 학교교육 정책에 본격적으로 반영되기 시작했다. 주로 사회 및 도덕·윤리 교육과정 및 교과서 분석을 수행한 연구물들은 2015 개정 교육과정기까지 신자유주의 교육 담론이 크게 영향을 미쳐 왔다는 점을 지적한다. 이정우, 2017; Choi & Kim, 2018; Moon, 2012; Moon & Koo, 2011; Sung et al., 2013 요약하면, 학교교육에 대한 신자유주의 관점은 자유시장주의의 원칙을 토대로 수월성, 국가경쟁력, 글로벌 리더십의 가치를 지향하며, 글로벌 사회에 대한 지식과 경쟁력을 갖춘 시민 역량의 함양을 중요한 교육 목적으로 삼는다. 그리고 이러한 교육적 수사의 이면에는 시장의 개념을 적용하여 학생과 학부모를 교육 수요자, 학교를 교육 공급자로 규정하고, 자율과 경쟁 그리고 학교책무성의 이름하에 학교 선택의 폭을 넓힘과 동시에, 표준화된 학업성취도 시험을 활용하여 개별 학교의 성과를 공개하고 학교 간 경쟁을 유도하는 전략이 깔려 있다.

세계시민교육 관점의 지지자들은 이러한 특징을 지닌 신자유주의 교육관이 여러 형태의 교육 실패를 가져왔다고 비판한다. 신자유주의 이데올로기를 바탕으로 추진된 시민교육은 궁극적으로 학생과 교사 모두에게 교육 소외를 야기하고, 학교책무성의 개념을 표준화 시험 점수로 왜곡시키며, 교육 수요자의 학교 선택권 강화라는 명목으로 교육 불평등을 심화시킴으로써 궁극적으로 공교육을 붕괴시킨다고 주장한다. 세계시민교육은 이 과정에서 '세계화·다문화 시대의 국가 경쟁력 강화'라는 실질적 목적에 종속되면서 도구적인 위치로 전락하게 된다. 앤디 하그리브스 & 데니스 셜리, 2015; Choi & Kim, 2018; Moon, 2012; Moon & Koo, 2011

국가 주도 교육과정 개혁 과정이 낳은 시민교육의 또 다른 한계점은 시민교육에 대한 부가적 접근 방식이다. 부가적 접근법은 우리나라 국가 교육과정에서 시민교육의 위치를 가장 잘 설명해 주는 접근 방식이다. 서구 다문화교육의 선구적 학자 중 한 명인 제임스 뱅크스James Banks는 다문화 교육과정의 구성 방식을 분류하면서 그중 하나로 부가적 접근을 명시하였다. 부가적 접근법이란 "기존 교육과정의 기본 목적, 관점, 그리고 구성 틀을 대체로 유지한 채, 교육과정의 내용, 개념, 주제 등을 삽입하는 구성 방식"을 말한다. Banks, 2007: 253 고등학교 사회과 교육과정을 예로 들자면, 기존 사회과 교육과정의 핵심 목적과 구성 원리는 그대로 유지한 채, 특정 대단원 또는 중단원을 세계시민교육 관련 단원으로 설정하고, 이 단원에 세계시민교육의 주요 주제 및 개념들을 새롭게 포함시키는 방식이다.

그러나 세계시민교육 페다고지의 관점에서 볼 때, 이 같은 부가적 접근법은 크게 두 가지 측면에서 커다란 맹점을 지닌다. 첫째, 부가적 접근법은 다수자와 기득권층으로 구성된 주류 사회의 관점을 일방적으로 수용하기 쉬우며, 그 결과 소수자와 비주류 집단의 관점이 소외될 가능성이 높다. 학습 주제로서의 '다문화 사회화', '고령화' 또는 '소수자' 등은 우리 또는 주류 사회의 시선에서 기술되고, 우리가 타자화해 버린 대상들(이주노동자, 노인, 장애인)의 시선은 극단적으로 소외되고 만다. 둘째, 부가적 접근법은 교과 교육과정을 관통하는 구성 원리로 작동해야 할 시민교육의 목적, 개념 또는 주제(예: 공존, 세계시민성, 인권, 평화, 지속가능발전) 등을 특정 단원에 몰아넣은 뒤, 교과 지식의 목록으로 강등시킨다. A단원(또는 과목)에서는 기본권 개념을, B단원(또는 과목)에서는 소수자 혐오를, 그리고 C단원(또는 과목)에서는 세계화의 문제를 배우는 방식, 달리 표현하면 단편적·분절적인 학습이 보편화되고, 세계시민교육이라는 일관된 대주제로 관통되는 학습이 약화되는 문제점을 내포한다.

4.2. 학교현장의 아비투스와 세계시민교육: 학교의 맥락적 특수성 이해의 부족

세계시민교육 페다고지는 진정한 교육적 변화가 변화의 동인인 학교 구성원들에 의해서만 가능하다는 기본 가정 아래, 글로컬 시민의 자질 함양에 필요한 지식과 기능뿐만 아니라, 시민교육이 실행되는 지역과 학교의 맥락의 중요성에도 주목한다. 변혁적 세계시민교육의 이 같은 주장은 단순히 구호나 담론적 수준에 머무는 것이 아니며, 학교라는 사회적·직업적 공간에 대한 깊이 있는 분석을 강조한다. 그런데 최근까지 교육 당국이 주도하는 학교 혁신 정책은 구체적인 정책 추진 단계에서 학교현장의 작동 방식에 대한 고려 없이 학교와 교원을 수동적인 변화의 대상으로 간주하는 경향이 있었다. 이러한 개혁 마인드는 학교가 외부로부터 주어진 변화 또는 혁신의 아이디어를 액면 그대로 수용하고 실행에 옮길 수 있다고 전제하며, 혁신 정책이 실패하거나 그 성과가 미약할 경우 그 원인을 오롯이 학교 변인으로 돌릴 수 있는 위험성을 지닌다. 학교 및 교직 문화에 관한 고전적 연구에서 일찍이 주목한 바와 같이, 사회 조직으로서의 학교는 다른 조직과는 차별화되는 독특한 직업 문화, 전문성 개념, 관리 및 평가 방식, 권력관계 등을 지닌다. Jackson, 1968; Lortie, 1975; Meyer & Rowan, 1978, 1983; Weick, 1976

그렇다면 학교라는 공간의 실제적인 작동 방식을, 그리고 단위학교에서의 학교 혁신의 실행 과정을 더욱 깊이 있게 이해할 방법은 무엇일까? 이 지점에서 부르디외Pierre Bourdieu의 장場, field 이론과 아비투스 habitus 개념은 외부로부터의 개혁 요구에 직면한 학교현장의 대응 양상, 그리고 개혁 정책의 성과를 이해하는 데 효과적인 이론적 틀을 제공한다. 학교 및 교직 문화를 이해하는 데 부르디외의 이론을 적용한 김천기2007, 나종민과 김천기2015의 연구는 학교라는 사회적·직업적 공간이 '장'으로서 고유의 역사, 기능, 규범을 구축하고 있음을 잘 보여준다. 부르디외피에르 부르디외, 2004가 정의한 '장'은 "고유한 법칙을 가진 자율적인 소세계"라 설명할 수 있다. 김천기, 2007: 81 특정한 장은 나름대로의 이해관계와 권력 투쟁의 공간이며, 외부에 존재하는 경제적 이해관계나 계급/권력 구조를 그대로 수용하지 않고, 이를 굴절시키고 재해석하고 재구조화한다. 여기서 아비투스는 핵심적 역할을 담당한다. 아비투스는 거의 무의식적이고 자동적으로 나타나는, 장의 내재적 구조가 체화한 일종의 '성향'으로 풀이된다. 김천기, 2007: 85

장으로서의 학교 역시 이 같은 고유의 성향과 작동 원리를 오랜 시간에 걸쳐 구축해 왔다. 장으로서의 학교는 직업 사회화를 통해 독특한 아비투스를 형성하고, 권력 획득에 유리한 자본의 보유 여부에 따라 지배자와 피지배자의 구분이 이루어진다. 변혁적 세계시민교육의 관점은 장의 특성을 지니는 학교에서 형성된 아비투스에 대한 이해가 학교 혁신의 성공에 중요한 열쇠라고 본다. 나종민과 김천기2015의 질적 연구는 일반 학교와 비교하여 혁신학교의 장에서 나타나는 자본의 형태와 권력 관계의 변화를 분석하고 있는데, 특히 연구에 참여한 혁신학교의 장에서 일반 학교와 차별화된 상징자본과 권력구조가 발견되었음을 보고하였다. 오랜 전통을 지니고 있는 학교 관리와 행정 경험 중시의 승진 공식의 효과가 약화되고, 학교 혁신의 새로운 교육 목표에 기여하는 교육지향적 실천 행위들이 새로운 상징자본, 권력자본으로 등장하였다. 즉, 일반 학교에서 학교장을 중심으로 하는 관료적 서열의식과 승진점수 중심의 근무평정 관행에 의해 육화된 아비투스가 혁신학교에서는 권력 또는 직업적 보상으로 쉽게 연결되지 않고 있음을 포착한 것이다.

학교교육의 실제적 목적을 둘러싼 또 하나의 아비투스가 한국의 학교에 존재한다. 고등학교는 우리가 대학입시 중심 교육이라고 일컫는 교육의 관행이자 실질적 목표의 지배를 받는다. 학교 관리자와 교사들은 학교 연간 교육계획서에 강조된 명목적 교육 목표(예: 전인교육, 문제해결 능력 및 비판적 사고 능력 함양, 세계시민의 역량)보다는, (명문)대학 진학률 향상을 위한 잠재적·실제적 교육 목표에 크게 영향 받는다. 고등학교의 장에서 대학 진학을 원하는 학생들 및 학부모들의 요구와 입시 중심 교육의 아비투스에 따른 학교 안 갈등과 타협이 발생한다. 즉, '단기적·가시적 성과 위주의 교육'과 '중장기적·비가시적 성과 중심의 전인교육/시민교육'이 지속적으로 충돌하고 갈등을 빚는다. 혁신고등학교의 학교 혁신 과정을 심층적으로 분석한 최근 연구 결과들은 주입식 경쟁 교육을 지양하고 바람직한 시민으로서 전인적 성장을 목표로 하는 학교의 노력이 아직까지는 기존의 대학 진학률 중심, 입시 중심 교육의 아비투스를 대체하지 못하고 있음을 보고하고 있다.김성천, 2018; 백병부 외, 2019; 유경훈, 2014

이 같은 아비투스의 맥락에서 세계시민교육 관련 활동은 암묵적으로 대학 진학에 도움을 주는 '스펙 쌓기'의 도구로 전락할 수 있다.조대훈,

²⁰¹⁹ 최근 몇 년 동안 단위학교 수준에서 세계시민교육의 핵심 주제들을 다루는 다양한 교과 수업 및 비교과 프로젝트 활동이 늘어난 것은 무척 고무적인 일이지만, 입시 위주 교육을 궁극적인 목표로 삼은 학교의 아비투스의 영향하에서 세계시민교육은 단기적이고 도구적인 수단에 그칠 수 있다. 학교 혁신 노력이 좀처럼 원하던 성과를 얻지 못한 배경에는 이 같은 학교현장의 작동 방식을 면밀히 고려하지 못한 점이 원인 중 하나로 작용하고 있다.

4.3. 교과 간 장벽과 이데올로기적 자기 검열의 문화

앞서 언급한 바와 같이, 세계시민교육 페다고지는 학교교육의 사회화 기능 못지않게 반사회화counter-socialization의 역할을 균형적으로 강조하고, 지역-국가-지구촌의 상호연계성의 관점에서 사회 문제 및 쟁점에 접근하며, 단일 교과보다는 교과 간의 통합적·융합적 구성을 중시하고, 일상생활 속의 행동 및 참여를 독려한다. 이 같은 관점에서 학교 혁신과 세계시민교육의 정책 성과는 어떻게 평가될 수 있을까? 요약하면, 학교 혁신의 결과물들은 주로 '단일 교과 중심 및 창의적 체험활동 중심의 접근' 그리고 '정치적으로 안전한 사회 문제 및 쟁점 중심 교육'이라는 두드러진 특징을 보이고 있다.

첫째, 5·31 교육개혁 이래 학교 혁신 정책은 교과 통합적 관점을 지속적으로 강조하고는 있지만, 학교현장에서 시민교육은 여전히 특정 교과의 몫으로 간주된다. 시민교육 실행에 관한 경험 연구의 공통된 결과 중 하나는 교사와 학생 모두 시민교육이 주로 사회 교과와 가장 연관성이 높다고 인식한다는 점이었다. 이 같은 인식 성향은 학교 안 세계시민교육의 실행 방식과도 밀접히 연관된다. 세계시민교육 실천 현황을 모니터링한 최근 연구에 따르면유네스코 아태교육원, 2018a, 모든 학교급에서 교과 간 통합 또는 융합적 접근보다는 소수의 '개별 교과 중심' 접근 방식으로 세계시민교육 관련 활동을 실행하고 있는 것으로 나타났다.[8] 두 번째로 높은 비율을 보인 세계시민교육의 실행 방식은 '창의적 체험활동 중심'의 접근 방식이었다.

이 같은 일반 학교 중심의 조사 결과와는 다르게, 혁신학교 관련 연구는 보다 긍정적인 결과를 보고하고 있다. 혁신학교 교육과정 편성 및 운영 실태에 관한 한국교육과정평가원의 최근 연구에 따르면, 혁신학교의 81%가 '주제 중심 교과 통합 프로젝트'를 운영하고 있는 것으로 집계되었다.한국교육과정평가원, 2019: 117 이 같은 결과는 교과 통합적 노력 면에서 혁신학교와 일반 학교 간에 유의미한 차이가 존재함을 시사한다. 그런데 여기서 한 가지 유의해야 할 사항은 이 학교들이 모두 세계시민교육을 교과 통합의 구심점으로 삼고 있지는 않다는 점이다. 조사에 참여한 혁신학교 응답자들이 가장 중요하게 여긴 교육과정의 상위 목표이자 지향점은 '함께 성장하는 교육공동체 실현'이었으며, 상당히 다양한 주제들이 교과 통합의 주제로 활용되었다. 반면, 시민교육에 상응하는 '시민으로서 필요한 자질의 함양'은 혁신학교 교사들 사이에 상대적으로 무척 낮은 지지를 받은 것으로 조사되었다. 혁신학교가 일반 학교에 비해 주제 중심의 교과 통합적 접근이 상당히 주류화되어 있는 것은 분명하지만, 그러한 교과 통합이 세계시민교육의 핵심 주제를 매개로 이루어지는 경우는 드물다고 볼 수 있다.

이러한 관련 연구 결과들을 통해 우리는 학교현장의 시민교육 실행 과정에 잠재한 문제점을 확인할 수 있다. 우선 세계시민교육이 소수의 단일 교과 중심으로 진행될 때 나타날 수 있는 가장 중요한 한계점은 세계시민교육에서 요구하는 학제적이고 통합적인 지식 구성을 결여할 수 있다는 점이다. 세계시민교육이 특정 교과의 전유물로 간주될 때, 세계시민교육에서 강조하는 인지적 역량은 특정 학문에 국한된 지식만을 다루는 한계를 지닐 수밖에 없다.

우리나라 학교 혁신 및 세계시민교육 정책 성과의 두 번째 한계점은 '정치적으로 안전한 사회 문제와 쟁점을 선호하는 접근 방식'에서 비롯된다. 세계시민교육 페다고지는 주류 사회에서 당연시되어 온 사회-문화적 가정과 현상, 사회 문제에 대한 반성과 성찰을 강조하는 반사회화counter-socialization의 입장을 견지하고, 차별과 불평등에 관한 불편한 진실에 대해 비판적 사고를 수행한다. 그러나 학교현장에서 교과서를 통해 다루어져 왔던 사회 문제 및 사회 쟁점의 유형들을 분석할 경우, 그리고 이와 관련하여 언론을 통해 보도된 여러 사건·사고들을 떠올릴 경우, 일종의 보이지 않는 이데올로기적 검열이 학교 수업에 적용되고 있음을 알 수 있다. 이데올로기적 검열의 대상은 '교육적 금기禁忌, taboo'의 주제들이라 할 수 있으며, 여기에는 성소수자 관련 주제, 북한 관련 주제, 그리고 영토 분쟁 주제들이 포함된다. 교육부와 시도교육청 그리고 각급 학교에서는 사회적·정치적 논란을 야기할 수 있는 이러한 주제들에 대해 민감하게 반응해 왔고, 기관 차원에서 암묵적으로 자기 검열을 수행해 왔다.구정화, 2011; 임경수, 2006; 조대훈, 2015; Jho, 2008 이 같은 암묵적인 교육 검열, 자기 검열의 문화 속에서 형성된 사회 문제 중심, 사회 쟁점 중심 교육을 우리는 '정치적으로 안전한 사회 문제 및 쟁점 중심 교육'이라고 이름 붙일 수 있다.

정치적으로 안전한 사회 문제 및 쟁점 중심 교육을 암묵적으로 수용하는 학교와 교사는 의식적·무의식적인 자기 검열의 영향을 받으며 수업 주제를 선별하게 된다. 특히, 개별 교과 수업에서 교사가 일상적으로 수행하는 교과서 해석 및 교과서 재구성의 과정에서 이러한 자기 검열은 커다란 영향을 미칠 수 있다. 교사가 정치적 쟁점으로 쉽게 번질 수 있는 수업 주제(예: 성소수자, 독도 영토 분쟁)를 선택했을 경우, 그 수업은 다른 주제에는 별 고민 없이 쉽게 적용했을 제3자적 접근, 과학적·객관적·가치중립적 접근을 포기하고 주류 사회가 강조하는 시각을 일방적으로 소개하는 선에서 마무리된다. 세계시민교육의 핵심 주제인 인권, 평화, 문화다양성, 사회정의, 지속가능발전 등을 생각해 볼 때, 이 같은 보이지 않는 자기 검열은 세계시민교육이 강조하는 변혁적 접근을 적용하는 데 커다란 걸림돌이 될 것이다.

4.4. 단기적 성과 중심 프로젝트로서의 시민교육: 전 학교적 접근의 부족

단위학교 수준에서 시민교육의 지속가능성을 위해 세계시민교육 페다고지가 강조하는 접근 방식 중 하나가 바로 '전全 학교적 접근the whole school approach'이다. 그동안 교육 당국과 시도교육청 수준에서 시도된 단위학교 시민교육 관련 정책들은 전 학교적 접근의 측면에서 무척 낮은 점수를 받았다고 평가할 수 있다. 앞서 인용된 유네스코 아태교육원2018a: 148-153의 세계시민교육 국내 이행 현황 조사 연구에 따르면, 초·중·고 모두 전 학교적 접근을 바탕으로 세계시민교육 활동 계획을 수립하고 있다고 보고한 학교의 비율은 약 20% 수준이었으며, 60% 이상의 학교가 일부 관련 교과 중심으로 세계시민교육 학습 활동을 편성하는 것으로 나타났다. 전 학교적 접근은 교사 개인 또는 개별 교과 차원의 활동 계획이 아닌, 학교 전체 구성원들 간의 대화와 협력에 기반을 둔 의사결정을 요구하는 방식이기 때문에 결코 손쉬운 방법이 아니다.

혁신학교 운동은 이 같은 전 학교적 접근의 부재를 적극적으로 개선하기 위한 학교 혁신의 노력 중 하나이며, 여러 연구 사례들을 통해 혁신학교가 실제로 전 학교적 접근의 확산에 기여하고 있음을 확인할 수 있다. 전 학교적 접근을 교육적 변화의 기본 원리 중 하나로 삼는 혁신학교운동은 합의된 학교 공동체 목표와 의사결정을 바탕으로 학교 구성원들의 참여와 숙의의 과정을 중시하며, 교육활동의 기반을 학교 지역사회에 두도록 한다. 그리고 더 나아가 교육 거버넌스governance 차원에서 학교교육의 문제에 접근하고자 노력한다.[9] 하지만 앞서 지적된 것처럼, 혁신학교의 교육 목표와 구체적 활동 내용에서 시민교육이 차지하는 미약한 입지를 고려할 때, 전 학교적 접근이 세계시민교육의 핵심 목표 및 활동과 활발하게 결합되는 사례는 드문 것으로 보인다. 혁신학교에서 나타나는 전 학교적 접근의 적용 범위는 민주적 의사결정 과정의 정착 등 일부 교육 사업에 대해 제한적으로 활용되고 있다고 결론지을 수 있다.

5. 맺는말: 세계시민교육 페다고지에 기초한 학교 혁신의 과제

이제까지 논의한 내용을 통해 우리는 대안적인 시민교육의 패러다임인 세계시민교육의 관점에서 한국의 학교 혁신 정책이 이룬 괄목할 만한 성과 그리고 한계점을 확인할 수 있었다. 세계시민교육의 페다고지는 한국 학교교육 정책의 강령에서 줄곧 강조해 왔던 변혁적인 교육을 실현하는 데 큰 원동력이 되었지만, 다른 한편으로 타이액Tyack 과 쿠반Cuban[1995]이 주목한 '학교의 문법the grammar of schooling'이라는 막강한 힘 앞에 주춤거리고 있다. 혁신 정책은 사각형의 학교 건물과 교실 구조, 교과의 구성, 수업시간표, 수업 방식 등과 같이 오랫동안 굳어진 교육의 관행을 의미하는 학교 문법의 토대 위에 적용되며, 이 같은 학교의 문법은 교육 혁신이 학교현장에 제대로 뿌리내리지 못하게 하는 저해 요인이 된다. 따라서 학교 혁신 정책과 세계시민교육 페다고지가 학교현장에 효과적으로 접목되기 위해서는 이 같은 학교 문법의 변화를 함께 추구해야만 한다.

학교 혁신 정책의 한계점에 관한 이상의 논의는 세계시민교육의 관점에서 학교 혁신이 향후 추구해야 할 몇 가지 과제들을 시사한다. 첫째, 교육과정의 지향점에 대한 비판적 검토, 둘째, 학교 안의 오랜 관행과 잠재적 운영 원리에 대한 보다 면밀한 접근, 셋째, 교과 간 장벽과 이데올로기 통제에 대한 비판적 성찰, 넷째, 지역사회와 연계된 전학교적 접근의 확산 노력이 그것이다.

세계시민교육의 관점에 기초한 학교 혁신이 성공적으로 안착하기 위해서 학교 정책 결정자, 교원, 학교 연구자들은 시야를 더욱 넓혀야 할 것이다. 무엇보다도, 시민교육의 목표 달성이 새로운 교육과정 및 교사교육 정책에 한정된 외과수술적 처방으로는 결코 가능하지 않다는 국내외 시민교육 관련 연구 문헌의 일관된 조언에 귀를 기울여야 한다. 일찍이 학교교육 개혁 과정을 연구한 서구 교육학자들은 '학교 구조의 개혁이 학교를 변화시킬 것이다'라는 환상에 사로잡히지 말 것을 경고한 바 있다. 학자들은 대부분의 학교 개혁이 단기적 성과에 그치고 단명한 근본 이유 중 하나를 구조적 개혁에 대한 지나친 관심으로 인해 학교의 다양한 맥락적 요인들(예: 교사 변인의 중요성), 그리고 교육 현상의 복잡성을 충분히 고려하지 못한 접근 방법에서 찾고 있다.Elmore et al., 1996; Fullan, 1991; Muncey & McQuillan, 1996; Sarason, 1990 학교 조직 또는 구조, 교육과정, 교사교육 체제의 혁신은 필요조건이기는 하지만 충분조건은 아니다.

세계시민교육 페다고지의 목표가 실현되기에 우리 사회는 아직 많은 걸림돌과 극복 과제를 안고 있다. 예를 들어, 세계시민교육이 강조하는 시민 참여civic engagement에 영향을 미치는 학교 안팎의 다양한 요인들(예: 학교 운영의 민주성, 가정, 또래 집단, 지역사회의 활용 자원, 해당 국가의 경제 상황, 시민사회의 특성)이 존재한다. 세계시민교육이 지역 및 국가 정체성으로서의 한국적 정체성을 훼손시킨다는 오해도 심심치 않게 제기된다. 또한 세계시민교육의 패러다임이 한국 사회가 오랫동안 내걸었던 민족국가주의와 순혈주의 이데올로기의 깃발을 내리는 데 크게 기여한 것은 사실이지만, 여전히 우리는 개개인의 실제 삶 속에서 배타적 민족주의와 은밀히 결합된 문화동화주의의 힘을 쉽게 확인할 수 있다. 미디어 오락 콘텐츠를 통해 묘사되는 국내 외국인의 이미지는 한국에 막 도착한 국제 이주민들에게 '한국에서 살아남기 위한 외국인 전용 팁'을 암묵적으로 전달하고 있으며, 이러한 역할 행동은 다시 모방되고 재생산된다. 최근의 팬데믹 상황은 전 지구적인 상호연결성과 인간 안보의 관점에서 그 중요성이 한층 더해진 세계시민교육의 핵심 주제이지만, 이는 학교 시민교육의 목적보다는 한국 사회의 높은 방역 의식과 방역 시스템을 'K-방역 브랜드'로 승화시키는 데 더 효과적으로 활용된다. 학교 울타리 밖의 세상에서 세계시민교육은 많은 지지를 받지 못하고 있으며, 이 점에서 학교는 세계시민교육의 싹이 배양되어 자라날 수 있는 소중한 공간이라 할 수 있다.

학교 혁신 정책의 목적을 앞서 언급한 부르디외의 개념을 빌려 달리 표현하면, '학교라는 장에서 바람직한 교육의 실현을 위한 새로운 아비투스의 형성'이라고 이야기할 수 있다. 세계시민교육은 과거 학교를 지배했던 명문대학 합격과 관료적 서열 및 행정 경험 중심의 아비투스에 변화를 가져올 대안적인 교육 패러다임이 될 수 있을 것이다. 세계시민교육의 관점에서 학교 혁신 정책은 학교 혁신 그 자체의 개념에 대한 끊임없는 숙의와 성찰의 노력을 경주해야 한다. 궁극적으로 학교 혁신의 개념은 하나의 선택지로서의 시민교육이 아닌, 포괄적이고 상위의 개념인 시민교육의 틀 안에서 이루어져야 한다. 이러한 주장을 수용할 경우, 학교 혁신은 이 시대에 올바른 시민에게 필요한 자질이 무엇인지를 묻는 근본적인 질문을 출발점으로 삼아야 할 것이다. GCED

3장

평생학습 맥락에서의 세계시민성교육

한숭희

1. 머리말

지금까지 세계시민성교육[1]은 국가교육과정에 기초하여 이루어지는 학교 교과과정에 주안점을 두고 전개되었다. 그런 이유로 SDG 지표indicator 4.7.1 은 세계시민성교육을 (1) 국가교육정책, (2) 교육과정, (3) 교사전문성교육, 그리고 (4) 학습 결과 평가라고 하는 네 가지 차원에서 모니터링하도록 규정하고 있다. 이 네 가지 지표는 지금까지 세계시민성교육이 주로 학교 중심적 교육 맥락을 염두에 두고 전개되고 있었다는 것을 직접적으로 보여 준다.

한편, 유네스코는 2019년 출간된 보고서 〈Addressing Global Citizenship Education in Adult Learning and Education〉에서 세계시민성교육이 학교교육을 넘어 평생학습 차원에서 실천되어야 할 교육임을 명시하고 5개 국가의 사례를 소개하였다.UNESCO, 2019 이 보고서는 세계시민성교육을 〈들로르 보고서Delors Report〉의 네 가지 축 가운데 하나인 '공존 학습learning to live together'을 실현할 수 있는 핵심 도구로 보았다. 〈들로르 보고서〉는 평생학습의 네 가지 축으로 존재 학습learning to be, 앎의 학습learning to know, 일 학습learning to do, 그리고 공존 학습learning to live together을 제시하였다. 유네스코의 이러한 접근은 세계시민성교육이 학령기 아동의 교과과정뿐만 아니라 생애 전반에 걸친 성인의 무형식, 비형식, 형식 학습에서도 중요하게 다루어져야 함을 천명한 것이다.

특히 한국의 경우 성인학습은 근대 시민성의 형성 및 그 글로벌 확장 과정에서 놓쳐서는 안 될 부분이다. 민주화 과정 자체가 시민의 비판적 학습과 집합적 변화를 통해 가능하다는 점을 고려할 때, 성인학습은 근대 민주주의와 시민사회의 발달을 논하는 데 결코 빠질 수 없다. 근현대사에서 시민사회의 탄생과 성장, 그리고 시민의 힘이 이끄는 광장정치는 시민의 자발적 학습과 집단역동 형성의 새로운 장을 상징화하는 것이다.신형식, 2012; 김민호, 2016 민주화운동과 노동운동의 흐름에서 형성된 노동교육 등의 비판적 사회교육은 이후 시민사회의 형성과 맞물리면서 새로운 형태의 시민교육[2]으로 확장되어 나갔다. 1990년대 시민사회 형성 이후 등장한 환경, 성평등, 경제정의, 반핵·대체에너지, 다문화, 주민자치 등에 관한 담론과 교육운동은 그런 흐름의 연장선상에 있었다. 이 과정에서 시민교육은 시민운동과 함께 전개되었다.

진보 정부의 등장 이후 시민교육은 국가정책의 틀 안에서 주목을 받기 시작했다. 예컨대 문재인 정부는 광화문 촛불혁명을 통해 탄생한 정부이며, '국민이 주인인 정부'를 5대 국정 목표 중 하나로 설정할 만큼 정치민주화, 소통, 투명성, 권력구조 개혁 등을 핵심 국정 전략으로 표방하였다. 이 구조 안에서 '시민'은 정치구조, 경제구조, 생활구조 등 국정 전반에서 핵심적인 주체로 주목받았고, 100대 국정과제 가운데 6번째(국민의 인권을 우선하는 민주주의 회복과 강화) 및 7번째(국민주권적 개헌 및 국민참여 정치개혁) 내용은 특히 시민사회 발전 촉진, 민·관 협치, 시민 주도 사회혁신, 사회적 경제 등을 강조하고 있었다. 시민교육은 제7대 과제 주요 내용과 함께 강조되었고, 특히 국민의 정치 참여를 확대하고 정당정치를 활성화하기 위한 핵심 과제로서 "정당·선관위 민주시민교육 확대, 풀뿌리 민주주의 확대" 등이 국정과제 내용에 포함되어 있었다.

한편, 시민교육이 생활정치의 일부분으로 확산되기 시작한 데에는 평생교육법의 기여가 컸다. 1999년 평생교육법 제정 이후 시민교육은 보다 포괄적인 맥락 안에 자리 잡게 되었다. 이 법에 의해 각 지자체는 자체적인 평생학습조례 및 평생학습관을 설치하고 주민들에게 각종 교양, 인문, 예술, 문화 프로그램들을 제공하기 시작했다. 이들 대부분은 단순히 개인 교양에 머무르지 않고 지역과 사회를 읽는 사회적 문해력을 형성하는 데 기여하였다. 돌아보면, 1995년 지방자치의 부활과 지자체 단체장의 직선제를 계기로 형성된 지역정치는 새로운 형태의 시민 형성의 매트릭스를 제공하기 시작했다고 볼 수 있다. 당시 주목받기 시작했던 시민사회단체와 지자체의 민·관 협력 혹은 협치라는 모델은 정부와 시민사회가 협력하는 새로운 정치구조를 만들어 냈고, 이런 정치구조는 자연스럽게 '주민자치와 공동체 학습'을 통해 실천적 시민성을 길러 내는 새로운 지자체 기반 시민교육 기제를 동반하게 되었다. 이 흐름 속에서 자연스럽게 지자체 안에서 평생교육과 시민사회활동이 만나는 접점들이 탄생한다. 요컨대, '지자체-평생교육-시민사회활동'의 직간접적 연대와 협력을 통해 '주민을 시민으로 전화시키는' 기제들이 만들어지게 된다.

2. 세계시민성교육: 시민교육의 확장적 패러다임

2.1. 패러다임으로서의 세계시민성교육

지금까지 세계시민성교육에 대한 이론적·개념적 논의는 제대로 이루어지지 못했다. 일부 학자들은 세계시민성교육을 지구시민교육, 지속가능발전교육, 국제이해교육 등 기존의 다양한 교육적 논의가 진화하고 수렴된 형태의 포괄적 개념Mannion et al., 2011; Peters et al., 2008으로 설명하기도 하지만, 이 개념이 사전에 충분한 논의 없이 유엔의 지속가능발전목표에 포함되어 성급하게 던져진 것이라는 한계를 극복하기 위해서라도 개념적 모호성 해소를 위한 엄밀화 작업은 이후 이어질 당연한 수순이라고 할 수 있다.

이 모호성을 해소하는 출발점으로 필자는 유네스코의 2014년 보고서 〈Global Citizenship Education: Preparing Learners for the Challenges of the Twenty-First Century〉가 제안한 개념화 방식에 주목한다. 이 보고서는 세계시민성교육을 독립된 교육활동 영역이라기보다 시민교육의 한 가지 선택된 '프레임'으로 이해한다. 지금까지 단일국가 혹은 단일민족 중심의 교육과정이 독점해 온 시민교육의 경계를 글로벌 관점으로 확대하는 한편, 그에 따라 발생하는 새로운 문제와 쟁점들을 시민교육 안에 담아낸다.

> 세계시민성교육은 보다 정의롭고, 평화로우며, 관용적이고, 포용적이며, 안전하고 지속가능한 사회를 만들기 위해 필요한 지식, 역량, 가치 및 태도를 학습할 수 있도록 교육을 구안할 것인가에 대한 일종의 관점적 패러다임이다. UNESCO, 2014: 9

이런 차원에서, 이 글은 세계시민성교육은 '글로벌 쟁점을 탑재한 시민교육'이며, 시민교육을 추진하되 그 안에서 (1) 복수의 정체성들이 다차원적으로 병립할 수 있다는 점을 이해하고, (2) 글로벌 관점에서 기존의 보편적 가치들, 예컨대 정의, 평등, 존엄, 존중 등에 대한 새로운 맥락과 해석을 부각시키며, (3) 자국의 이해를 넘어 비판적 관점으로 현존하는 국제질서를 바라보고, (4) 이러한 현실의 장벽을 냉철히 이해하고 변화시키는 과정에서 지속가능발전목표를 향해 기여할 수 있는 변혁적인 역량을 교육 안에 탑재하는 교육 방식으로 이해한다.

2.2. 글로벌 시민성의 전경화

고전적 의미에서의 시민교육은 civic education이었다. 즉, 한 도시의 시민, 한 국가의 국민, 한 사회의 공민으로 살아가는 데 필요한 지식과 태도, 능력을 학습하는 것이었다. 반면, 시민사회가 형성되고 또 다른 정치 주체가 됨으로써 이전의 국가 일변도의 일방적인 시민교육 개념은 점차 약화되었고, 그 대신 시민의 주체적 자기결정권이 강조되는 방식으로 이해되었다.

최근 시민교육은 '시민성교육' 혹은 '시민성학습'의 차원에서 논의되고 있다. 이때 시민성citizenship은 시민이라는 집합적 존재가 살아가는 공동체의 중층적 특성을 규정하는 것으로, 개인으로서 요구되는 자질이라기보다는 그들이 살고 있는 특정한 형태의 공동체적 생활의 특성을 규정한 것이다. 시민성은 그 층위로 볼 때 지역, 국가, 글로벌 등 일종의 다층적 구성물이며, 다층성이 만들어 내는 포괄적 융합성 안에서 선택적으로 형성되고 진화한다. 우리가 이 글에서 말하는 세계 시민성은 여러 층위 가운데 글로벌 시민성이 후경에서 전경으로 새로이 자리 잡은 시민성이라고 할 수 있다.

근대국가의 탄생을 가름하는 지난 200년 동안 시민성citizenship은 곧 국가성nationality을 의미하는 것이었으며, 시민성교육은 곧 국가공민교육national civic education과 동일어로 취급되었다.Davies et al., 2005 그러나 1990년대 이후 글로벌 사회의 확장은 국가 중심 공민교육을 글로별 맥락의 시민사회적 시민성교육으로 확장하는 계기를 만들었다. 글로벌 시민성은 정치라는 단일 차원의 경계가 아닌 글로벌 경제와 이주노동, 글로벌 다문화성, 글로벌 환경과 에너지 등의 '실재하는 비정치성'의 영역들이 만들어 내는 것일 수 있다는 점에서 글로벌 시민사회 global civil society의 존재를 개념적으로 전제한다.

또한 암스트롱Armstrong[2006]은 더 이상 지역 커뮤니티 안에 갇혀 있는 활동은 존재하지 않으며, 모든 정치적 행위, 모든 경제적 행위는 글로벌 맥락을 전제로 한다고 주장함으로써 국가시민성뿐만 아니라 그 하부 단위인 커뮤니티조차 글로벌 시민성으로부터 괴리되어 있지 않음을 설명하였다. 지속적으로 확장되는 초국가적 정체성들, 다층적·다국가적 활동들은 이제 '단일민족' 등의 국가순수주의를 해체해 나가고 있으며 더 이상 국가주권, 국가안전중심주의, 혹은 단일국민 정체성 등은 존재할 수 없다.

2.3. 시민성의 생태적 중층성

이제 '시민성' 개념 안에 지역, 국가, 글로벌의 요소들이 서로 쟁송적 경쟁을 벌이며 자신의 지분을 주장하는 갈등 상황이 형성된다. 이른바 다층적인 시민성 개념에 대한 새로운 개념 정립이 필요해졌다. 특히, 최근 초국가성transnationalism 개념은 이러한 시민성에 새로운 차원을 부여한다. 초국가성이란 지리적인 도시, 국가, 사회의 경계가 점차 희미해지면서 온라인, 오프라인 등의 경계를 넘어서는 형태의 시민성이 필요하게 만든다.[Drinkwater et al., 2019: 2] 이렇게 글로벌 복잡성이 증가하면 할수록 세계시민성의 중요성은 그에 비례해서 높아진다. 왜냐하면 글로벌 복잡성이 높아진다는 뜻은 더는 로컬 혹은 국민국가 안에서의 시민성으로는 해결되기 어려운 과제가 대두되었다는 것을 뜻하기 때문이다.

인간이 살아가는 세계는 다층적·중층적 시스템들의 겹층으로 이루어져 있다. 우선 개인이라는 개체들이 살아가지만 그들은 지역 locality이라는 환경 안에서 보호받는다. 그 지역은 또다시 그 상층의 국가, 사회, 혹은 문화라는 정치사회문화 공동체를 배경으로 작동하는 시스템이다. 국가는 지구적 세계성 안에서 타 국가, 타 민족, 타 문화와 더불어 작동하는 체계이며, 이런 총체로서의 세계 인류는 다시 지구생

[표 3-1] 개체에서 지구생태계로 상승하는 복잡성·혼종성 증가 구도

	글로벌 영향 (배경 요인)	다양성·혼종성 (현상 인식)	모순·갈등·억압 (현상/모순)	지속가능성 회복 (시민 행동)
지구 생태계 (earth ecosystem)	원초적 지구	지구생태의식	에너지, 환경, 기후변화, 쓰레기, 생태	지속가능발전
세계 시민성 (global, transnational)	글로벌 경제-생산양식, 초국가 기술생태계, 산업 4.0	글로벌 시민의식	글로벌 연결과 이주노동, 소비 패턴 글로벌화, 초국가 기업 증가	보편 인권, 반인종주의, 세계무역 질서, 노동이동성 보장
국가·사회·문화 (nation culture)	다국가, 초국가, 세계지역화 (regional), 신식민주의, 세계코즈모폴리턴	문화적·정치적 다양성	성인지, 다문화, 국가 간 갈등, 초국경 혼종성, 국가 경계와 문화 경계의 혼종성	intercultural, multicultural, 인권, 성인지
지역공동체 (locality)	trans-local 공동체 (social media), 중층적 공동체 (이중국적 등), 여행과 혼종성	가족 내 혼종성, 이질적 생활방식 등	전통적 공동체 붕괴, 지리적 공동체 해체와 소통적 공동체 생성	공유사회, 사회적 경제, 협동조합과 연대, 지역참여 거버넌스
개인·개체	이동의 자유, 통신, 성 개념의 글로벌화, 개인 자유의식 신장, 가용 정보 증가와 개체 개념의 혼종성	성인지, 정체성 인지	건강 불평등, 개인결정권 범위 증가, 자유 개념 신장, 인권 개념 확장, 억압과 피억압 민감화, 새로운 성인지 개념	확장된 인권 개념 성인지 개념, 자유 개념, 사회권 개념, 건강과 복지를 통한 개체권 인정, 교육 참여

태계라는 환경과 작용하며 생존한다. 이렇게 보면 작게는 개인에서부터 크게는 지구생태계 전체에 이르기까지 모든 차원과 단위들이 서로 연결되고 공존하며 공생하고 있다고 할 수 있다. 논리적으로 볼 때 모든 개체 지역, 국가 등은 처음부터 세계성globality 안에서 생존 방식과 의미가 규정되며, 이런 생명성의 총체는 다시 지구생태계라는 물리적 환경의 총체와 연결되어 있다.

최근 전 지구화의 발 빠른 변화들, 특히 통신과 지식 혁명, 교통 혁명, 세계 무역 규모의 증대, 국제 갈등과 이주, 문화 교류와 접변 현상 등으로 인해서 과거와 확연히 다르게 글로벌 복잡성이 증대된 것이 사실이다. 더는 낮은 단위의 고립성(예컨대 개체로서 고립되어 산다든지, 한 마을의 고유성을 배타적으로 보존한다든지)을 유지하기에 적합했던 이전의 환경이 아니게 되어 버렸다. 모든 단위는 중층적으로 글로벌 변화의 영향 아래 놓이게 되었고, 그 안에서 사는 인간들은 자신이 원하든 원하지 않든 간에 다양성과 혼종성(이를 다른 말로 하면 이질성이다)에 노출되며, 그것을 수용하고 익숙해지는 방향으로 전환해야 할 과제를 안게 된다. 문제는, 이런 새로운 환경 속에서 과거에 존재하지 않던 새로운 종류의 모순과 갈등, 억압 등이 양산되고 이를 해결하기 위한 사회적 개입 장치들이 더욱 필요해진다는 것이다. 세계시민성의 개념 혹은 세계시민성교육은 이런 문제에 대한 적극적 개입 장치라고 할 수 있다.

2.4. 시민성은 모순-갈등-억압의 구체성에서 출발

세계시민성교육은 비판적·해방지향적인 교육의 연장선상에서 논의되기도 한다.유네스코 아태교육원, 2015 세계시민성교육은 모순-갈등-억압의 현상과 구조를 탐색하고 합리적으로 이해해 가는 학습과정임과 동시에 그 해결점을 모색하는 문제해결의 실천과정이기도 하다. 이 점에서 파울로 프레이리의 '문제제기식 교육problem-posing education'은 여전히 유효하다.

오늘날 국민국가 중심의 '모순'과 '억압'의 문제들은 세계 차원의 맥락에서 다시 정의되어야 한다. 중동 문제, 한·일 문제, 미·중 문제, 브렉시트 문제 등 다양한 정치 쟁점들이 시민들의 삶과 행동을 규정하며, 이 문제들은 결코 국민국가 차원에서 해결될 수 없다. 모순과 갈등, 그리고 그로 인해 야기되는 억압은 국내 정치 차원을 넘어 글로벌 차원의 문화, 경제, 과학, 군사, 환경 등의 차원에서 동시다발적으로 나타나고 있다.

국가 간 모순-갈등-억압은 이중구속double-bind적 특성을 가진다. 예컨대 한·일 무역 갈등은 기본적으로 역사 인식과 과거 청산이라는 문제와 맞물려 있으며, 다른 한편에서 한·미·일 군사정보협정이라는 또 다른 축과 연결되어 있다. 이러한 이중 혹은 삼중 구조의 복잡성 속에서 국가시민성은 일국 단위로 작동할 수 없으며 동시에 한국과 일본이라는 두 국가의 시민성도 서로 간의 접점을 찾기 어려워진다. 이중구속을 해소하는 방법은 그것을 뛰어넘는 상위 차원에서 문제를 바라보는 것이며, 이것이 어쩌면 글로벌 차원에서의 새로운 시민성 개념을 창발적으로 발전시키는 것이 될지 모른다.

결국, 세계시민성이 강조하는 '글로벌'의 차원은 기존의 '국제적' 혹은 '국가 간'의 개념과 다른 문제 상황을 전제로 한다. 이 점에서 세계시민성교육은 국제이해교육을 넘어서는 새로운 공동선의 지평을 창출해 내야 한다. 세계시민성교육은 우선 국제이해교육의 수준을 포함하지만 거기에 머무르는 것은 아니다. 국제이해교육은 단일국가의 입장들이 서로 교차하고 교류하는 지점을 확대하는 데 초점을 맞추고 있는 데 반해서, 세계시민성교육은 문제를 야기하는 모순의 파악에서 시작하여 그 해결을 위한 실천성과 변혁성이라는 특성에 초점을 맞춘다.유네스코 아태교육원, 2015 비판적 세계시민성교육은 교육의 중심을 '문제중심', '변화중심', '학습자중심', '참여중심' 등에 주목함으로써 주어진 이념과 권력 프레임의 차원을 넘어서 어떤 문제를 해결하는 궁극적 해결점을 열린 방식으로 논의할 가능성을 열어 준다.

한경구 등[2015]은 《SDGs시대의 세계시민교육 추진 방안》에서 세계시민성교육의 특성을 전통적 시민교육과 대비시키고 있는데, 이는 세계시민성교육의 실천을 보다 비판적이며 변혁지향적으로 바라보려는 노력의 일환이라고 할 수 있다. 그럴 수밖에 없는 것이, 세계시민성이라는 것 자체가 본질적으로 복잡화된 모순-갈등-억압의 구조를 표현한 것이며, 이를 해소하기 위해서는 적어도 이 모순을 정면으로 바라보는 비판적이고 능동적인 관점과 행동이 필요하게 된다. 따라서 이런 관점에서의 시민교육은 이전의 전통적 시민교육에 비해 훨씬 문제중심적, 변혁중심적, 참여중심적, 실천중심적인 입장을 취하게 될 수밖에 없고, 이런 활동들은 당연히 그 맥락에 포함된 모든 구성원들에 대한 전 생애적lifelong 및 전 사회적lifewide 접근을 취할 수밖에 없다.

[표 3-2] 전통적 시민교육과 세계시민교육의 특성

전통적 시민교육	세계시민교육
학습자는 수동적인 수용자	학습자는 능동적인 교육의 주체
기성세대의 가치 규범의 전수를 강조	변혁적인 교육
지식·내용 이해중심적 교육	과정중심적·문제해결중심적 교육
주어진 학교 지식의 습득을 강조	참여지향적·실천지향적 교육
시민성에 대하여 배우는 교육	시민성의 실천을 통해 배우는 교육
단기적·공식적 교육과정 위주의 교육	평생교육적·다면적 형태의 교육

출처: 한경구 외, 2015: 39

실천적 차원에서 바라볼 때, 세계시민성교육은 다음 네 단계의 논리적 전개과정을 거치게 된다.

첫째, 글로벌 복잡성의 증가에 따른 새로운 차원의 현상이 나타난다. 이에 대한 지역사회·국가·범지역·세계의 이슈를 비롯해 다양한 국가 및 사람들 간의 상호연계성·상호의존성에 대한 지식, 이해, 비판적 사고를 습득할 필요가 생긴다.

> 갈수록 빨라지는 세계화는 거시적·구조적 차원의 상호연계성을 강화할 뿐만 아니라 일상을 더욱 복잡하게 만들고 있다. 그 결과 자유무역, 이주와 난민, 기후변화와 환경, 갈등과 분쟁, 실시간 온라인 커뮤니케이션 등 우리의 개인적·사회적 삶을 구성하는 다양한 현상이 단일 지역과 국가의 경계를 끊임없이 넘나들며 발생한다는 것은 세계 거의 모든 장소가 상호의존적으로 연결돼 있어서 서로 영향을 주고받는 환경이 전 지구적으로 구축돼 있음을 의미한다. 이러한 배경에서 '시민성의 세계적 차원'은 시민성을 이해하는 또 하나의 중요한 구성 요소로서 주목을 받고 있으며, 국민국가에 기반을 둔 전통적인 인식틀을 넘어 '세계시민성'의 구체적 내용을 함께 다루지 않을 수 없게 되었다. (중략) 유네스코를 중심으로 한 국제적 논의에서는 세계시민성교육을 "학습자들이 더 포용적이고, 정의롭고, 평화로운 세상을 만드는 데 이바지할 수 있도록 필요한 지식, 기능, 가치, 태도를 길러 주는 교육"으로 정의하고 있다. 유네스코 아태교육원, 2015: 14-15

둘째, 그 결과 다양성diversity과 혼종성hybridity이 증가하며, 융합fusion과 초연결성super-connectivity이 증가한다. 새로운 매트릭스의 차이

difference와 다양성diversity이 등장한다.

셋째, 이와 같이 새로운 다양성과 혼종성의 맥락 안에서 기존의 전통적인 시민교육으로는 새롭게 나타나는 갈등과 모순, 배제와 억압, 인권침해와 불평등의 구조를 설명하거나 해결할 수 없다. 따라서 이 현상을 비판적으로 분석하고 이해하며 새로운 프레이밍으로 수용할 수 있는 방식이 필요하다. 이에 대한 존중, 연대 및 공감, 가치와 책임을 공유할 필요가 발생한다.

넷째, 이에 대한 시민적 책임과 개입이 필요하다. 연대와 실천, 책임감과 공동의식은 이에 필요한 시민적 행동의 예시이다. 교육적 개입(혹은 비판적 성인교육)도 이러한 시민적 책임과 개입의 한 가지 방식이다. 평생교육은 학교교육과 더불어 새롭게 당면한 문제들을 이해하고, 비판적으로 분석하며, 그 차이와 다양성을 수용하고 존중함으로써 책임 있게 스스로의 행동을 변화시킬 수 있는 교육의 적극적 개입 방식이다. 즉, 더 평화롭고 지속가능한 세상을 위해 지역적·국가적·세계적 차원에서 효과적이고 책임감 있게 행동할 수 있는 토대를 요청한다.

3. 한국 평생학습 맥락에서의 글로벌시민성교육의 구조

3.1. 유네스코의 성인 시민성교육 개념과 범주

2015년에 유네스코가 출판한 〈Recommendation on Adult Learning and Education〉은 평생학습 체계 아래에서 성인교육의 가치와 구조를 매우 짜임새 있게 제시하고 있다.UNESCO, 2015 이 보고서는 성인학습과 교육을 크게 세 가지로 범주화한다. 첫째, 문해교육과 기초역량학습adult learning for literacy and basic skills, 둘째, 계속직업훈련과 전문성 발달adult learning for continuing training and professional development, 셋째, 적극적 시민성교육adult learning for active citizenship이다.

여기에서 알 수 있듯이, 이 보고서는 성인교육에서의 시민성교육 citizenship education의 경계를 조금 독특한 방식으로 규정한다. 이 보고서를 보면, 성인들의 경우 엄밀하게 구분된 시민성교육이 독립 교과 형태로 존재한다기보다는 오히려 일상적으로 이루어지는 교양강좌, 인문강좌, 체험학습, 취미강좌, 포럼 등에 이러한 시민성과 관련된 내용들이 부분적·직간접적·복합적으로 담겨 있다. 따라서 그런 교육을 주로 담아 나르는 성인들의 삶터 기반 학습체계 전반을 시민성교육으로 분류하고, 이 유형에 포함될 수 있는 교육 범주들, 특히 지역사회교육 community education, 비판적 성인교육popular education, 성인교양교육adult liberal education 등을 광의의 시민성교육 범주에 포함시킨다.UNESCO, 2015

이렇게 보면, 시민성교육이란 지역사회교육, 비판적 성인교육, 혹은 성인교양교육 등의 지역 기반 교육활동에 담긴 다양한 시민성 쟁점들, 예컨대 빈곤, 젠더, 세대 간 소통, 사회계층이동, 정의, 평등, 배제와 소외, 폭력, 실업, 환경보호 및 기후변화 등에 관한 총체적이고 집합적인 표현이라고 할 수 있다. 유네스코는 이러한 지역사회교육 활동을 통해 개인적 차원에서의 삶의 품위와 질이 높아지고 건강과 복지가 개선되며, 집단적으로는 문화적, 정신적, 사회적 소통과 협응의 질이 제고될 수 있다고 본다.UNESCO, 2015: 7 또한 앞에서 기술한 것처럼 이런 시민성교육의 제 요소들은 결코 글로벌 쟁점들로부터 분리되어 있는 것이 아니다.

3.2. 평생학습 맥락과 평생교육 체계

평생교육이란 평생학습 가운데 성인학습의 제도화된 체계로서 구성되는 비형식 교육활동이라고 간단히 말할 수 있다. 우리나라의 경우 1999년 제정된 평생교육법은 다양한 평생학습 활동(특히 성인학습 활동) 가운데 일부를 '선택적'으로 추출하고 그에 대해 행·재정 구조, 거버넌스, 조직화된 교육과정과 방법, 교사자 전문성 등을 부여하였다. 여기에서 말하는 평생교육은 이 법에 의해 규정된 경계 안의 활동 체계를 말한다.

한국의 성인교육은 크게 '교육전담기관'에 의해 주도되는 부분과 '비전담기관'에 의해 제공되는 부분으로 나눌 수 있다. (1) 전담기관이란 교육을 주목적으로 하는 기관을 말하며, 우리나라에서는 가) 평생교육기관(평생교육법에 의해 작동하는 교육 체계), 나) 직업훈련기관(고용훈련과 고용보험제도에 의해 작동하는 훈련 체계), 다) 사설학원(학원법에 의해 작동하는 체계)으로 대별될 수 있다. (2) 두 번째 경우인 비전담기관의 경우 시민운동을 주도하는 시민사회단체의 교육, 복지를 목적으로 하는 복지관에서의 교육, 혹은 도서관이나 문화센터 등에서의 교육 등 교육 이외의 목적으로 설립된 기관들이 제공하는 다양한 교육 프로그램들이 있다.

이 가운데, 평생교육은 교육 4대 기본법의 하나인 평생교육법에 의해 제도화되어 가는 분야이다. 우리나라 교육활동은 그 제도화적 차원에서 볼 때 (1) 유아교육, (2) 초·중등교육, (3) 고등교육, (4) 평생교육으로 크게 나뉠 수 있으며, 이들은 각각 유아교육법, 초중등교육법, 고등교육법, 평생교육법에 의해 규정되고 관리된다. 이 연구의 대상인 평생교육은 비형식 전담교육기관의 한 집합체로서, 평생교육법에 의해 작동하는 성인교육기관들을 배타적으로 지칭하는 명칭이다.[3]

평생교육은 다양한 성인교육 가운데 평생교육법에 등록된 교육기관들의 교육 프로그램들을 지칭하며, 다양한 주제 영역들, 예컨대 문해교육, 학력보완교육, 직업능력교육, 인문교양교육, 문화예술교육, 시민참여교육 등을 포괄한다. 내용 영역으로서 시민참여교육이 따로 분류되어 있기는 하지만 실제 프로그램을 들여다보면 이 외에도 문해교육, 인문교양교육, 문화예술교육 등 다양한 분야에서 시민성이 직간접적으로 혹은 중층적으로 다루어지고 있다.

3.3. 평생교육과 시민성교육의 범주 재설정

앞 절에서 살펴본 유네스코의 '시민성교육' 범주를 평생교육 제도 안에서 이루어지는 인문교양교육, 문화예술교육, 시민참여 교육 등은 모두 큰 범위에서의 시민성교육 활동으로 묶을 수 있다. 이 세 영역이 전체 평생교육 활동의 80% 정도를 차지한다는 점을 고려한다면, 우리나라 평생교육 활동은 대부분 시민성교육 활동과 등치될 수 있다. 물론 평생교육기관에 속하지 않는 비전담기관 가운데에도 시민사회단체 혹은 비영리단체 등에 의한 비정기적 강좌들이 다수 이루어지고 있다. 특히, 시민사회단체들은 시민사회를 구성하는 주체로서 민주정치와 시민사회 담론을 주도하는 세력이며, 그 활동의 일환으로서 시민교육을 실시하고 있는데, 그들 중 일부 사회단체들은 그들이 운영하는 교육센터를 평생교육법에 등록함으로써 '평생교육기관'의 형태로 운영하기도 한다.

현재 평생교육기관들의 전체 숫자 추이를 살펴보면, 2018년 기준으로 총 4,169개 기관이 있으며, 이는 10년 전에 비해 두 배가량 증가한 것이다. 이 가운데 공공 평생교육기관은 시도 진흥원 학습관 및 시군구 평생학습관 등을 포함해서 492개(시도 17개, 지역 475개)이며,

이것은 전체 기관 수의 약 12%에 해당하는 숫자이다. 이들 기관 이외의 나머지 기관들은 모두 민간 영역에서 운영하는 평생교육기관들이다.

한편, 평생교육법 제2조는 평생교육의 교육 내용을 여섯 가지로 예시하고 있는데, 이 예시는 현재 평생교육 프로그램에 대한 표준 구분으로 활용되고 있다. 2018년 현재 전국에서 제공되고 있는 비형식 평생교육 프로그램은 모두 16만 3,631개이며, 이 가운데 가장 많은 비중을 차지하는 프로그램은 직업능력 향상 프로그램이다. 그다음으로 문화예술, 인문교양, 학력보완 등의 프로그램들이 이어진다. 연인원으로 보면 2018년 한 해에 1,600만 명에 달하는 수강생들이 이 기관들을 이용했음이 보고되고 있다. 이러한 프로그램들이 다양한 방식으로 시민성 주제들을 다루고 있기는 하지만 그 가운데 특별히 '시민참여교육' 주제 영역에 속한 프로그램들은 시민참여, 민주시민교육, 생활정치학습 등을 전면화하고 있다. 이 프로그램 군의 실태는 다음 절에서 설명한다.

평생교육법 체계와 별도로 중앙정부는 주로 개별법에 근거한 시민교육도 실시하고 있는데, 예컨대 선거연수원, 통일교육원, 국가환경교육센터, 한국법문화진흥센터, 한국교육개발원, 인성교육지원센터, 한국양성평등교육진흥원, 민주화운동기념사업회 등이 성인을 대상으로 하는 시민교육을 실시하고 있다. 이 가운데 정치교육으로서의 선거관리위원회의 활동과 민간 시민사회단체의 시민교육을 지원하는 민주화운동기념사업회의 활동은 주목할 만하다.

한편, 평생교육법 체계 안으로 들어가면 보다 직접적으로 교육부, 국가평생교육진흥원 등 국가기관 및 광역 및 기초 지자체 단위 평생교육 체계 아래 전개되는 시민교육의 실제 상황과 마주할 수 있다. 현재 전국 17개 시도에는 각각 시도 평생교육진흥원이 설치됨으로써 형태적으로 국가 평생교육진흥원-시도 평생교육진흥원-시군구 평생학습관의 위계구조가 완성되어 있다. 현재 17개 시도 평생교육진흥원 가운데 시민교육을 위한 전담팀이 설치되어 있는 곳은 경기도 한 곳이며, 민주시민교육조례가 제정되어 있는 곳은 9개 시도(서울, 부산, 인천, 대전, 세종, 경기, 충남, 전북, 전남)이다. 이들 가운데 현재 세계시민성교육 사업을 진행하고 있는 시도는 3개(서울, 부산, 경북)이며, 2020년 이후 세계시민성교육 사업을 확대 시행할 계획을 확정한 시도는 3개(서울, 대전, 충남)이고 고려 중인 시도가 5개(부산, 대구, 울산, 경기, 경북)이다.[한숭희 외, 2019] 이 과정에서 광역 지자체의 시민교육 관련 조례는 시민교육을 활성화하는 데 큰 역할을 하고 있다. 2019년 현재 전국의 9개 광역 지자체가 자체적인 민주시민교육조례를 제정하고 있다.[조철민, 2018]

[표 3-3] 광역 진흥원 (세계)시민교육 운영 현황 및 계획

구분	기관명	시민교육전담	2019년 사업계획 내 시민교육 (독립사업)		관련 조례 (제정 연도)	세계시민교육 사업	세계시민교육 확대 계획	
							확대 계획	시군구 평생학습관 지원 계획
1	서울특별시 평생교육진흥원	미설치	자유시민대학 (시민학)		민주시민교육 조례(2014)	자유시민 대학 시민 석사과정 (세계시민 교과목)	있음	없음
2	부산인재 평생교육진흥원	미설치	부산 시민대학 부산민주 시민교육 박람회	민주시민 교육 관계자 연수	민주시민교육 조례(2019)	부산 시민대학 (영화를 통한 세계 시민학교)	미정	없음
3	대구 평생교육진흥원	미설치	상반기: 생활 속의 민주주의 하반기: 찾아가는 민주주의		없음	없음	미정	미정

4	인천광역시 평생교육진흥원	미설치	인천 민주시민교육 중장기 발전계획 수립 인천시민대학 (민주시민교육)		민주시민교육 조례(2019)	없음	없음	없음
5	광주광역시 평생교육진흥원	미설치	광주 시민대학 민주·인권 특화 프로그램	대학거점 시민교육 활성화 사업 시민교육 나눔강사 등	없음	없음	없음	없음
6	대전 평생교육진흥원	미설치	대전시민대학 (시민·공동체)		민주시민교육 조례(2019)	없음	있음	공모 사업
7	울산광역시 평생교육진흥원	미설치	없음		없음	없음	미정	미정
8	세종특별자치시 인재육성 평생교육진흥원	미설치	민주시민교육 활성화 사업: 포럼·워크숍 개최, 찾아가는 릴레이 강연회, 공모사업		민주시민교육 조례(2018)	없음	없음	없음
9	경기도 평생교육진흥원	민주시민 교육 지원센터	민주시민교육 지원사업 청소년 노동인권 보호		민주시민교육 조례(2015)	없음	미정	공모 사업 (민주 시민 교육 관련)
10	강원도 평생교육진흥원	미설치	강원청년지도자 리더십 과정		없음	없음	없음	없음
11	충청북도 평생교육진흥원	미설치	민주시민교육 프로그램 공모 지원		없음	없음	없음	없음
12	충청남도 평생교육진흥원	미설치	충남 온통시민 배움터 지원사업 (민주시민·공동체)		민주시민교육 조례(2019)	없음	있음	없음
13	전라북도 평생교육진흥원	미설치	평생교육 진흥사업 (민주시민 양성)		민주시민교육 조례(2016)	없음	없음	없음
14	전라남도 평생교육진흥원	미설치	없음		민주시민교육 조례(2017)	없음	없음	없음

15	경상북도 평생교육진흥원	미설치	없음	없음	(공모) "나는 세계 시민이다" 프로그램	미정	없음
16	경상남도 평생교육진흥원	미설치	없음	없음	없음	없음	없음
17	제주특별자치도 평생교육진흥원	미설치	'시민성 증진' 주제로 자체 연구 진행 중	없음	없음	미정	없음

4. 평생교육 체제 아래에서의 '시민참여교육' 양상

4.1. '시민참여교육'의 전개 양상

시민참여교육은 평생교육이 규정하고 있는 6대 프로그램 영역 가운데 하나로서, 주로 지역공동체의 리더십 프로그램, 주민자치 프로그램, 의사소통 과정, 법과 정의, 인권, 성평등, 지구화 문제 등 다양한 주제로 이루어지는 한편, 그 내용과 형태에서 다른 프로그램 영역과 구분되는 뚜렷한 독자성을 갖는 영역이다. 따라서 이 통계에서 나타나는 시민참여 프로그램의 비중은 결국 우리나라 전체의 평생교육기관들이 제공하는 가장 직접적인 성인 시민교육의 총량이라고 보아도 무방하다.

이런 프로그램들은 주로 지자체가 설치한 공공 평생학습관들이 주도하고 있다. 지자체는 최근 협치 모델에 의해 국가·지자체와 시민사회단체 간의 협력적 거버넌스 모형을 활발하게 적용하고 있는데, 이 과정에서 시민교육은 크게 두 가지 흐름으로 이루어진다. 하나는 지자체의 평생학습관을 중심으로 제공되는 시민참여교육이며, 다른 하나는 관내 시민사회단체들이 지자체의 공모사업을 통해 제공하는 시민교육이다.

우선, 지난 10년간의 평생교육 영역에서의 시민참여교육 경향을 보면 시민참여교육은 지역의 공공 평생학습관이 주도하고, 대학 부설 기관 및 시민사회단체 부설 기관들이 뒤따르는 형태로 이루어지고 있다. 대학의 경우도 공공 평생학습관과 마찬가지로 주로 지자체와의 협력 사업을 통해 시민교육 프로그램을 공급하는 경우가 많다. 시민사회단체의 경우도 지자체 공모사업에 의존하는 경우가 많기는 하지만, 그 활동 자체가 시민사회운동의 연장선상에서 이루어진다는 점에서 지자체 시민교육과는 조금 다른 색깔을 드러내기도 한다. 일부 시민사회단체의 경우 산하에 부설된 평생교육센터를 통해 프로그램을 제공한다.

대부분의 지자체의 평생학습관은 시민사회단체들 혹은 시민교육 전문 NGO 등과의 상생적 협력을 통해 연계 프로그램을 제공하는 경우가 많다. 이러한 흐름에서 볼 때, 우리나라 시민교육은 크게 지자체가 이끄는 흐름과 시민사회단체들이 이끄는 흐름의 두 가지 조류의 연합으로 이해할 수 있다. (1) 우선, 지자체가 이끄는 시민교육은 조례 등을 통해 민주시민교육의 제도적 기반과 결합하여 이루어지며, 지자체 산하 평생학습관 등은 그 실천 창구 역할을 맡는다. 이러한 경우에 제공되는 프로그램들은 이전의 국가 단위에서 제공되던 공민교육 national civic education과 달리 민주시민성democratic citizenship 혹은 '마을 민주주의' 등의 개념을 강조하는 방향으로 나가고 있다. (2) 다른 한편에서의 시민사회단체들은 시민운동의 한 축으로서 시민교육을 활용하게 되는데, 이때의 시민교육은 해당 시민사회단체의 정치적, 이념적, 문화적 지향성을 그대로 담아내는 형태로 진행되며, 자체 시민단체 회원을 모집하는 창구 역할을 하기도 한다. 이때 시민교육은 그 자체가 그대로 '사회운동'의 한 방편이 된다. 이러한 지자체 중심 시민교육과 시민사회단체 중심의 시민교육은 서로 상이한 개념적, 이념적, 방법론

적, 구조적 차이에도 불구하고 서로 연대하고 협력하는 모양새를 갖추
어 나가는 경향성도 발견된다.

4.2. 시민참여교육 전개 양상

2018년 한 해 동안 시민참여 교육 프로그램은 모두 255개가 개
설되었고, 여기에 2만 5,000명가량의 수강생들이 등록하였다. 시민
참여교육 프로그램의 숫자가 다른 영역에 비해 적은 이유는 (1) 수요
가 자연적으로 늘어나지 않고, (2) 유료 강좌로 개설하기 어렵기 때문
에 대부분의 프로그램 공급이 공적 지원에 의존해야 할뿐더러, (3) 참
여자들 역시 지자체 리더 혹은 시민사회단체 등 활동가들로 한정되어
이루어지는 경향이 있기 때문이다. 게다가 (4) 흥미 있는 프로그램을
제공할 수 있는 교육 전문가 공급이 제한적이라는 이유도 있다.

[표 3-4] 기관별 시민참여교육 프로그램 수(2009~2018)

연도	평생학습관	시민사회단체부설	대학(원)부설	지식·인력개발형태	언론기관부설	시도평생교육진흥원	사업장부설	원격형태	초·중등학교부설	총합계
2009	129	44	100	44	6		2	3	2	330
2010	45	23	40	21	1		2	1		133
2011	92	43	5	20	4		2	1	1	168
2012	51	11	24	22	1					109
2013	33	5	27	28	3					96
2014	27	8	32	2	2		1			72
2015	22	16	18	2	9		2	1		70
2016	59	18	23	10	6		2	4		122
2017	105	25	27	15	9	14	2		2	199
2018	141	41	36	12	7	14	2		2	255

단위: 개

매년 공급되는 시민참여교육 프로그램 수는 일종의 부침을 거듭하는 모양새를 보인다. 예컨대 2009년에 330개로 보고되었지만 2012년 이후 점차 축소되다가 2015년 최저점을 찍게 된 반면, 광화문 촛불집회가 시작된 2016년 이후 급증하는 양태를 보인다.

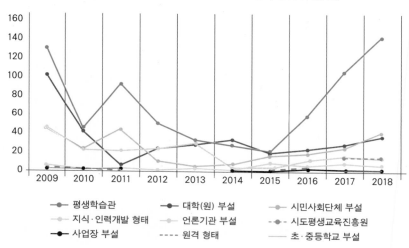

[그림 3-1] 기관별 시민참여교육 프로그램 수(2009~2018)

시민참여 프로그램을 가장 많이 공급하는 기관들은 지역 평생학습관, 시민사회단체 부설 시설, 대학 부설 평생교육원들이다. 이 가운데 평생학습관은 전체 시민참여교육의 절반 이상을 공급하는 것으로 나타났다. 즉, 2018년에는 전체 255개 프로그램 가운데 공공 학습관이 제공한 프로그램이 139개에 이른다. 법인이 차지하는 비중은 초기에는 많았지만 점차 줄어들고 있는 반면, 국가 및 지자체가 제공하는 프로그램 수는 문재인 정부가 들어선 2017년 이후 급속히 많아지고 있다.

교육 기간별로 볼 때, 1~3개월을 단위로 하는 프로그램의 빈도가 가장 높았으며, 1개월 미만이거나 혹은 4개월 이상인 프로그램은 그에 비해 소수로 나타났다. 이것은 대부분의 비형식 평생교육이 통상적으로 봄, 여름, 가을, 겨울의 3개월을 단위로 하는 연 4회 프로그램 순환 방식을 선택하고 있기 때문으로 볼 수 있다.

4.3. 지역 공공 평생학습관에서의 시민성교육

위 논의에 비추어 보면, 지역 공공 평생학습관은 성인에 대한 세계시민성교육 활동을 선도할 수 있는 가능성을 가진 교육기관 유형이라고 할 수 있다. 이것은 평생학습관이 지니는 특성에 비추어 볼 때 보다 분명해진다. 첫째, 평생학습관은 지역에 위치하는 주민의 학습 공간이라는 점에서 지역학습센터Community Learning Center, CLC로서의 성격을 갖는다. 각국의 사례에서 볼 수 있는 것처럼 지역학습센터는 여러 나라에 존재하는 공공성인교육기관이며, 각 사회 및 역사적 맥락에 따라 다양한 형태로 퍼져 나간 사회교육의 기능체의 일종이다. 이때 지역학습센터의 '학습'이라는 개념은 보다 포괄적인 것이며, 강의와 수업의 형태를 넘어 주민자치를 위한 교류와 축제, 노령층에 대한 복지와 건강 지원, 문화 활동, 아동과 청소년 활동 지원 등을 포함한다.

둘째, 평생학습관은 다른 민간 평생교육 시설들과 달리 공공 평생학습의 기능을 수행한다는 특징을 가진다. 한국의 평생학습관은 과거 유례를 찾아보기 어려울 정도로 지자체의 직접 지원 및 전문 인력 배치가 이루어지는 공공성을 획득하였다. 그 성격으로 인해서 공공 평생학습관에서 제공하는 교육 프로그램은 민간 기관들의 프로그램에서는 찾아보기 어려운 시민참여교육 및 문해교육 등에 많은 투자를 하고 있으며, 평생교육 프로그램 6대 주제 영역에 대해 균형 있는 프로그램 비율을 유지하고 있다.

셋째, 평생학습관은 지역에 거점을 두고 있지만 다른 한편에서 국가법령에 의해 규정된 법령 기관이며, 지자체가 자율적으로 설립하고 운영하되 그와 동시에 평생교육 행정전달체계의 일부분으로 작동하도록 설계된 기관이라는 특징을 동시에 갖는다. 평생학습관은 지자체의 직접 통제를 받는다는 점에서 그 형태와 구조, 기능 등이 다양할 수 있지만, 또 다른 측면에서 국가평생교육진흥원 및 시도평생교육진흥원과의 조율을 전제로 하는 동질성을 요구받는 기관이다. 따라서 대부분의 평생학습관의 조직 체계, 운영 방식, 제공하는 프로그램, 사업 내용 등이 상당히 유사한 공통분모를 갖게 되며, 지역적이며 동시에 전국적인 통일성과 집합성을 가진다. 이것은 비단 법령에 의해 규정된 행정전달체계라는 특성 때문만이라기보다는 오히려 평생학습관이라는 개념, 그 기능, 활동, 사례 등이 공진화해 가는 과정에서 나타나는 자연스러운 유적類的 특성 때문이라고 볼 수 있다. 그 네트워킹을 통해 전국 단위 세계시민성교육의 기획과 전파가 가능한 중추 조직으로 자리 잡을 수 있다.

요컨대, 평생학습관은 그동안 민주시민교육의 플랫폼으로서 기능을 수행해 왔으며, 그 플랫폼 위에 민간의 NGO, CSO 등 다양한 시민활동단체들이 평생학습관이라는 공간과 시간, 그리고 예산 지원을 통해 프로그램을 수행해 왔다. 평생학습관은 공공-민간 파트너십public-private partnership의 중심체로서, 평생학습관을 중심으로 다양한 시민사회단체, 주민단체, 복지관, 도서관, 청소년기관 등이 연결되는 네트워크가 구축되는 것이다. 평생학습관은 지역에서의 시민활동의 중심체로서 시민의 시정 참여를 지원한다. 세계시민성교육도 이러한 네트워크를 적극적으로 활용할 수 있다.

4.4. 세계시민성교육의 잠재적 추진체로서의
공공 평생학습관

2019년 출간된 《국내 평생교육 내 세계시민교육 이행현황 연구》에 의하면 아직까지 공공 평생학습관 가운데 세계시민성교육을 명시적으로 이해하고 추진하려고 시도하는 경우는 8%에 못 미친다.^{한숭희 외,} ²⁰¹⁹ 그럼에도 불구하고 그 실행 주체로서의 가능성에 대한 물음에 관해 대부분 긍정적 입장을 보이는데, 왜냐하면 평생학습관은 다른 평생교육 전담기관들과 달리 공공 평생교육 토대 구축을 위한 플랫폼을 자임하고 있으며, 세계시민성교육 프로그램 공급은 이러한 공적 토대의 중요한 기점이 될 수 있다고 보기 때문이다. 세계시민성교육은 이런 공공성과 차별성의 한가운데에 놓여 있으며 그 공적 기능을 가시화할 수 있는 핵심 프로그램이라고 본다.

앞으로 공공 평생학습관이 세계시민성교육의 실천 주체가 되기 위해서는 지금까지 시민교육 과정에서 경험했던 여러 난점들을 성공적으로 극복할 수 있어야 한다. 몇 가지를 나열하면 다음과 같다.

첫째는 예산과 책무성에 관한 문제이다. 대개의 시민교육 프로그램은 전액 공적 예산이 투입되며, 앞으로 세계시민성교육 프로그램도 같은 구조로 시행될 수밖에 없다. 그러나 예산 투입에 비해 효과성을 검증하기 어려운 것이 또한 시민교육이다. 시민교육은 문화예술교육처럼 수요가 높은 프로그램이 아니며 투입된 예산에 비해 낮은 참여자수로 인해서 늘 폐강의 위기에 몰리기도 한다.

둘째, 프로그램 운영이 주로 지자체와 시민사회단체들 간의 민관 협치(거버넌스)를 통해 이루어지게 되며, 이 과정이 결코 쉽지 않다. 지자체들의 경우 새로운 민주적 거버넌스를 구축하는 과정에서 관민 협치를 강조하게 되며, 이 과정에서 일부 지자체는 민주시민교육조례 등을 제정함으로써 지역평생학습관 혹은 시도평생학습진흥원 등이 시민교육을 종합적으로 지원하는 플랫폼을 제공하도록 하는 한편, 지역 내의 시민사회단체들이 이 플랫폼에 적극적으로 참여하도록 활성화하는 정책을 추진해 왔다. 세계시민성교육의 실행에서도 이러한 거버넌스 체계를 구축하기 위한 노력이 선행되어야 한다.

셋째, 학습자들이 시민교육에 대해 가질 수 있는 거부감이나 부담감(예컨대 정치적 파당성, 이념성, 쟁점의 불편함 등)을 최소화하기 위해 학습관들은 시민교육으로서의 정체성을 전면에 내세우지 않고 숨기거나 정치성을 의도적으로 배제하려고 노력하고 있었다. 또한 이 프로그램들을 문화예술, 인문교양, 자격증 과정 등과 결합하거나 하나의 완성된 프로그램보다는 시민대학이나 지역 아카데미의 일부에 세계시민성교육 주제를 삽입하는 방식을 활용하였다. 이러한 융합과 색채 섞기 방식은 세계시민성교육에서도 그대로 적용될 수 있다.

넷째, 학습자들의 프로그램에 대한 접근성을 높이기 위해 현실적으로 체감할 수 있는 주제를 발굴하거나 단기 특강 혹은 학습 수요를 발굴해서 찾아가는 방식을 활용하였다. 시민성교육의 가치를 반영하고 시민성을 함양하기 위해 체험, 토론 등 다양한 교육 방법론을 시도하고 있었다. 이러한 과도기적 방식은 세계시민성교육을 수행하는 동안에도 참고할 만한 방법이 될 수 있다.

이러한 노력에도 불구하고 현재 공공기관인 평생학습관의 세계시민성교육 운영에는 현실적인 제약들이 존재한다. 여전히 세계시민성교육의 개념적 모호함으로 인해서 개별 공공 평생학습관들이 더욱 적극적으로 프로그램 주체로 나서기 어려워하고 있다. 또한 시민교육의 토대가 되었던 공공성으로 인해서 정치성의 배제라는 압박을 동시에 받고 있다. 시민사회단체 역시 시민교육을 위한 거버넌스가 되기도

하지만 동시에 학습자들의 참여를 제약하는 요인이 되기도 했다. 시민교육에 대한 한정된 수요와 평생교육사의 시민교육에 대한 전문성 부족, 제한된 강사 풀과 외부 기관 등은 세계시민성교육이 다각도로 시행되기에는 아직 인프라가 충분하지 않음을 보여 준다. 그렇다 보니 관심 주제와 대상은 환경, 에너지, 평화, 다문화 등으로 확장되었고, 글로벌 이슈라는 외피를 쓰고 있지만 그러한 문제들에 내재한 억압과 갈등을 이해하고 전 지구적인 시각에서 조망하며 문제해결과 실천성과 변혁성으로 연결되는 세계시민성교육의 본질적 가치를 구현하는 데는 여전히 미치지 못하는 것으로 보인다.

5. 맺는말

이 글은 평생교육법에 규정된 공공 지역평생학습관의 세계시민성교육 참여 가능성을 여러 차원에서 짚었다. 이 글의 앞머리에서 세계시민성교육을 시민교육의 글로벌 패러다임으로 규정함으로써 현재 이루어지고 있는 대부분의 시민교육(혹은 시민성교육)이 세계시민성교육의 질성을 직간접적으로 포괄하고 있다는 점을 설명하였다. 또한 유네스코의 관점에서 볼 때, 시민성교육의 대부분이 이루어지고 있는 성인교양교육, 커뮤니티교육, 비판적 성인교육 등이 대부분 지역사회를 거점으로 이루어지고 있다는 점을 설명하였다. 한편에서 사회운동단체들에 의해 주기적으로 공급되고 있는 글로벌 시민교육 프로그램들이 있기는 하지만 이런 교육들은 그 자체가 사회운동의 흐름 안에 있다 보니 주로 쟁점 중심, 현장 중심, 변혁지향적인 특성을 갖게 된다. 반면, 공공 평생학습관이 이끄는 세계시민성교육은 조직화 혹은 체계화 차원에서 이미 모종의 단계에 들어섰고, 따라서 보다 안정되고 중립적이며 지속가능한 프로그램 제공이 가능하다고 판단된다.

향후 평생교육 체계 안에서 세계시민성교육의 공급량이 증대되기 위해서는 몇 가지 변화가 필요하다. 우선, 개념상의 문제이다. 세계시민성교육은 그 개념적 모호성이 주는 혼란 때문에 실천과정에 많은 장애가 나타난다. 이 문제의 원인은 세계시민성교육을 시민교육과 분리해서 실체화하고 영역화하려는 무리한 시도 때문에 나타난다. 필자가 볼 때, 세계시민성교육은 시민교육 안에 담긴 하나의 특성attribute이며, 모종의 조건이 성숙되는 계기를 통해 세계시민성이라는 특성의 밀도가 높아진 형태의 교육 프로그램들이 탄생하게 된다. 사정이 이렇다면, '세계시민성교육'이라는 개념적 선명성을 부각시키기보다 아직까지 미약한 성인 시민교육 전반에 대한 폭넓은 지원을 통해 시민성학습의 저변이 확고해지고, 그 안에서 글로벌 쟁점들이 우리 삶에 끼치는 문제를 보다 심각하게 부각시키고, 그 과정에서 자연스럽게 지속가능발전으로 연결시킬 수 있도록 하는 것이 필요하다. 이런 맥락에서 볼 때, 모든 시민교육이 세계시민성교육을 재인해야 한다.

또한 세계시민성교육을 촉진하기 위해서는 그것을 핵심적으로 주도할 수 있는 교육 주체를 형성하는 일이 선행되어야 한다. 평생교육 영역에서의 핵심 주체는 지역의 공공 평생학습관이 될 수밖에 없다. 왜냐하면 이 기관들이 세계시민성교육을 실어 나를 시민교육 프로그램의 주력 기관이기 때문이다. 또한 성인 시민교육의 또 다른 한 축으로서 시민사회단체들의 시민교육활동을 지원할 필요가 있다. 이들이 사회운동 차원에서 벌이는 각종 활동들, 예컨대 개별적인 환경운동, 성평등운동, 평화운동 등의 일환으로 제공되는 시민교육을 지속가능발전의 차원에서 통합적으로 지원하는 기제를 구축하는 것이 필요하다. 현재 민주화운동기념사업회가 전국의 시민사회단체들이 지원하는 민주시민교육활동을 지원하고 있으며, 이 과정에서 다양한 포럼, 전문성 교육 등을 벌여 나가고 있다. 서울시에서도 별도의 조직을 통해 서울시 민주시민교육 네트워크가 만들어졌다.

결론적으로, 세계시민성교육은 요람에서 무덤까지 이어져야 할 전 생애적 학습과정을 담아내야 하며, 그 실천과정도 형식 학습, 비형식 학습, 무형식 학습을 관통하는 전 사회적 학습으로 디자인되어야 한다. 한국의 평생교육 체계는 학교 시민성교육과 마찬가지로 보다 조직적이고 안정적이며 지속가능한 세계시민성교육의 추진체를 담아낼 수 있으며, 이를 위해서는 현재 진행되고 있는 평생교육 프로그램 안에 글로벌 시민성의 쟁점들을 더욱 밀도 있게 담아낼 수 있기 위한 시도가 함께 이루어져야 한다. GCED

2부

세계시민교육의 중심 주제 (1)
인권과 시민격, 평화, 민주주의,
세계화와 불평등

4장

시민격(citizenship)과 세계시민교육

최현

"환경의 변화와 교육에 관한 물질론적 교의는 환경이 인간에 의해 변화되며 교육자 자신도 교육되어야 한다는 것을 잊고 있다. (…) 환경의 변화와 인간 활동의 변화 혹은 자기 변화의 일치는 오직 혁명적 실천으로서만 파악될 수 있고 합리적으로 이해될 수 있다."〈포이에르바하에 관한 테제 3〉, 칼 마르크스, 1997

1. 머리말

이 장에서는 시티즌십의 관점에서 세계시민교육을 다룬다. 지금까지 우리나라 학계에서는 시티즌십citizenship을 대개 '시민권'이나 '시민성'으로 번역했다. 사회학이나 정치학에서는 주로 시티즌십의 법적 지위와 권리라는 측면에 주목해서 시민권으로, 교육학에서는 시티즌십의 역량과 덕성이라는 측면에 초점을 맞춰 시민성으로 번역했다. 하지만 시티즌십은 법적 지위와 권리이면서 동시에 시민의 역량과 덕성이다. 두 측면이 서로 긴밀하게 연결돼 있으며, 이 때문에 시티즌십이라는 개념과 분석틀이 중요한 것이다. 한 측면만 강조하면 그것이 가진 분석적·정책적 의미가 퇴색된다. 때로는 시티즌십이라는 외래어를 그냥 사용하기도 했다. 하지만 학문은 일부 학자들만의 것이 아니기 때문에 외래어는 가능한 한 쓰지 않는 것이 바람직하다. 시티즌십 연구자로서 10여 년간 적절한 용어를 찾다가 최근에 '시민격'이라는 가장 적절한 후보를 찾았다. 그래서 이 장에서는 시티즌십 대신 시민격이란 용어를 사용한다. 격格이라는 한자는 원래 가지치기해서 잘 자란 나무를 가리켰는데, 지위와 품격을 모두 의미하기 때문에 시티즌십을 시민격으로 옮기면 그 의미를 정확히 전달할 수 있다. 예를 들어 시민권 대신 시민격을 준다고 해도 어색하지 않고, 시민성 대신 시민격을 기른다고 해도 어색하지 않다.

시민격이라는 개념과 사고틀을 통해 세계시민교육을 바라보는 데에는 크게 세 가지 장점이 있다. 첫째, 권리의식과 책임의식을 균형 있게 다루면서 세계시민교육을 도모할 수 있다는 것이다. 둘째, 국민교육을 발전적으로 극복하는 방식으로 세계시민교육을 전망할 수 있다. 셋째, 실제로 성장하고 있는 세계시민사회에 의지하면서, 또 그 속에서 평등한 세계 공동체와 세계시민격을 만드는 실천과 연결해서 세계시민교육을 꿈꾸고 계획할 수 있다.

2. 시민격: 정의와 형성 과정

2.1. 시민격의 정의

시민격은 '시민으로서의 법적 지위status와 역량virtue(능력과 덕성)'을 의미하며, 앞서 언급했듯이 권리를 한 축으로 하며 동시에 능력과 덕목을 다른 한 축으로 한다. 여기서는 시민격을 '민주적 정치 공동체의 시민이 가진 지위(권리와 의무)와 역량(능력과 덕성)'으로 정의한다. '사적 시민private citizen'이라는 말이 성립하지 않는 것에서 알 수 있듯이 시민격은 자연스럽게 개인적 권리뿐만 아니라 공동체적 책무(책임과 의무)도 포함한다.[1] 개인주의의 메카인 미국에서도 시민격을 얻기 위해 서는 '헌법을 지지한다'거나 '국가에 필요한 일을 수행하겠다'와 같은 충성의 맹세를 해야 한다.^{키이스 포크, 2009: 9} 왜냐하면 공동체 없이 시민격 이 실현될 수 없을 뿐만 아니라, 시민격 없이는 공동체 역시 유지되기 어렵기 때문이다.

2.2. 시민격의 형성 과정

우리가 사용하는 근대적 시민격은 16세기 말에 영국에서 그 기 초가 만들어지고 18세기 미국의 독립 전쟁과 프랑스 대혁명으로 실현 된 근대 국민국가와 밀접한 연관 속에서 발전했다.^{최현, 2010; 키이스 포크, 2009} 시민격을 쉽게 이해할 수 있도록 시민격의 발전 과정을 살펴보면 다음 과 같다.

2.2.1. 근대적 정치 질서의 모색과 시민격

폭력과 종교를 기반으로 만들어진 전근대적 국가는 계몽주의 이 후 더는 유지되기 어려워졌다. 정치철학자들은 합리성과 세속성에 입 각한 국가를 모색했고, 그 결과 홉스가 '사회 계약설'이라는 근대 국가 의 이념적 토대를 마련했다. 이를 바탕으로 만들어진 근대적 국가는 강제력에 덜 의존하고 합의된 통치에 더 의존하는 정치 공동체다. 시 민격은 합의된 통치라는 새로운 근대 국가 체제의 핵심 요소가 됐다. 시민격은 이질적이고 분열할 가능성이 큰 집단들에게 평등한 권리와 지위를 보장하고 공정한 참여의 장을 제공함으로써 그들을 정치 공동 체에 통합시키는 강력한 힘을 가지고 있기 때문이다.^{Brubaker, 1992}

시민격은 혈연과 지연에 따른 전근대적 차별을 지양하고 능력에 따라 지위와 권한을 보장한다는 계몽주의적 이상에 따라 구성됐다. 따라서 시민격은 인간 존중과 정의, 자유, 평등의 원리를 내포하고 있다. 그 내용을 구체적으로 살펴보면 다음과 같다.

정의justice: 근대 이후 정치 공동체는 '사회 계약론'에 의해 존립의 토대가 마련되었다. 이에 따르면 정치 공동체는 가입과 탈퇴가 자유롭기 때문에 그 구성원들이 자발적으로 합의해야만 형성되고 지속된다. 만약 어떤 정치 공동체의 질서가 정의롭지 않다면 부정의로 고통을 당하는 구성원이 탈퇴해 그 공동체는 쪼그라들거나 사라질 수밖에 없다. 실제로는 정치 공동체(국가)에 가입하고 탈퇴하는 것이 자유롭지 않지만, 부정의로 고통당하는 구성원은 끊임없이 저항하기 때문에 정치 공동체는 또 다른 붕괴의 위험에 봉착한다. 따라서 정치 공동체가 평화롭게 유지되기 위해서는 구성원에게 권리, 책임과 자원(자유와 기회, 소득과 부, 그리고 자존감 등)을 공정하게 분배해야 한다. 시민격은 정치 공동체 구성원인 모든 시민의 정체성을 인정하고 그들에게 공정하게 자원을 분배함으로써 정의를 구현하고 이를 통해 정치 공동체를 통합한다는 원리를 내포한다.최현, 2010; 키이스 포크, 2009 그리고 이것은 또다시 시민들에게 자유를 평등하게 보장한다는 의미다. 따라서 정의는 자유와 평등으로 구체화된다.

자유freedom: 자유와 평등은 현실적으로 정의의 두 날개다. 특히 공화주의는 '비지배 자유'라는 개념을 통해 자유의 중요성과 함께 현실 정치에서 자유가 평등에 의존한다는 점을 강조한다.세실 라보르드 외, 2009 하지만 논리적으로는 평등한 부자유보다는 불평등한 자유가 낫기 때문에 자유를 먼저 다룬다. 오늘날 정치 공동체(국가 등)는 모든 시민에게 생명과 자유를 보장하지 않으면 정의롭다고 간주되지 않는다. 정의로운 정치 공동체에서 시민의 자유는 더 중요한 자유를 위협할 때에만 제한될 수 있다. 예를 들어 재산권은 행복 추구권, 신체의 자유, 양심의 자유, 언론·출판·결사의 자유, 집회 및 시위의 자유를 위해서만 제한될 수 있다. 대개 헌법은 그 정치 공동체에서 통용되는 자유의 우선순위를 정해 놓고 있다.

평등equality: 현재 정치 공동체(국가 등)는 모든 구성원들이 평등하다는 원리를 수용하지 않으면 정의롭다고 간주되지 않는다. 많은 정치 공동체가 '사회 계약'을 통해 형성된 것은 아니지만, '사회 계약론'은 현대의 정치 공동체가 존립하기 위한 논리적 기반을 제공한다. 이것은 '사회 계약론'이 무엇보다 '평등'한 시민이라는 사고의 모형을 제공하기 때문이다.윌 킬리카, 2006: 86 인간 또는 시민이 평등한 존재라는 것은 우리 모두가 타인의 의지에 종속된 노예가 아니라 자유롭고 평등하게 태어난 존재라는 것을 의미한다. 칸트는 '인간을 목적으로 대우한다'는 원칙을 인간의 '존엄'과 '평등'을 도덕적으로 표현하기 위한 공식으로 사용했는데, 이는 현재에도 정치 공동체의 기본적 원리인 정의의 전제로 인정된다.윌 킬리카, 2006: 153 현대 정치 공동체의 시민격은 이러한 시민들의 존엄과 평등을 기본적 원리로 수용함으로써 사회적 갈등을 해소한다.키이스 포크, 2009

2.2.2. 근대 국가 및 시민격의 형성

프랑스혁명 이전에 천부인권설이 나타나고 많은 사람들이 이를 받아들였지만, 실제로 인간의 권리를 보장한 것은 하늘도 신도 아니고 근대 국가였다. 특히 프랑스혁명은 보편적이고 평등한 지위인 시민격을 극적으로 현실화했다. 프랑스혁명은 왕의 목을 자르고 평등한 시민들로 이루어진 공화국을 세웠으며, 공화국을 유럽 전체로 확산시켰다. 이 때문에 몇 해 먼저 일어났던 미국혁명 역시 시민격을 바탕으로 하는 근대 국가를 낳았지만 프랑스혁명을 근대 혁명의 대표로 받아들이는 것이다.

프랑스혁명이 국제적인 의미를 가지게 된 것은 프랑스인들이 의도했던 것이 아니었다. 그것은 역설적이게도 프랑스혁명에 대한 주변국의 간섭 전쟁의 결과였다. 프랑스혁명 이후 주변의 왕국들이 혁명이 확산되는 것을 두려워해 구체제로 되돌리기 위해 프랑스 공화국을 공격했다. 프랑스 시민들은 똘똘 뭉쳐 이에 맞서 동원된 왕국의 군대를 프랑스에서 몰아냈다. 더 나아가 그들은 나폴레옹을 지도자로 삼아 유럽의 대부분을 점령했다. 프랑스군이 점령했던 지역에서는 프랑스군이 패퇴한 후에도 왕국이 지속되기 어려웠고 대신 공화국이 형성됐다.

나폴레옹 전쟁이 가져온 또 다른 의도치 않은 결과는 국민주의(민족주의)의 확산이었다. 프랑스혁명은 처음에는 외국인에게 개방적이었다. 혁명에 협력한 토머스 페인Thomas Paine과 아나카르시스 클로츠Anacharsis Cloots 같은 외국인에게 시민격을 부여했다. 심지어 프랑스혁명을 지지한 알사스-로렌 지방의 수십만 게르만인을 프랑스 시민으로 받아들였다.최현, 2008 하지만 외국의 간섭 전쟁으로 고통을 당하면서 프랑스 시민들 사이에 외국인에 대한 적대감이 확산되고 국민주의적 폐쇄성·배타성이 나타났다. 나폴레옹 전쟁 과정에서 프랑스군에게 피해를 입은 유럽의 다른 나라 국민들 역시 외국인에 대해 적대감을 갖고 국민적 배타성을 띠게 됐다. 나폴레옹 전쟁 후 유럽의 많은 왕국들이 근대 국가로 변했지만 이러한 국가들에서도 전쟁과 프랑스 국민주의에 대한 반동으로 국민주의가 확산했다.

유럽에서 이처럼 통일된 정치 공동체가 생겨나는 대신 언어와 문화를 공유한 국민(민족) 단위의 국민국가가 수십 개 생겨난 것은 당시 유럽의 교통·통신망 수준에 따른 불가피한 결과이기도 했다. 근대 국가가 형성될 당시 유럽에서 근대적 시민격과 시민의 문화적 동질성을 확보하기 위해 동원할 수 있는 대중매체가 신문과 책 등 활자 인쇄물뿐이었고, 또 이런 대중매체를 안정적으로 제공할 수 있는 교통수단도 철도 정도뿐이었기 때문에 국민국가 형태의 분열이 불가피했다. 정치 공동체와 시민격은 새로운 국민적 정체성을 만들어 냈지만, 지리적 단절(산맥과 강 등)과 전통적인 문화적 동질성(특히 문자화된 언어)에 크게 의존할 수밖에 없었다. 그 결과 18세기부터 20세기까지 대략 200년 동안 유럽에 하나의 통일된 정치 공동체를 건설하려는 시도가 없었던 것은 아니지만, 그러한 시도는 실패로 끝나고 근대적 정치 공동체는 국민국가 형태가 됐다.베네딕트 앤더슨, 2002; 앤서니 D. 스미스, 2012

19세기 말에 이르면 유럽과 북아메리카의 대부분이 국민국가 체제에 편입되었으며, 유럽의 제국주의가 아시아와 아프리카, 그리고 신대륙으로 팽창해 가자 국민국가는 전 세계로 확산되었다. 마침내 1919년 성립된 베르사유 체제는 국민국가를 기본 단위로 하는 세계질서를 확립했다.최현, 2008

2.2.3. 시민격과 국민의 형성

전근대적 국가의 성원은 통치의 대상이자 국왕의 재산이었기 때문에 백성 또는 신민subject이라고 불리지만, 근대 국가의 구성원은 시민격의 주체로서 국민national 또는 시민citizen으로 불린다. 신민은 국가에 대해서 납세와 군역 등의 의무는 지지만 권리는 없는 존재였다. 근대 국가는 사실상 노예에 불과했던 신민을 주권을 가진 시민으로 거듭나게 했다. 이를 가능하게 했던 핵심 요소가 바로 시민격이다. 앞서 근대적 정치 공동체는 문화적·언어적 동질성에 의존해서 만들어졌다고 했지만, 처음에는 국가 안에서 지역적·신분적 차이가 매우 컸다. 일례로 구한말까지 우리나라에서 함경도 사람은 제주도 사람과 의사소통을 할 수 없을 정도였다. 이렇듯 근대 국가와 시민격 제도는 신민을 시민으로 거듭나게 하면서 동시에 마을 사람이 국민으로 거듭나도록 만들었다.

근대 국가는 시민격을 통해 국민의 경계를 확정하고, 조세 제도와 모병 제도를 통해 국민으로부터 필요한 자원을 제공받고, 그 자원을 사용해서 국민의 권리를 보장했다. 곧 국민에게 안전과 기본권, 참정권, 교육과 복지를 제공함으로써 시민적 역량과 국민 정체성을 형성했다. 평등한 시민격과 문화적 동질성은 국민들이 동료 시민들에 대해 유대감을 느끼게 했으며, 국가 공동체에 소속감과 충성심을 가진 국민을 재생산하는 데 기여했다. 시민격은 지역적·계급적·문화적으로 다양한 개인과 집단이 국민이라는 공동체의 일원으로 변화하도록 만들었다. 시민격이 국민 정체성과 국민이라는 공동체를 형성했다.[최현, 2008] 정체성과 역량은 법적 지위와는 구분되는 시민격의 또 다른 측면이다.[최현, 2008]

이 때문에 시민격을 근대적 국민 정체성의 기초로 간주한다. 그런데 국민 정체성 형성 과정은 국민국가가 외국인과 자기 국민의 경계를 분명히 하고 외국인을 기본권, 선거권, 피선거권, 사회보장 등 자국의 시민들이 가지는 권리로부터 배제하는 과정이기도 하다. 시민과 비시민을 구분하기 위해 신분증과 등록 제도를 정교하게 발전시켰고, 이에 따라 국가는 국민의 범위를 확정할 수 있었다. 국가는 이제 더욱 효과적으로 자원을 사용할 수 있게 됐다. 즉, 자국의 국민에게는 더 많은 자원을 제공할 수 있게 되었다. 국가는 자국의 시민들에게만 신체의 자유와 언론·출판·결사의 자유뿐만 아니라 선거권과 피선거권 등의 정치권과 교육, 일자리, 복지 등의 사회권을 보장하고, 모든 국민에게 공평하게 납세의 의무, 국방의 의무 등을 부과함으로써 시민격을 공고하게 만들었다. 시민격에는 신분 등록제, 시민들 사이의 법적 평등, 표준어 교육, 역사 및 지리 교육 및 전통 문화 보호 제도, 상호 부조와 복지 등이 포함된다. 시민격은 평등한 기회, 법적 지위, 교육을 통해 생활 속에서 국민 공동체 이미지를 만들어 냈다. 그리고 표준어 보급과 전통적 대중문화의 보호 속에서 성장한 언론·출판 등 대중매체를 통해 국민들에게 이러한 공동체 이미지를 각인시킨다.최현, 2008

3. 시민격의 장점: 권리와 책임, 지위와 자격의 균형

시민격은 보편적인 호소력을 지닌다. 따라서 진보주의와 보수주의, 자유주의와 공동체주의뿐만 아니라 여성주의까지 자신들의 정책을 뒷받침하는 데 시민격이라는 말을 사용한다. 이것은 시민격이 개인주의적인 요소들뿐만 아니라 공동체주의적 요소들도 갖기 때문이다. 시민격이 제공하는 권리가 개인들에게 자신의 이익을 자유롭게 추구할 수 있는 공간을 제공하기 때문에 자유주의는 시민격을 중요하게 생각한다. 하지만 시민격은 제각기 삶을 꾸려 가는 개인들 사이에 공동체적 책임감과 협력을 불러일으키는 데에도 이바지하기 때문에 공동체주의자, 보수주의자, 환경주의자들에게도 호소력이 있다.

그런데 입장에 따라 시민격을 통해 주장하는 바가 매우 다양하여, 시민격을 둘러싸고 격렬한 논쟁이 벌어진다. 시민격에 대한 논쟁은

주로 시민격이 부여하는 법적·제도적 지위가 권리와 책무라는 관점에서 볼 때 적절한가와 관련되어 있다. 권리들 사이에, 특히 자유권과 사회권 사이에 원리적인 모순은 없는가?[2] 권리와 의무는 상호의존적인가 아니면 상호모순적인가? 자유주의는 현대 사회의 시민격을 실현하는 데 가장 강한 영향력을 미쳤던 이념으로서 우리가 이런 질문들에 대답할 때 심대한 영향을 미친다.키이스 포크, 2009 그러므로 우리는 우선 자유주의를 다룰 것이다.

3.1. 자유주의적 인권과 그 한계

자유주의적 인권관은 "인간은 태어나면서부터 국가 및 법률에 앞서 권리를 가진다"라는 천부인권설로 요약된다. 이를 바탕으로 자유주의는 인권을 개인들이 가진 평등한 권리들의 집합으로 정의하고 이를 보호할 것을 주장함으로써 인간을 권력자나 사회 또는 국가의 억압으로부터 해방시키는 데 이바지했다. 하지만 자유주의의 천부인권설은 개인과 공동체, 그리고 시장과 정치의 관계에 대한 잘못된 가정들에 입각하기 때문에 많은 한계를 노출하고 더 많은 해방의 가능성을 훼손한다.

우선 자유주의는 인권을 주로 일련의 개인적 권리들로 정의한다. 자유주의적 인권은 개인이 스스로를 위해 노력하며 다른 개인이나 공동체 또는 국가로부터 간섭을 받지 않고 자신의 잠재력을 실현시킬 수 있는 공간을 만들어 준다. 자유주의에서 권리는 개인의 자율성을 보장하기 때문에 중요하다. 자유주의 이론가들도 질서를 유지하기 위해서 국가가 필요하다고 느꼈지만, 페인처럼 국가를 필요악으로 간주했다. 자유주의는 개인들이 국가가 형성되기 이전에 이미 합리적이었고 자결 능력이 있기 때문에 개인에 대한 국가나 타인의 간섭이 없을 때

시민들의 자유가 완전히 실현된다고 주장한다. 하지만 개인은 공동체 밖에서 인간으로 존재할 수 없고, 개인과 공동체를 대립시키면 공동체는 간섭을 최소한으로 줄여야 하기 때문에 인권은 자유권에 한정돼 매우 빈곤해질 수밖에 없다.윌 킴리카, 2006; 키이스 포크, 2009

　자유주의 인권의 문제점은 2020년 코로나19 방역 과정에서도 여실히 드러났다. 개인주의적 자유주의에 따르면 개인이 코로나에 걸리지 않기 위해 '사회적 거리두기'에 참여하는 것은 철저히 개인적 선택의 문제다. 국가가 사회적 거리두기를 강제하는 것은 개인의 신체의 자유를 침해하는 매우 부당한 간섭이다. 서유럽과 미국에서 신체의 자유와 경제활동의 자유를 요구하며 상당히 많은 사람들이 사회적 거리두기 정책에 반대하는 시위를 벌인 것은 뿌리 깊은 자유주의 전통 때문이다. 우리나라에서도 자유주의적 특징을 강하게 띠는 일부 보수적 기독교도들이 종교활동의 자유를 요구하며 사회적 거리두기에 저항하기도 했다.

　우리 정부가 감염 가능자를 추적조사하고 확진자의 이동경로를 공개한 것에 대해서는 더욱 따가운 비판이 있었다. 곧 프랑스에서 "한국식 질병 통제 방식이 민주주의와 인권을 위협한다"라는 말이 전해졌다. 하지만 프랑스의 경우 코로나 창궐로 사망자가 우리나라의 100배가 넘는 2만 8,215명(2020년 5월 22일)에 달했다고 해서 '민주주의의 꽃'인 선거가 연기되기도 했다. 코로나19는 천부인권이라는 자유주의적 자유의 한계를 분명하게 드러냈다. 자유주의자들의 주장과는 달리 공동체 이전의 천부인권 따위는 존재하지 않는다. 사회적 거리두기, 확진자 동선 공개는 시민에 대한 간섭이지만, 시민들이 자신의 생명과 자유를 지키기 위해 함께 고려해 도출한 공정한 규칙에 따른 간섭이다. 이런 공정한 간섭 없이 시민들의 생명과 자유는 실현되지 않는다.

또 개인을 공동체로부터 떼어 내 추상화하고 공동체와 대립시키는 자유주의적 사고는 개인과 구조를 대립시키고 사적 영역과 공적 영역을 대립시키는 사고로 연결된다. 예를 들어 자유주의자는 개인이 구조로부터 독립적인 합리적 행위자라는 가정에서 출발하기 때문에 사회관계를 행위자 중심으로 설명하는 경향이 있다. 그 결과 자유주의는 권력power을 일면적으로 이해할 수밖에 없다. 예를 들어, 자유주의에 따르면 권력은 개인의 능력일 뿐이다. 이것은 인종, 계급 그리고 젠더와 같은 권력 구조가 개인에게 부과하는 제약의 본질을 무시한다. 권력의 불평등이 사회적 삶에서 작동하는 방식은 합리적인 선택이나 개인의 능력으로 환원될 수 없다.키이스 포크, 2009: 68-71

자유주의자들이 옹호하는 공사公私 구분과 사적 영역 보호를 검토하면 자유주의적 인권의 한계가 더 잘 설명될 수 있다. 자유주의 이론에서 개인의 이익 추구와 시장에서의 상호 작용이 사적 영역을 특징짓는다. 자유권은 이 영역을 공적 영역의 간섭으로부터 보호한다. 하지만 페미니스트들이 지적했듯이 사적 '자유'는 남성과 여성 사이의 심각히 불평등한 관계를 전제로 한다. 따라서 공사 구분과 사적 영역 보호는 많은 경우 명백한 성차별과 인권 유린을 방치하는 것이었다.윌 킴리카, 2006; 키이스 포크, 2009 가정폭력을 사적 문제로 치부하고 국가의 공적 개입을 막음으로써 여성 인권이 침해되는 사례가 이에 해당된다. 마르크스도 공사를 구분하는 것을 비판하였다. 마르크스가 볼 때 자유주의적 평등은 중요하긴 하지만 공적 영역에 제한된다. 곧 자유주의 국가에서 개인은 정치에 참여할 때(공적 영역에 있을 때)만 평등한 것으로 여겨진다. 사적 삶에서 노동자와 자본가는 평등한 인권을 보장받지 못한다. 그런데 어떤 사람이 실업으로 인해 사적 생존의 위협에 놓여 있다면, 공적 투표권을 제대로 행사할 수 있겠는가? 이 때문에 마르크스

는 자유주의적 인권을 불평등한 사회관계를 은폐하는 기만술로 비판
했다.키이스 포크, 2009: 71-74

　또 자유주의는 개인을 공동체와 대립시킴으로써 자유권을 옹호
하고 사회권을 백안시한다. 우선, 자유주의 전통에서 자유권은 양도할
수 없는 것으로, 전前정치적 권리이며, 자유권은 국가의 간섭이 없으면
저절로 보장된다는 것이다. 반면 사회권은 국가의 간섭을 확대해야 보
장되고 경제적 자유를 제한하기 때문에 진정한 인권이 아니라고 주장
한다. 둘째, 자유주의는 자유권과 달리 사회권이 자원 의존적이라고
본다. 셋째, 자유주의에 있어 자유권은 본질적으로 긍정적이고 사회권
은 부정적이다. 자유권은 자율성과 자유를 만들어 내지만, 사회권은
개인의 혁신과 창의력을 파괴하고 '의존의 문화'를 야기하는 것으로 보
기 때문이다.키이스 포크, 2009: 76

　그러나 자유주의의 개념과 주장은 현실과 괴리되어 있다. 우선 현
실에서 사회권, 자유권, 참정권 사이에는 어떠한 갈등도 없다. 오히려
사회권이 제공하는 물질적 기초가 없다면, 자유권과 정치권은 심각하
게 손상을 입는다. 게다가 사회권을 약화시키려는 시도는 자유권도 그
만큼 약화시킨다. 실제로 시민의 자유권을 확대한다며 대처와 레이건
은 개인세를 줄이고, 공공 영역에 시장개혁을 도입하고, 노동시장을
자유화했는데, 이것은 오히려 자유권을 약화시켰다. 자유주의자들이
실제로 증진시킨 권리들은 '시장권'이라고 부를 만한 것이었다. 가장
대표적인 시장권은 재산권이다. 또한 사회권들이 자유권들과 달리 값
비싼 것이라는 주장도 사실과 어긋난다. 왜냐하면 실제로는 국가들이
사회권을 위해 쓰는 것보다 더 많은 비용을 자유권들을 지키기 위해
방위와 안보, 치안에 지출한다. 사람들은 필수적인 자원이 없으면 자
신들의 권리를 행사할 수도 없고 능동적이 될 수도 없다. 따라서 시장

권의 확대는 능동적 시민을 양산한 것이 아니라 오히려 수동적 시민을 양산했다. 대처와 레이건 시대에 물질적 불평등은 심각하게 증가했고, '일하기 싫어하는 자들'로 낙인찍힌 채 국가에 의존하는 '최하층' 시민은 더욱 늘어났다. 키이스 포크, 2009: 76-80

3.2. 보수적 공동체주의의 책임과 그 한계

보수적 공동체주의는 전통적 공동체와 전통적 책임 의식을 강조하면서 자유주의가 책임을 무시하고 공동체를 파괴하는 것에 대해 날카롭게 비판하곤 한다. 개인의 권리만을 강조하는 자유주의는 공동체를 적대시함으로써 소극적인 형태의 시민격을 낳았고, 소극적 시민격은 권리를 매우 피상적이고 빈약한 것으로 만들었다는 것이다. 더욱이 자유주의의 개인주의는 공동체와 인권에 대해 이기적이고 도구적인 태도를 불러일으켰다. 곧 자유주의는 민주주의와 인권을 바람직한 공동체적 삶, 그 자체로 보는 것이 아니라 개인의 이익을 증진시키는 데 도움이 되는 수단으로 보는 것이다. 권리는 요구하지만 어떤 책임도 받아들이지 않는 자유주의가 자유를 방종으로 바꾸어 버렸다고 비판할 수 있다. 키이스 포크, 2009:81-82

보수적 공동체주의는 이러한 문제를 해결하기 위해 권리와 책임을 다시 연결해야 한다고 주장한다. 사회적 기여를 고려하지 않는 평등한 권리는 '거짓된 평등'이고 '시민의식을 불러일으키는 데 기여할 수 없다'고 주장한다. 보수적 공동체주의는 권리 중에서도 특히 사회권을 문제의 핵심으로 비판한다. 사회권은 자율적 시민이 아니라 의존적 신민을 양산하고, 공동체의 근간이 되는 시민의 윤리와 덕성을 파괴한다는 것이다. 이를 피하기 위해 사회권은 공적 의무의 이행과 굳게 연결되어야 한다고 주장한다. 예를 들어 일종의 근로 복지workfare

를 주장하였는데, 이것은 국가가 요구하는 일을 완수한 사람들에게만 사회권을 제공하는 것이다. 또한 보수적 공동체주의는 가족과 같은 전통적 공동체가 사회적 책임에 필수적인 가치들을 지탱하기 때문에 중요하다고 강조한다. 그래서 도덕적 행위를 위한 법률을 제정하고, 결혼을 장려하며 이혼을 방지하는 사회 정책을 추구한다.키이스 포크, 2009: 82-83

　　보수적 공동체주의는 자유주의가 권리를 강조하고 공동체의 중요성을 간과하는 데서 생기는 문제를 간파했다. 자유주의는 개인과 공동체가 서로 대립한다고 잘못 전제하고 출발하기 때문에 책임을 자유의 조건이 아니라 제약으로 보는 경향이 있다. 인간이 공동체를 형성하기 이전부터 또는 공동체 밖에서도 권리를 갖는다고 전제함으로써 모든 권리가 정치 공동체에 의해서 보장된다는 사실을 부정한다. 그 때문에 사회 질서에 미치는 결과를 고려하지 않고 권리를 절대화함으로써 공동체와 시민격의 기반을 무너뜨린다. 우리의 권리를 유지하려면, 우리는 기꺼이 공동체를 유지하는 책임을 받아들여야 한다는 점에서 보수적 공동체주의가 자유주의에 대해 가하는 비판은 타당하다. 하지만 보수적 공동체주의가 제시하는 해결책에는 심각한 문제가 있다.키이스 포크, 2009: 83

　　보수적 공동체주의는 전통적 공동체와 문화를 강조하고, 현대 사회의 장점과 시민격의 경제적·정치적 기초를 무시하는 경향이 있다. 곧 시민격의 위기를 주로 전통적 윤리 쇠퇴 탓으로 돌린다. 사회적 보수주의는 자신이 비판하는 자유주의처럼 인간을 사회에서 유리된 추상적 존재로 보고, 구조적 불평등이 가져오는 결과를 과소평가한다. 시민들이 사회에 대해 책임감을 갖지 않는 것은 불평등이나 비민주성 등 사회의 구조적 문제의 결과일 가능성이 더 큼에도 가족의 붕괴나 시민의 도덕적 타락만을 탓한다. 자유주의는 추상적 개인의 관점인 반면,

보수적 공동체주의는 추상적인 전통적 공동체의 관점이다. 그 결과 자유주의와 마찬가지로 개인과 공동체의 관계에 대해 피상적으로 이해하고 더 큰 문제를 야기할 수 있는 정책을 내놓았다. 보수적 공동체주의가 주장하는 책임에 따른 권리의 보장이라는 정책은 권리가 여전히 부족한 취약한 집단들의 자유를 위협한다. 또 전통적인 가족을 복원하는 것은 여성과 성적 소수자들이 성장하고 시민격을 발휘할 기회를 박탈한다. 이러한 정책 처방은 사회의 근대적 변화에 정면으로 도전하는 것이다.키이스 포크, 2009: 84-85

보수적 공동체주의가 제안하는 근로 복지 또한 자본주의 사회에서의 대량 실업이 개인의 선택 때문도 아니고 복지 혜택의 산물도 아니라는 사실을 무시하고 있다. 고용불안은 자본주의에 반드시 필요한 것이고 실업률 증가는 자본주의의 구조적 변화가 야기했다. 실업자들의 혜택을 감축하거나 철회하고 실업수당 청구자를 타락한 시민으로 낙인찍는 것이 책임감을 고양시키는 결과를 가져온 경우는 없다. 공동체주의는 공동체의 필요를 무비판적으로 '공공선'으로 받아들이는 경향이 있어 국가로 위장한 특권적인 집단(특히 다수)의 이익에 봉사하는 결과를 가져올 위험 또한 안고 있다. 공동체 내의 다양성을 부정하고 공공선을 다수의 선택으로 단순화시키면 중앙집권적이고 비민주적인 국가에 의존하게 된다.키이스 포크, 2009: 85-86

3.3. 종합적 시민격

권리를 강조하는 자유주의와 책임을 강조하는 보수적 공동체주의는 결국 자유와 권리를 확대하는 데도 덕성과 책임을 고양시키는 데도 실패했다. 이 문제를 해결하는 유일한 방법은 시민격을 좀 더 종합적으로 파악하고, 권리와 책무, 자유와 덕성을 모순적인 것이 아니라

보완적인 것으로 보는 것이다. 이것은 권리가 보장되고 책임을 다해야 하는 공동체의 맥락에서 시민격의 내용을 탐구할 때 가능하다. 이 과정에서 특히 고려해야 할 것은 1) 권리와 자유는 자연적인 것이 아니라 정치적이라는 것, 2) 개인과 공동체를 대립시키는 부당한 자유주의적 가정을 극복하는 것, 3) 자유권과 시장권을 구분하는 것이다.

자유주의는 시민격에서 권리가 중요하다는 것을 정확히 밝혔다. 권리는 정치적 주체를 표시하며, 권리의 주체인 시민을 존경하고 배려할 만한 존재로 만들기 때문에 중요하다. 권리는 정의의 원리에 따라 공동체 각 구성원에게 동등한 지위를 제공하기도 한다. 게다가 권리는 인간의 다양성과 창조성 때문에 생겨나는 충돌을 평화적이고 생산적으로 수용함으로써 사회적 안정을 유지하는 데도 중요한 역할을 한다. 권리는 각 개인들이 다른 목적을 위한 수단으로 간주될 수 없다는 원칙을 제공함으로써 사회적 충돌을 평화적으로 해결하는 데 중요한 역할을 한다. 하지만 자유주의는 자유와 권리를 공동체 이전에 존재하는 자연적인 것으로 간주하는 오류를 범하고 있다. 사회 또는 공동체 밖에서 자유로운 인간은 환상에 지나지 않는다. 공화주의가 정당하게 지적하고 있듯이 개인은 공동체 밖에서 권리를 가질 수도 자유로워질 수도 없으며 의미 있는 존재도 아니다. 따라서 공동체의 필요와 시민의 자유는 분리될 수 없는 것이다.^{키이스 포크, 2009: 86-91}

자유주의는 자유와 권리를 공동체와 분리시킴으로써 개인과 공동체를 부당하게 대립시킨다. 자유주의는 개인들이 타인이나 공동체를 자신의 자유를 완성하는 데 도움이 되는 존재가 아니라 자유를 제한하는 존재로 보도록 만드는 것이다. 하지만 공동체가 자의적으로 간섭하지 않고 법적, 제도적으로 개인의 활동을 규제한다면, 그것은 자유를 제한하는 것이 아니라 자유의 확대를 가져온다.^{세실 라보르드 외, 2009}

공동체의 역할이 커지는 것은 개인의 자유를 위해서 필요하다. 예를 들어 두터운 시민격은 더 많은 책임과 시민적 덕성을 요구하지만 동시에 소득 보장, 공교육, 공공의료 등을 통해 권리 또한 확장시켰다.^{키이스} ^{포크, 2009: 75} 따라서 현실에서는 자유주의가 상정하는 권리와 책임 사이의 대립 관계가 아니라 의존 및 보완 관계가 나타난다.

권리와 책무 사이에 필연적인 대립이 있다고 주장하는 것과 함께 자유주의는 자유권과 사회권 사이에 필연적인 충돌이 있다고 주장한다. 실제로 사회권과 충돌하게 되는 것은 18세기 시민격의 발전 과정에서 자유권 속에 끼어들었지만, 사실상 진정한 자유권과 구분되는 시장권에 지나지 않는다.^{최현, 2008; 키이스 포크, 2009} 키이스 포크²⁰⁰⁹가 주장한 것처럼 우리가 자유권과 구분해서 시장권이라는 말을 사용한다면, 우리는 사회권과 자유권을 대립시키는 자유주의의 문제를 더 잘 볼 수 있다. 신체의 자유, 양심의 자유, 사상의 자유, 집회 및 시위의 자유, 결사의 자유 등 진정한 의미의 자유권은 정치권이나 사회권과 전혀 대립하지 않는다. 이러한 자유권 없이 정치권은 실속 없는 빈껍데기가 될 뿐이다. 정치권은 자유권을 지키고 신장하는 기본적 조건이다. 사회권역시 시민에게 경제적 자립을 제공함으로써 자유권을 신장시키는 조건이 되며, 자유권은 사회권의 전제 조건이면서 동시에 궁극적 목적이된다. 실제로 사회권과 어느 정도 대립하는 것은 재산권과 거래의 자유를 비롯한 시장권이다. 레이건과 대처뿐만 아니라 이명박 정부를 통해서 확인할 수 있듯이 시장권의 확대는 사회권뿐만 아니라 자유권에 심각한 제약을 가져왔다.

자유주의는 공동체의 간섭을 막기 위해 몇 가지 신화들로 시장권을 신성화했다. 첫째는 시장권이 자연적이고 정치적인 것이 아니라는 것이다. 하지만 이 주장은 너무나 취약하다. 모든 권리는 신이 아니라 정치 공동체인 국가가 보장한다. 시장권이 사회권보다 정치 공동체에 덜 의존한다고 가정할 어떤 이유도 없다.키이스 포크, 2009 둘째, 자기 조정적 능력을 가진 자유 시장이라는 개념을 통해 시장의 효율성, 자율성, 우위성을 주장한다. 하지만 자유 시장은 그 자체가 환상이다. 역사상 어떤 소유권이나 시장도 정치구조 밖에서 존재할 수 없었다.장하준, 2010; 칼 폴라니, 2009 근대 자본주의는 국민국가 없이는 불가능했다.베네딕트 앤더슨, 2002; 어네스트 겔너, 1988 다시 말해, 이미 언급한 것처럼 자유권은 다른 권리들과 마찬가지로 정치적 자원 배분을 요구한다. 셋째, 자유주의는 시장이 개인들을 차별하지 않고 공정하다고 옹호한다. 그러나 시장은 불평등을 초래하고 그것은 차별과 불공정을 만들어 낸다. 따라서 사회 정책을 통해 불평등을 상쇄하지 않으면 공동체는 유지될 수 없다.장하준, 2010; 칼 폴라니, 2009

　인간은 본질적으로 사회적이고 상호적인 존재다. 개인의 인생은 서로의 삶에 의존하고 있기 때문에 자유주의가 제시한 원자론적 사회관은 환상에 불과하다. 개인의 삶이 서로 연결되고 서로에게 의존하고 있다는 것은 크게 세 가지로 요약될 수 있다. 1) 정치적 동물로서 사람은 집단적 심의를 통해서만 제도를 만들 수 있다. 정치권은 자기 이익을 보호하기 위한 수단이 아니라, 개인과 정치 공동체의 상호연결을 반영하는 것이다. 2) 경제적 분업을 통해서 개인들은 그들 자신이 서비스를 수행하고 재화를 공급하기 위해서 다른 이들에게 의존하고 있다. 사회적 분업의 결과는 어떤 개인이 독점할 수 없는 것이다. 분업이 없을 때는 탁월한 경영 능력을 가진 사람도 자급자족하며 살아가야 한다. 또한 시장에서 교환은 구매자와 판매자뿐만 아니라 다른 이들에게도 외부 효과를 낳기 때문에 공동체가 집단적으로 이를 조정해야만 한다. 3) 개인은 인생 행로의 어떤 시기에 불가피하게 의존적인 위치에 있다. 개인은 때로는 남을 보살피기도 하지만 때로는 남에게 보살 핌을 받을 수밖에 없다. 4) 개인은 자연과 상호의존적인 관계 속에서 존재하는데, 이는 우리가 환경에 대해서 책임 있게 행동할 것을 요구 한다.최현, 2008; 키이스 포크, 2009

　　시민격에 대한 종합적 이론은 권리와 책무 사이의 상호의존을 보 는 것인데, 이는 한 사람을 다른 사람에게 의존하도록 만들어야 한다 는 의미가 아니다. 사람이 서로에게 의지한다는 것은 단지 어디서나 발 견할 수 있는 사실이다. 우리는 그 사실을 받아들임으로써 권리와 책 무 사이의 균형인 시민격을 회복할 수 있는 토대를 마련할 수 있다. 이 를 통해 시민격의 경제적·사회적 토대를 인식하고, 권리와 지위로서의 시민격과 책무와 덕성으로서의 시민격 사이의 직접적인 의존 관계를 인식할 수 있다. 따라서 우리는 포괄적인 사회권들에 의해 시민의 경제 적 독립이 뒷받침되지 않을 때 시민들이 책임감과 덕성을 발전시키기 어렵다는 것을 이해할 수 있다. 자유주의는 단지 법에 따르는 것만을 시민의 책무로 요구하지만 이것은 너무 협소하다. 정치 제도에 대해 비 판하고 또 정치 공동체에서 소외된 이들이 책임감을 느끼고 이바지할 수 있도록 돕지 않으면 불공정한 법이 횡행하고 정치는 제대로 작동하 지 않기 때문이다. 진정으로 건강한 사회의 징표는 법적으로 요구되는 의무와 함께 도덕적 책임을 다하는 시민들의 존재다. 자유주의는 책임 과 함께 권리를 줄인 얇은 시민격을 정당화한다. 자유주의는 시민격에 서 사회권(소득 보장, 공교육, 공공의료 등)을 배제할 뿐만 아니라 공동 체의 유지를 위해서 필수적인 수준의 사회적 책임감이나 덕성도 제거 한다.키이스 포크, 2009

4. 최근의 시민격

최근에 시민격은 중요한 두 가지 변화를 경험하고 있다. 그러한 변화는 상호 결합된 두 가지 세계적 정치 변동과 관련되어 있다. 첫째는 국민국가의 내적 다원화다. 둘째는 세계화다. 첫째 변화는 집단 인지적 시민격과 다문화 시민격을 가져왔으며, 둘째 변화는 초국민적 시민격을 가져왔다.

4.1. 집단 인지적 시민격와 다문화 시민격

현대 사회는 구성원들의 심원한 다양성과 다원주의를 특징으로 한다. 그런데 앞서 언급했듯이 시민격은 문화적 동질성을 전제로 하는 국민국가 속에서 발전했다. 따라서 20세기 중반까지도 시민격은 이질적 시민을 배제했다. 국민국가는 그들을 비정상으로 간주해 무시하거나 억압했다. 하지만 비정상으로 간주됐던 이질적 시민(소수자)들이 저항을 통해 이질적 시민을 수용할 수 있도록 시민격을 변화시켰다. 집단 인지적group-differentiated 시민격이나 다문화적multicultural 시민격은 이러한 변화의 대명사다.

4.1.1. 여성 운동과 집단 인지적 시민격

자유주의에서 시민격은 보편주의라는 이름으로 남녀노소, 인종 및 출신 지역에 관계없이 시장에서 개인이 독립적으로 활동하는 것을 보장하는 데 초점을 맞추고 있다. 그런데 이러한 시민격은 여성이나 노동자들에게 매우 중요한 권리를 누락시켜 절실한 필요를 충족시킬 수 없다. 결과적으로 자유주의적 시민격은 여성과 노동자를 실제적인 무권리 상태에 빠뜨렸다. 여성이 시장에 접근하기 위해서는 남성과는 달리 모성 보호, 양육권, 자기 몸을 통제할 권한이 필요하다. 예를 들면 1930년대 일본에서 여성들은 제국을 위해 아이를 낳으라고 강요받았고, 현대 미국에서도 여성은 낙태를 선택할 권한을 가지고 있지 못하기 때문에 경제활동에서 불이익을 당한다.^{최현, 2008}

여성 운동은 보편주의적 시민격의 문제점을 정면으로 비판하고 여성의 복합적인 사회적 위치를 고려하는 시민격을 구축하려고 했다. 이를 위해 여성 운동은 여성들에게 필요한 권리 목록을 만들어 냈을 뿐만 아니라, 여성과 여성의 특성을 비정상으로 간주하는 자유주의 시민격의 관점을 상대화하려고 노력했다. 오랫동안 개인주의적-보편주의적 시민격은 보편성의 이름으로 여성의 정신적·문화적·신체적 특성을 열등한 것으로 규정하고 여성에게 불이익을 강요했던 것이다. 아이리스 영Iris Young 같은 여성 이론가들은 이 점을 날카롭게 지적하고 여성의 특성을 고려한 집단 인지적 시민격이 더욱 공정한 시민격이라고 주장했다. 여성 운동에 의해 시작된 개인주의적-보편주의적인 자유주의 시민격에 대한 비판은 매우 근본적이고 보편타당한 것이었다. 따라서 여성과 마찬가지로 비정상적 시민으로 취급되어 자유주의 시민격으로부터 배제되었던 장애인, 성소수자, 문화적 이방인 등 다양한 소수자들이 여성 운동에서 시작된 문제의식을 수용했다.^{최현, 2008}

4.1.2. 다문화 시민격

킴리카Kymlicka¹⁹⁹⁵는 여성 운동에서 시작된 집단 인지적 시민격 이론을 다양한 집단에 적용할 수 있도록 '다문화 시민격'이라는 개념을 발전시켰다. 다문화 시민격은 다양한 소수 집단을 보호하기 위해 다음과 같은 세 가지 권리를 보장했다.

1) 자치권과 집단 대표권: 소수 집단이 자신들의 가치관과 특성, 삶의 방식을 유지할 수 있도록 일정한 자치 구역을 확보하거나 자신의 대표를 중앙 정부의 정책 결정 과정에 참여시킬 권리

2) 다문화권: 소수 집단이 사회에서 자신들의 신체적·문화적 특징을 드러냄으로 인해 어떤 경제적·사회적·정치적 차별이나 불이익도 받지 않을 권리

3) 차별 보상권: 소수 집단이 과거에 겪었던 차별과 그로 인해 생겨난 불평등을 시정하기 위해 소수자 집단에게 제공하는 특별한 권리. 여성이나 장애인에게 국회 의석의 일부를 할당하거나 소수 집단의 성원들에게 대학 입학과 공무원 취업 문턱을 낮춰 주는 적극적 조치 affirmative action 등최현, 2009

이 중에서도 특히 자치권이나 집단 대표권이 중요한데, 왜냐하면 이러한 권리는 소수 집단에 속한 사람들이 자기 조직화를 통해 집단적으로 권력을 행사하고 그러한 경험을 통해 다양한 집단으로 이루어진 정치 공동체 안에서 자신의 위치에 대해 성찰하고 성장할 수 있는 기회를 제공하기 때문이다. 이러한 기회를 통해 소수 집단은 진정으로 공동체의 일원이 될 수 있다. 이러한 다문화 시민격이 단순히 효과적으로 소수 집단을 동화하기 위한 수단이 아니라는 것은 다문화 권리가 자신들에게 직접적으로 영향을 미치는 특정한 정책에 대해서는 거부권veto power이나 분리권을 포함한다는 것을 통해 확인된다. 이러한 권리는 실제로 행사되기보다 중앙 정부가 소수 집단의 요구를 적극적으로 수용하도록 하는 데 활용되는 경우가 많다.

또 집단 대표권은 중앙 정부의 정책이 어떻게 소수 집단 자신에게 영향을 미치는지를 파악하고, 정책 대안을 마련할 수 있는 기회를 제

공함으로써 그들이 공동체에 실제로 참여하고 소속감을 갖도록 만든다. 따라서 집단 대표권과 자치권은 소수 집단의 자율성을 보장할 뿐만 아니라 소수 집단을 전체 공동체와 끈끈하게 결합시키는 데 없어서는 안 되는 권리다._{최현, 2009; Kymlicka, 1995}

다문화 시민격이 통합보다는 분리와 분열을 가져온다는 비판이 있지만, 분리권조차 대개의 경우 분리보다는 다수의 양보를 통한 통합을 가져온다. 물론 노르웨이가 분리권을 행사해서 1905년 스웨덴으로부터 독립했던 것처럼 실제로 분리가 단행된 경우가 있기는 하다. 그러나 그 경우에도 분리는 평화적으로 이루어졌고 양국의 발전에 도움이 됐다._{Kymlicka, 1995: 186} 스웨덴이 노르웨이의 분리권을 인정하지 않았다면 지금까지 내전이 진행되고 있을 가능성도 있다. 다문화 시민격이 가진 힘은 특히 여성, 장애인, 성적 소수자, 실업자 등에게 적절한 지위와 활동의 공간을 마련해 주고 사회에 기여할 수 있는 기회를 제공한다는 데 있다. 따라서 다문화 시민격이나 집단 인지적 시민격이 역차별을 가져옴으로써 보편주의라는 시민격의 이상과 모순된다는 비판을 일부가 제기하지만,[3] 다문화 시민격이 기존의 시민격의 이상을 실현한다는 평가가 우세하다.

4.2. 세계시민사회와 초국민적 시민격

앞서 살펴보았듯이 유럽에서 18~19세기 과학 기술과 교통 및 통신의 수준이나 사회·경제적 조건은 국민국가 형태의 정치 공동체를 형성했다. 과학 기술의 놀라운 발전은 정치 공동체의 형태를 변화시키고 있다. 예를 들어 정보통신기술과 교통의 급속한 발전은 최근 30~40년 사이에 세계적 시장을 형성했다. 이에 따라 세계적 상호의존성이 심화되고 국민국가의 역할과 경계, 사람들이 공감을 느끼는 사람의 범위와 정체성이 변화하고 있다. 이러한 세계적 상호의존, 국민국가의 변화, 세계적 시민사회의 출현을 세계화라고 부른다. 이러한 변화를 극적으로 보여 주는 것이 바로 국민국가의 본고장이었던 유럽에 유럽 공동체라는 초국민국가적 정치 공동체가 생겨난 것이다. 유럽만큼 극적인 변화는 아니지만 다른 지역에서도 세계화의 영향으로 많은 나라들이 문화적·인종적으로 더욱 복잡해졌다. 이러한 변화는 또 다른 측면에서 시민격을 변화시키고 있다.

4.2.1. 자본의 세계화와 시민격

일부 학자들은 세계화의 기본적인 매개체는 다국적 기업이라고 주장한다. 다국적 기업이 세계 무역을 성장시키고 세계 시장을 건설해서 세계적인 소비자들을 양산했다는 주장이다. 다국적 기업은 비록 국익national interest에 의해 영향을 받고 있기는 하지만 점차 국가와의 관계를 끊고 대신 전 세계에 걸친 새로운 기회를 추구한다. 세계적 시장은 물질적 생산물만이 아니라 다양한 문화적 상징과 기호를 소비하는 지구 시민을 양성한다. 지구 시민은 편협한 국익을 넘어 세계적인 보편적 문화의 발전을 추구하게 되었다고 주장한다. 개인들은 국민국가의 경계를 넘어서기를 원하고 있으며 또한 국민 정체성보다 개인적인 취향에 따라 선택을 하고 있다는 것이다. 이에 따라 국민국가의 법적·도덕적 제약에서 벗어나 모든 인류가 자유를 실현하는 세계적 시민격이 형성되고 있다는 것이다.키이스 포크, 2009: 151-153

그러나 다른 학자들은 경제적 세계화와 그것이 형성한 시민격에 대해 비판적이다. 그들은 다국적 기업들이 국민국가가 만든 법, 훈련, 교육, 연구, 그리고 그 밖의 사회 자본social capital에 의지하고 있고, 그 이익 대부분을 미국, 일본, 유럽에 집중하고 있다고 주장한다. 따라서 세계화가 아닌 양극화polarization가 세계 경제의 모습을 가장 잘 표현한다는 것이다. 또한 세계화에 따라 다국적 기업과 시장의 가치들이 지배적이 되면서 시민격은 대부분의 나라에서 매우 빈약해졌다는 것이다. 키이스 포크, 2009: 154-156

세계화는 특히 시민격과 관련해서 다음과 같은 문제를 야기하고 있다. 1) 초국적 기구들은 세계 경제에 어떤 체계를 세우려 시도하고 있으나, 이러한 기구들은 신자유주의자들에 의해 대체로 지배되고 있다. 따라서 다국적 기업 등 세계 경제의 가장 중요한 행위자들은 별다른 규제를 받고 있지 않다. 가난한 국가들이 다국적 기업들의 투자와 고용을 유치하기 위해 서로 경쟁할 수밖에 없는 상황에서 다국적 기업에 대한 국제적 규제가 없으면 가난한 나라들에 대한 착취·수탈·환경 파괴는 피할 수 없다. 2) 국가들 간의 경쟁이 심해지면서 국익과 시민격 그리고 자본주의와 민주주의 사이의 충돌은 점점 더 심각해진다. 자본주의적 경쟁력을 높이기 위해 개발도상국들은 단기간에는 국익에 도움이 되지 않는 시민들의 권리와 지속가능한 발전을 포기하거나 유보했다. 개발도상국 시민격의 후퇴와 환경 파괴는 부유한 국가들에게도 점차 직접적인 영향을 미치고 있다. 예를 들면, 이런 불평등 속에서 이민과 국제 범죄는 불가피한데, 빈곤한 지역을 떠나 부유한 지역으로 가고자 하는 경제적 이민 현상은 자유주의 국가들을 불안하게 하고 있다. 만일 세계화 시대에 어떤 나라가 다른 나라 시민들의 권리를 고려하지 않는다면, 자기 시민들의 권리조차 제대로 보장하기 어렵다. 이 때문에 몇몇 학자들은 개인의 권리를 보장했던 기본적인 제도로서 국민적 시민격이 세계적 시민격으로 대체되고 있다고 주장한다. 키이스 포크, 2009: 153-156; 낸시 프레이저, 2010

4.2.2. 국민적 시민격과 초국민적 시민격

소이잘Soysal[1994]은 세계화가 국적이라는 지연(출생지주의)과 혈연 (혈통주의)이라는 특수주의적 기준이 아니라 인간됨personhood이라는 보편주의적 기준에 따라 인간의 권리를 보장해야 한다는 담론이 국제 적으로 힘을 얻도록 자극하고 있다고 주장한다. 이러한 담론이 확산됨 에 따라 국민적 시민격이 세계적 시민격으로 변화할 수 있는 가능성 이 커지고 있다. 근대 시민격은 국민국가라는 한계에 갇혀 자국 시민 과 외국인을 차별했는데, 이러한 차별은 과거에는 너무나 당연한 것이 었다. 하지만 세계화로 국적과 거주국이 다른 경우가 증가하면서 근대 시민격이 지연과 혈연에 따라 외국인과 내국인을 구분하고 차별하는 것이 정당한가에 대해 많은 사람들이 의문을 제시하기 시작했다.

세계화로 인해 담론과 이데올로기만이 국민적 시민격을 흔들고 있는 것이 아니라 실제적인 제도의 변화도 국민적 시민격의 안정성을 약화시키고 있다. 제이콥슨Jacobson, 1997은 영주권자와 이중 국적자가 증 가하는 것은 자국 시민을 확실하게 규정함으로써 유지됐던 근대적 시 민격이 탈근대적 변형을 겪고 있다는 것을 보여 주는 실제적 증거라고 주장한다. 물론 영주권이나 이중 시민권이 사실상 국민국가에 의해 보 장된다는 점에서 탈근대적 또는 초국민적 시민격과 거리가 멀다는 비 판이철우, 2009; Joppke, 1998도 제기되지만, 영주권이나 이중 시민권이 국적과 시민격의 불일치를 가져와 다중적 국민 정체성 또는 초국적 정체성을 가져올 가능성을 증가시키는 것은 분명하다. 이것은 결과적으로 국민 국가라는 틀을 약화시키는 측면이 있다.

하지만 세계화는 국가와 국가, 국민과 국민 사이의 불평등을 심화 시키고 있기 때문에 세계적 차원에서 국민국가 체제와 국민적 시민격 을 유지하려는 세력도 여전히 강력하다. 따라서 세계적 시민격은 세계화의 진전에 따라 국민적 시민격이 점진적으로 변화해서 생겨난다기보다 국민적 시민격의 한계를 깨뜨리려는 국가 내부와 외부의 의식적인 노력에 의해서만 가능할 것으로 보인다. 세계적 시민격의 전제 조건은 세계적 정치 기구와 세계적 시민의식이다. 따라서 추상적 인권 개념만으로는 세계적 시민격을 형성할 수 없다.^{키이스 포크, 2009: 164-190} 세계시민적 민주주의를 통해 세계시민을 세계적 문제를 해결하는 데 참여시키고, 전 세계적으로 인간의 권리를 보호하고 시민적 덕성을 일깨움으로써 실제로 세계적 거버넌스 체계를 구축하는 것이 필요하다. 이 과정에서 국민국가 내부에서 발전한 두터운 시민격과 다문화적 시민격의 경험은 나침반 역할을 할 것으로 보인다.^{최현, 2009}

5. 맺는말: 세계시민사회, 세계시민격과 세계시민교육

시민교육이 무엇인가에 대해 사람들마다 조금씩 다르게 표현하고 있지만, 일반적으로 시민교육이란 시민들이 사회의 구성원으로서 권리를 향유하고 올바른 시민적 역량과 덕성을 갖도록 안내하는 것이라는 합의가 있다.^{이해주, 2010} 이에 따르면 시민이 시민의 지위를 향유하고 시민의 능력을 갖출 수 있도록 돕는 것이 시민교육의 궁극적 목적이다. 따라서 시민교육에는 정치 체제나 사회 체제에 실제로 참여하면서 주어진 역할과 책임을 수행해 나갈 수 있도록 도와주는 내용이 빠지면 안 된다. 그렇다면 시민교육은 앞에서 살펴보았던 시민격을 향유하면서 동시에 자신의 시민격을 높이는 교육이라고 할 수 있다. 그런데 많은 사람들은 이것을 시민의 덕성과 책임을 일깨우는 것으로 한정한다. 하지만 시민의 덕성과 책임은 그들이 누리는 권리와 분리할 수 없으며, 권리는 정치 제도와 분리할 수 없다. 따라서 세계시민교육도 세계 정치 공동체를 고려하면서 전망하지 않을 수 없다.

물론 시민교육의 초점을 "시민이 사회에 잘 적응할 수 있도록 도와주기 위해 필요한 지식과 태도 및 참여적 행동 양식을 함양하게 돕는 데" 맞출 것인가, 아니면 "사회를 변화시킬 수 있는 능력과 의지까지 키워 주는 데" 맞출 것인가를 둘러싸고 차이가 나타난다.이해주, 2010 이는 어느 경우든 세계 정치 공동체와 세계시민격을 전제하지 않으면 세계시민교육은 매우 추상적이고 시민의 덕성을 강조하는 계몽적 주입식 교육이 될 수밖에 없다. 세계시민교육이 세계 정치 공동체와 세계시민격을 전제한다고 해도 그것들이 아직 실현되지 않았다고 그것이 실현될 때까지 마냥 세계시민교육을 미룰 수도 없다. 세계 정치 공동체가 없다면 그 싹을 찾고 키워 나가는 실천, 세계적 불평등과 불공정을 시정하기 위한 초국적 연결망과 초국적 기구를 형성하고 거기에 참여하는 시민을 양성하는 것이 세계시민교육의 출발점이 될 것이다.

우리나라에서는 아직까지 체계적 세계시민교육이 거의 이루어지지 않고 다문화교육의 형태로 간접적으로 이루어지고 있는데, 여기에는 크게 세 가지 문제가 있다.

첫째, 다른 교육과 마찬가지로 정치적 갈등을 외면하는 교육, 계몽적 주입식 교육에서 완전히 벗어나지 못하고 있다는 것이다. 세계시민격은 정치적 갈등을 해결하는 능력이며 갈등을 통해 성장한다. 세계시민교육은 스스로 참여하면서 갈등 속에서 갈등을 조정할 제도를 만들고, 세계시민격을 형성하고 누리면서 효능감을 느끼는 가운데 구현된다. 따라서 세계시민교육은 우리나라 공교육의 정치적 중립성이라는 한계와 계몽적 한계를 넘어서야 한다.

둘째, 자유주의와 민족적 공동체주의의 가치가 정확한 평가 없이 혼재되어 있다는 것이다. 경제활동이나 능력주의를 다룰 때는 자유주의에 의존하다가 가족이나 민족을 다룰 때는 집단주의에 의지한다. 그 결과 우리나라 시민들은 자신의 필요에 따라 자유주의와 전체주의를 왔다 갔다 한다. 곧 많은 시민들(특히 젊은 시민들)이 모든 개인적 성취는 오로지 자기 노력의 결과라고 생각하면서도 특정 외국인들에게는 집단적 배타성과 경멸을 노출한다. 자신의 성취가 공동체와 사회구조에 크게 의존하고 있다는 성찰은 특정 외국인들의 빈곤과 무지가 개인적·집단적 결함 때문이 아니라는 통찰로 이어진다. 세계시민격의 균형 잡힌 종합적 시각은 세계시민교육의 출발점이다.

셋째, 세계시민교육을 대신하고 있는 다문화교육이 왜곡된 형태로 이루어진다는 것이다. 원래 다문화교육은 평등한 시민격의 관점에서 다양한 민족의 문화적 배경을 이해하고 존중하는 것을 목적으로 하는 것이다. 그런데 우리나라에서 다문화교육은 해외이주민이나 그 가족들이 한국 사회에 잘 적응하도록 하는 것을 목적으로 한다. 그 결과 많은 한국인들이 해외이주민들(특히 우리보다 경제적으로 잘 못사는 나라에서 온 사람들)을 동료 시민이라기보다 훈육해야 할 열등한 대상으로 본다. 그런데 이러한 시각은 우리나라 세계시민교육에도 부정적 영향을 미친다. 다문화교육은 이주자의 문화적 배경을 이해하고 동등한 시민격을 보장하는 것을 목적으로 해야 한다. 이를 통해서 다문화교육은 세계시민교육의 일부가 될 수 있다.

5.1. 세계시민사회와 세계시민격

세계시민사회는 대중매체와 교통의 발전, 자본의 세계화로 인해 최근에 급속도로 발전하고 있으나 세계시민들이 공정하며 자유롭게 살아갈 수 있는 세계 정치 공동체나 세계시민격은 눈에 띄지 않고 있다. 특히 자본 중심의 세계화는 국가 사이의, 국민 사이의 불평등 문제를 전혀 해결하지 못했다. 따라서 우리는 세계시민사회에 대한 세계시민의 관심을 자극하고 공감과 이해를 확대하며, 그 속에서 나타나는 여러 가지 문제를 해결하려는 노력을 지원하고 다양한 방식으로 초국적 정치 공동체와 시민격 제도를 마련하고 여기에 더 많은 세계시민이 참여할 수 있도록 함으로써 세계시민교육을 수행할 수 있을 것이다.낸시 프레이저, 2010 또 세계시민격 제도를 마련해 가는 과정에서는 국민적 시민격에서 나타나는 최근의 발전들(집단 인지적 시민격이나 다문화적 시민격)과 초국적 시민격을 형성했던 경험(유럽 공동체의 형성과 그로 인한 문제)은 세계적 시민격을 준비하는 데 큰 도움을 줄 수 있다.

　이런 맥락에서 볼 때 세계시민교육의 원리는 사회적 실천을 통해 세계시민사회와 자기 자신을 함께 바람직한 방향으로 변화시킬 수 있는 시민을 양성하는 것이어야 할 것이다. 교육자를 포함한 모든 인간은 자연적·사회적 환경의 산물이라는 사실과 인간이 자기 자신과 자연적·사회적 환경을 바꿀 수 있다는 사실 사이의 모순은 환경과 자기 자신을 동시에 변화시키는 인간의 과학적 실천을 통해서 해결되어야 한다.칼 마르크스, 1997 세계시민의 평등한 권리와 지위를 보장하는 제도 없이 의식 교육만으로 세계시민에 걸맞은 덕성과 의식을 갖춘 세계시민을 길러 내기는 어렵다. 따라서 세계시민교육은 공정한 정치 공동체와 평등한 시민격의 발전 과정과 최근의 성과를 이해하고 지역적·세계적 차원에서 초국민적 시민격을 형성하는 과정에 참여하는 경험을 갖도록 하는 것에서 출발해야 한다.

5.2. 바람직한 세계시민교육의 내용과 방법

시민격에 대한 지금까지의 논의에 입각해서 현대의 세계시민에게 필요한 시민교육의 내용과 방법을 요약하면 다음과 같다.

5.2.1. 지역적·세계적인 문제와 그 해결을 위한 참여

앞서 언급했듯이 시민격의 가장 기본적 조건은 정의다. 그리고 낸시 프레이저[2010]가 지적했듯이 세계적 정의에서 가장 중요한 것은 평등한 참여다. 세계의 문제에 더 많은 세계시민이 평등하게 참여하는 것이야말로 세계시민교육의 지름길이다. 불평등 문제, 환경 문제, 빈곤 문제, 인종 문제, 민족 문제 등 우리가 해결해야 할 초국적 문제를 결정하고 그것을 민주적으로 해결하는 과정에 참여하는 것이 필요하다. 유엔을 비롯한 국제기구들의 경험과 함께 다양한 비정부적인 초국가적 사회 운동의 경험을 수용할 필요가 있다.

5.2.2. 공감과 연대[4]

공감과 연대는 모든 시민격의 기초다. 정의, 자유, 평등이라는 세계 공동체의 가치를 존중하는 태도는 결국 자신과 함께 다른 세계시민들을 존중하는 마음에서 나온다. 공감과 연대는 공동체적 삶을 통해 더욱 구체화된다. 평등한 참여와 협력을 통해 자신의 삶이 동료 시민에게 의존하며 동료 시민의 성장이 자기 발전의 밑거름이라는 진정한 공감과 연대의식이 성장할 수 있다. 교육자는 이러한 성장을 돕는다.

5.2.3. 인권(자유, 평등)과 정의 존중

공감과 연대의식을 바탕으로 자신과 함께 동료 시민의 존엄성과 자유를 보호할 책임을 통감하는 것이 바로 인권 의식이다. 따라서 세계 시민의 인권 의식은 세계시민 사이의 공감을 바탕으로 한 존중과 세계 공동체가 모든 시민에게 평등한 참여와 자유를 보장하면서 정의롭게 운영돼야 한다는 것에 대한 공감이다.

5.2.4. 이성적·비판적 사고력

세계시민은 공감과 연대의식을 바탕으로 다른 사람의 입장에서 사고할 수 있어야 한다. 이러한 능력이야말로 사적 이해가 충돌하는 곳에서 공적 가치를 찾아낼 수 있는 이성적 사고력이다. 인권 의식은 공감을 바탕으로 하지만 그에 그치지 않는다. 현실에서는 자유주의적 인권과 다문화 시민격의 충돌, 자유권과 사회권의 충돌, 자유권과 재산권의 충돌을 통해 알 수 있듯이 인권을 둘러싼 복잡한 충돌이 항상 있다. 충돌이 일어날 때 어떤 것이 중요한가를 판단하는 것은 결국 시민이다. 이때 시민은 개인적·집단적 이해관계나 이데올로기적 선동과 편견에서 벗어나기 위해 비판적으로 사고하여 세계 공동체의 입장에서 판단해야 한다. 이것은 동료 시민들과 소통할 수 있는 능력과 함께 사회구조가 동료 시민의 역량을 어떻게 제약하는가를 사고할 수 있는 상상력을 요구한다.

5.2.5. 책임감과 참여

모든 시민은 자유를 실현하기 위해 공동체에 평등하게 참여할 권리와 책임을 동시에 갖는다. 불평등 문제, 환경 문제, 빈곤 문제, 인종 문제, 민족 문제 등 세계적 문제가 우리 모두의 삶에 어떤 직접적이고 중대한 영향을 미치는지, 또 우리가 이를 어떻게 변화시킬 수 있는지를 인식하게 함으로써 세계시민의 책임감과 참여를 극대화할 수 있다.

5.2.6. 다양성 포용과 배려

세계는 문화적·인종적·계급적으로 다양하지만 세계 공동체는 일정한 문화적 통일성 없이 유지될 수 없다. 세계시민격은 세계 공동체에서 요구되는 통일적 시민 문화라고 할 수 있다. 따라서 세계시민격에는 다양성을 포용하고 자기와 다른 사람을 배려할 수 있는 능력이 포함되어야 한다.최현, 2010: 32-33

5.2.7. 생태적 감수성

현대 사회를 위험사회울리히 벡, 2014로 인식하게 된 이후 세계시민은 현재 인류에 대해서만 책임이 있는 것이 아니라 지구에서 앞으로 살아갈 미래 시민들을 위해 지구의 환경을 보호해야 할 책무가 있음을 자각해야 한다. 그런데 이런 자각은 세계적 공정성으로 연결되어야 한다. 선진국의 시민들은 자연을 더 많이 훼손했고 더 많은 것을 누리고 있다. 선진국의 시민들은 후진국 시민들에게 자신의 몫을 나눠 주고 세계적 불평등을 해소함으로써만 생태적 위험을 줄일 수 있다는 것을 자각해야 한다. 또 지구적 불평등을 줄이고 생태적 위험을 줄일 제도를 만들어야 한다.

이러한 세계시민교육은 사회관계의 변화 없이 계몽적으로 주입되는 방식으로 이루어질 수 없다. 따라서 세계시민교육의 주체는 세계시민이 시민격을 누리며 시민격을 기를 수 있는 기회를 더 많이 갖도록 평등한 참여를 통해 운영되는 세계적 기구와 제도를 만들거나 만들기 위해 노력해야 한다. 이를 통해서만 능력과 책임감을 갖춘 세계시민을 양성할 수 있다.

이 장에서는 세계시민격을 매개로 세계시민교육의 내용과 방식을

검토했다. 이 과정에서 정의, 자유, 평등, 인권, 국민국가, 세계 공동체
라는 주제들을 다루었다. 시민격이라는 분석틀이 세계시민교육을 발
전시키는 데 이바지할 수 있길 바란다. GCED

5장

세계시민 관점의 평화교육

이동기

1. 머리말

21세기도 20년을 살아 보니 20세기만큼 팍팍하고 가파르다. 시간이 바람이 되어 구름을 걷으니 세기 초에는 침침했던 세계화의 성격과 영향이 또렷해졌다. 신자유주의 세계 경제의 확산, 경계를 넘는 정보화와 교류 접촉의 강화, 국제정치 협력과 초국적transnational 기구의 확산, 지역 통합과 협력 및 국제적 차원의 정치 규범 창출은 100년 전인 20세기 전반과는 꽤 다른 세계를 낳았다. 제1차 세계대전과 공산주의 및 파시즘의 출현으로 세계가 파괴와 '극단'으로 추락했던 때와는 상당히 달라 보인다. 21세기 전반의 세계는 백 년 전인 20세기 초와는 달리 세계전쟁이나 극단 체제의 대결로 치닫지는 않을 수 있는 최소한의 제도적 조건과 규범을 확보했다.

하지만 세계화가 1990년대 전반에 많은 사람들이 기대했던 더 자유롭고 평화로운 세계를 만들지는 못했다. 세계은행과 세계무역기구 등 국제기구들의 보조로 세계화는 촉진되지만 세계화의 영향과 충격을 조정할 세계 정부는 전망으로도 존재하지 않는다. 국제정치는 혼란의 소용돌이에 빠져들었다. 현대사가 빌프리트 로트Wilfried Loth[2018]가 지적했듯이, "20세기 후반의 미국과 소련 중심의 양극 세계 질서를 대신해서 들어선 것은 미국 헤게모니도 아니었고, 주권 국가들이나 권력 차이가 더 이상 중요하지 않은 하나의 지구촌도 아니었다". 오히려 새로 들어선 것은 "다극화라는 개념으로도 충분히 다 설명할 수 없는 복잡한 세계 질서"였다. 생태문제와 기후위기에 더해 코로나19의 위험에 직면한 혼돈의 세계는 더는 평화롭고 안전한 하나의 세계 질서라는 이상적 구상을 허락하지 않는 듯하다.

세계화는 단일한 현상이라기보다는 복합적인 연결 작용이었다.Clark, 2003; Wintersteiner, 2004 지구는 '하나의 단일한 세계'로서 지역 간 상호작용과 연루 및 동시성을 강화했지만 지역이나 국가 간 불균형과 불평등의 권력관계도 그만큼 심화되었다. 여러 지역과 국가에서는 오래된 갈등이 여전히 해결되지 못한 채 신종 적대와 갈등이 그것과 뒤섞여 산재하고 확산되었다. 경제 교류와 정보화는 세계화를 촉진하고 생산성을 증대했지만 구체적 결과는 지역과 계급에 따라 차이가 심하다. 세계화에 직면해 일국 차원의 복지제도 침식과 배타적 민족주의와 포퓰리즘 정치는 여러 계층들에게 삶의 위기와 불안을 조장했고 경계와 분리의 선을 강화해 적대를 양산했다.Fischer et al., 2016: 11-12

세계화로 인한 국제 갈등과 일국 사회 내 위험과 위기의 새로운 전개는 세계시민교육의 필요를 낳았다.박순용, 2015 세계의 각 지역과 국가들은 상호 연결과 의존이 커져 주민들은 "세계적 문제들을 이해하고 공감하며 해결을 위해 참여하고 노력"하며 그것에 필요한 "지식과 기술, 태도와 행동을" 갖출 필요가 생겼다.유네스코 아태교육원, 2014: 19 정보통신기술과 소셜 미디어, 직접 교류와 협력, 방문과 여행을 통해 상호의존과 공조나 공동 학습과 집단 대응의 기회도 커졌다.

세계시민교육에서 평화교육은 특별한 지위를 점한다. 평화교육은 세계시민의 관점이 등장하기 전부터 이미 국제적, 초국적 전망을 지녔다. 평화는 애초 일국이나 지역 차원의 공생 과제이기도 했지만 20세기 전반 세계대전은 평화의 급박성을 국제적 차원으로 옮겼다. 평화교육이 국제적인 차원에서 정립되고 확산되는 데 결정적인 공헌을 한 유네스코는 1950~1960년대 전쟁 발발의 근원인 민족주의의 배타성과 민족적 편견을 극복하는 국제적 상호이해의 증진에 매달렸다. 게다가 냉전의 불안과 열전의 참화에 직면해 1960년대 후반에 등장한 '비판적 평화교육'은 평화부재의 근원을 문제 삼으면서 세계의 불평등 구조와 억압적 지배질서를 비판했다.Ostermann, 1991: 167-168 탈냉전 평화정치를 지지하고 세계 불평등의 극복을 지향하는 급진 정치를 보조했던 비판적 평화교육의 주요 대상은 일국과 특정 지역을 넘어 세계적 차원의 평화부재였던 것이다.

그렇기에 평화교육은 역사적으로 이미 세계시민교육의 인식 전제를 갖고 있으며, 역으로 세계시민교육은 평화교육에서 출발하거나 그것을 중심 주제 영역으로 삼지 않을 수 없다.유네스코 아태교육원, 2014: 26, 30 하지만 세계시민교육은 그 지평과 관점이 평화교육보다 더 포괄적이고 매개적이다. 21세기 평화교육은 세계시민교육의 관점을 수용해 시대에 부응하며 새롭게 발전할 필요가 있다. 그것은 일국적 차원의 평화 과제를 뒤로 돌리거나 지역의 고유한 평화부재 맥락을 지우는 것이 아니다. 세계화 시대에 부응하는 세계시민적 관점의 평화교육은 평화부재의 심층을 더 잘 드러내고 평화 형성의 화급함을 더 부각할 수 있다. 덧붙여 21세기 평화교육이 20세기 후반의 '비판적 평화교육'의 관점을 이어 세계 권력관계의 불평등과 불균형에 대한 관심을 지속한다면, 그것은 세계시민교육이 서구 선진국 중심의 '선한 말들의 향연'에 그치지 않도록 보조할 것이다.

이 글은 21세기 세계화 현실에서 평화교육이 세계시민의 관점을 수용해야 할 이유를 밝힌다. 아울러 세계화로 인한 새로운 평화부재

에 직면해 평화교육이 나아가야 할 주제 영역과 발전 방향을 모색한
다. 그것을 위한 인식 전제로 평화와 평화교육의 개념과 역할을 먼저
살핀다.

2. 평화와 평화교육 개요

2.1. 평화: 정치와 학문의 대상

평화는 근현대 세계사에서 그 의미와 역할이 인권과 크게 달랐다.
평화는 자유와 평등, 인권이나 주권과는 달리 근대 민주주의 발전 과
정에서 보편적으로 공유된 권리의 일부가 아니었다. 1689년 12월 영
국의 권리장전, 1776년 6월 영국의 아메리카 대륙 식민지의 버지니아
권리 선언, 같은 해 7월 4일 미국 독립선언과 1791년 12월 15일의 수
정헌법 10개조, 프랑스혁명기 주요 인권선언들, 즉 1789년 8월 26일의
인간과 시민의 권리 선언, 1793년 산악파 헌법과 1795년 프랑스 헌법
등 어디에도 '평화'는 등장하지 않았다.나종일, 2012: 217-359 평화는 상당 기
간 권리도 규범도 아니었다.

오히려 당시 권리의 수호자들과 혁명가들은 자유와 평등, 안전과
생명, 주권과 소유권을 지키기 위해 저항하거나 무장하는 것을 권리
또는 심지어 의무로 규정했다. 근대 민주주의는 혁명전쟁 내지 무장투
쟁을 통해 탄생하는 경우가 적지 않았다. 권력국가를 지향한 서구 자
본주의 국가들은 식민지 전쟁과 폭력 통치 및 제국주의 침략을 일삼
았고 다수의 자유주의자들과 민주주의자들, 심지어 사회민주주의자
들도 그것을 옹호했다.

물론, 18세기 후반과 19세기에도 일부 선구자들은 평화를 정치

규범이나 문명 과제로 정립했다. 18세기 후반 토머스 페인Thomas Paine 과 장자크 루소Jean-Jacques Rousseau와 임마누엘 칸트Immanuel Kant 같은 계몽사상가들은 전쟁에 대한 규범적 비판과 문명사회의 필수 요건으로 '평화를 발명'하는 데 뛰어들었다.마이클 하워드, 2000 그들은 전쟁이 인도성에 반하는 일이라며 각기 민주주의, 인민주권 또는 공화제에 기초한 국가연합이나 국제연맹이 전쟁을 방지하며 이성적 평화질서를 탄생시킬 수 있을 것이라고 주장했다. 평화가 더 이상 군주나 제후 또는 황제나 주교들의 "성스럽고 위엄을 갖춘 일"이 아니라 시민의 권리나 이익으로 간주되기 시작했다.Cortright, 2008: 26; Dülffer & Niedhart, 2011: 9-11 그렇지만 평화의 문명적 의미가 보편적으로 수용되는 데는 시간이 꽤 걸렸다.

20세기 전반 양차 대전을 겪으며 비로소 평화는 국제정치 무대에서 규범이자 목표로 확립되었다. 1945년 6월 26일 채택되고 같은 해 10월 24일 발효된 〈유엔 헌장〉은 '제1장 목적과 원칙'에서 유엔의 목적을 다음과 같이 규정했다.

1. 국제 평화와 안전을 유지하고, 이를 위해, 평화에 대한 위협의 방지와 제거, 침략행위 또는 그 밖의 평화 파괴의 억제를 위한 유효한 집단적 조치를 취하며, 그리고 평화의 파괴로 이끌 수 있는 국제적 분쟁이나 상황의 조정 또는 해결을 평화적 수단에 의해서, 또한 정의와 국제법의 원칙에 따라서 실현하는 것.

2. 사람들의 평등권과 자결의 원칙에 대한 존중을 바탕으로 하여 국가들 사이의 우호관계를 발전시키며, 세계 평화를 공고히 하기 위한 그 밖의 적정한 조치를 취하는 것.나종일, 2012: 909

유엔이 평화를 국제정치의 규범이자 준칙으로 정립했다고 해서 평화가 인권의 일부로 받아들여지지는 못했다. 1948년 12월 10일 유엔 총회에서 발표된 〈세계인권선언〉에도 평화는 권리의 일부로 담기지 않았다. 강대국은 여전히 전쟁이 필요했기 때문이다. 평화권은 최근에야 등장했고 과연 인권의 범주로 확립될 수 있을지는 더 지켜봐야 한다.[이경주, 2014: 19-24] 평화는 인간의 생명 보전과 안전 요구에 기초해서 발현되기에 권리의 영역으로 볼 수 있지만 동시에 인간과 인간, 그리고 집단과 집단 간 관계 형식의 문제이기 때문에 인권 규범으로 규정하기가 간단치는 않다.

한편, 1945년 유엔의 등장으로 평화가 국제정치의 규범으로 발전하면서 평화는 곧 학문의 대상으로 주목받았다. 평화 사상이나 철학은 그전부터 존재했지만 학문으로서의 평화 논의는 1945년 전에 국제관계학과 전쟁연구의 영역에서 제한적으로만 이루어졌다.[이동기, 2013b: 75-91] 1950년대와 1960년대 전반 유럽과 미국에서는 정치학과 사회학 등의 사회과학 분과학문에서 평화연구가 생겨났고 학문과 제도 영역에서 독립적인 분과학문의 꼴을 갖추기 시작했다. 역사학에서도 평화사 연구가 생겨났고[이동기, 2014] 자연과학자들도 핵무기 반대운동을 통해 평화학의 영역을 개척했다. 하지만 당시 평화는 여전히 '전쟁부재'의 상태로 이해되었으며 전통적인 안보론의 지배로부터 크게 벗어나지 못했다.[Hauswedell, 1997: 37-41; Koppe, 2010: 17-66]

반면, 1960년대 중후반부터 등장한 '비판적 평화연구'는 전쟁 방지와 안보문제에 초점을 맞춘 기왕의 '전통적인' 평화연구 경향과 대결을 벌이면서 폭력과 전쟁의 구조적 원인과 사회적 근원을 문제 삼았다.[Wasmuht, 1998: 165-191] '비판적 평화연구'는 지배 체제의 현상유지를 전제로 하는 '인습적' 평화연구와는 달리 현존 사회 체제의 갈등 원인과 구조 및 문화를 포괄적으로 밝혀 근본적 체제 '비판'의 성격을 지녔다. '비판적 평화연구'는 갈등 상황의 안정화가 아니라 갈등의 사회적 원인 내지 구조적 상황을 비판적으로 밝히고 그것을 근본적으로 변화시키고자 했다. 그런 관점에서 보면, 평화의 상대어는 단순히 전쟁이 아니라 국제 갈등의 기본 구조와 사회 내부의 근본 모순들이었다. 노르웨이 출신 평화학자 요한 갈퉁Johan Galtung은 그것을 '구조적 폭력'이라고 불렀고, 독일의 대표적 평화학자 디터 젱하스Dieter Senghass는 '조직화된 평화부재'라는 개념을 사용해 평화부재의 구조를 살폈다. 갈퉁에게 평화는 '구조적 폭력'의 극복, 특히 무엇보다 사회적 불평등의 제거였고 그것을 그는 '적극적 평화'라고 규정했다.Galtung, 1969 반면, 젱하스는 '평화부재'의 구조와 문화를 포괄적으로 극복한 '문명화의 복합구성으로서의 평화'관을 제시했다.디터 젱하스, 2016; 이동기, 2013b 젱하스는 폭력 독점과 법치국가, 민주적 정치 참여와 흥분 통제, 사회정의와 갈등 해결 문화 등의 문명화 요소가 복합적으로 구성되는 것을 평화라고 규정했다.

그들이 대변했던 '비판적 평화연구'는 그 후 국제평화학의 기본 관점으로 발전했다. 특히 갈퉁의 '구조적 폭력'과 '적극적 평화' 개념은 숱한 비판에도 불구하고 상당 기간 평화 논의의 중심으로 자리를 잡았다.[1] 그 관점은 전쟁과 평화를 대비해 '전쟁부재'의 상태를 평화로 규정하던 인습적인 이해를 극복하고 평화를 불가능케 하는 다층적 조건과 사회적 요인들을 밝힘으로써 평화 이해의 새로운 근거를 만들었다. 게다가 갈퉁은 구조적 폭력을 넘어 그것을 정당화하는 문화적 차원을 지시하는 '문화적 폭력' 개념을 통해 의식과 심성 및 상징의 영역에서 발생하고 상승하는 평화부재 메커니즘을 밝히고자 했다. 젱하스의 평화론에서도 상호의존과 흥분 통제, 건설적 갈등 해결 문화는 평화의 요소로서 매우 중요했다.

바로 이 점에서 평화는 문화와 의식의 영역에 대한 환기 및 교육의 중요성에 대한 강조와 직접 연결된다. '비판적 평화연구'의 관점에서 볼 때 기성 질서에서 문화는 착취나 억압을 정상적이고 자연적인 것으로 보거나 그것을 자각하지 못하도록 만들며 둔감하도록 교육하고 유도하는 평화부재의 한 구성 요소였다. 그러니 역으로 평화문화는 그것에 대한 비판과 분석 능력을 살리고 높이는 것에서 출발한다. 평화문화의 진작을 위해서 평화교육이 가장 중요해졌다. 평화가 정치와 학문의 영역을 넘어 교육의 대상이 되어야 했다.

2.2. 평화교육: 개념과 역할

평화는 아직 인류가 완전히 달성하지 못한 것이고 사회적 실천을 통해 만들어 내야 하는 것이다. 평화교육을 '평화에 대한 교육'으로 간주하면 그것은 '부재'하는 것에 대한 교육인 셈이 되어 난감하다. 또는 이상적 상태에 대한 교육이 되어도 그것이 무엇일지 모호해진다. 그렇기에 평화교육은 평화부재, 특히 폭력의 제거와 축소를 목표로 삼는 과정의 일부로 이해할 필요가 있다. 그것은 평화(상태)에 대한 지식이라기보다는 전쟁을 포함한 모든 종류의 폭력적 충돌과 적대적 갈등을 인지하고 그것을 비폭력적으로 해결하는 능력을 기르는 것으로 받아들일 필요가 있다. 독일의 평화교육 학자 귄터 구겔Günther Gugel은 평화교육을 "평화의 이상적 상태에 대한 인지 능력과 지식의 축적" 같은 것이 아니라 "갈등 상황을 비폭력적이고 이성적이고 문명적으로 조정하고 해결하는 능력"의 함양으로 규정했다.Gugel, 2008; 2011 그런 갈등 조정과 해결 능력이 바로 "평화를 만들고 유지할 수 있는 능력"이다.Ostermann & Nicklas, 1991: 164 한국 평화학과 평화교육 연구의 선구자였던 이삼열도 평화교육을 "나와 다른 사람들과 어떻게 사는가를 의식화하는 교육"이며 동시에 "존재하는 갈등 관계를 제거할 수는 없지만 갈등을 평화적으로 처리하는 방법을 학습"하는 것으로 정의했다.이삼열, 1991: 82

　요컨대 평화교육은 모든 선한 교육 이념을 포괄하는 것도 아니고 "평화를 사랑하는 마음"을 기르는 교육도 아니다. 평화교육을 '갈등을 비폭력적 방법으로 해결하는 능력을 함양하는 교육'이라고 규정하면 그것의 목적이 명료해진다.이동기·송영훈, 2014: 24-26 즉, 평화교육은 평화문화 형성을 보조함으로써 전쟁과 폭력의 잠재력을 극복하는 것이다. 평화문화의 대표 이론가인 엘리제 보울딩Elise Boulding의 말처럼, 평화문화는 "사회가 차이와 갈등에 평화롭고 창조적으로 대응할 수 있게 하는 관계와 제도들의 총체"다.Boulding, 1998; 이문영, 2013: 593 그것은 사람들에게 "권력구조에 의거하지 않고 서로 공존하며 살아가는 능력을 강화하는 정체성과 태도, 가치와 신념과 행동"을 포함한다.Merkel, 2011: 204 다시 말해, 평화문화의 핵심은 폭력 없는 삶의 방식을 만드는 것이다. 이미 1990년대 유엔과 유네스코가 토론을 거쳐 잘 정리한 것처럼 평화문화는 "개별 인간과 집단 및 민족 간 평화 촉진에 기여하는 가치와 태도 및 행동양식과 삶의 형식"을 포괄한다.UNESCO, 1999 그것은 무엇보다 "상호 간 이해와 존중과 국제협력을 통한 갈등의 평화적 조정"을 목표로 삼기에 평화교육은 그 능력을 강화해 평화문화의 증진에 기여하고자 한다.

　한편, 평화교육이 평화운동이나 평화활동과 혼동되어서는 곤란하다. 평화교육은 기본적으로 교육의 영역에 한정된다. 그것은 가치와 지향, 사유와 심성에서 비폭력적 삶의 방식을 익히도록 함으로써 갈등에 대한 평화적 태도를 강화하는 것이다. 그것은 교육을 통한 학습과 훈련의 영역이다. 그것은 특정 평화운동에 직접 복무하고 공헌함을 목표로 할 수 없다. 평화교육은 실제 삶의 현실과 사회적 실천을 전제한다는 점에서 평화를 만드는 경험이면서 실천을 목표로 하지만 그렇다고 목전의 직접적인 특정 정치 실천에 한정될 이유가 없다. 평화교육을 통한 사회 실천과 정치 행동의 방향은 다원적일 수 있다. 평화교육의 방향과 대상에 대해서도 얼마든지 논쟁과 혁신이 가능하다. 민주시민교육의 한 주제 영역이기도 한 평화교육은 민주시민교육의 주요 원칙인 논쟁성을 수용할 필요가 있다.[2] 평화교육은 학교를 비롯한 교육현장과 학습 공간에서 갈등 극복을 익히며 배우는 과제를 지시할 뿐이다.

3. 21세기 평화부재와 평화교육

평화교육은 1989년 국제 냉전 해체 후 최근까지 세계 현실의 변화들, 즉 낡은 대결 구조의 부분적 해체와 새로운 평화부재의 역동성에 직면해 관점과 주제 영역에서 변화가 불가피했다. 앞서 말한 대로, 20세기 후반에도 평화교육은 이미 국제적 지평과 초국적 관점을 지니고 있었다. 하지만 21세기 최근까지 세계가 겪은 평화부재의 양상은 평화교육의 혁신, 즉 세계시민 관점의 평화교육을 요구한다. 세계시민적 관점에서 평화교육이 필요함을 보여 주는 것은 국제적 차원의 새로운 평화부재와 그것과 관련된 특별한 맥락과 결과 때문이다. 세 가지로 요약할 수 있다. '새로운 전쟁'과 갈등의 초국화, 세계사회의 갈등 인지와 공유, 글로벌 거버넌스의 역할이다.

3.1. 갈등의 초국화

먼저, 20세기에는 국민국가 간 이데올로기 대결과 권력정치로 인한 갈등이 대규모 폭력을 폭발시켰고 핵무장과 진영 간 대결이 긴장을 고조시켰다. 반면 21세기에는 한편으로는 국민국가의 무기 독점 붕괴로 인한 무장투쟁, 다른 한편으로는 갈등과 대결의 초국화 transnationalization가 두드러진다.Weller, 2006; Weller & Bösch, 2011

1991년 걸프 전쟁 때만 하더라도 이제 무장 충돌은 탈냉전기 '역사의 종말'로의 이행기 현상쯤으로 여겨졌다. 하지만 옛 유고슬라비아 연방의 해체로부터 비롯된 보스니아 내전과 코소보 전쟁, 르완다 내전과 수단 내전, 그리고 그 과정에서 발생한 '인종청소'와 대량 살상은 이번 세기가 20세기와는 다른 종류의 '새로운 전쟁'(메리 캘도어)으로 빨려 들어가고 있음을 보여 주었다. 그것은 국민국가의 형성과 강화 또는 제국의 패권이나 진영의 강화를 위한 전통적인 20세기형 전쟁과는 상당히 달랐다. '새로운 전쟁'은 21세기 초엽 지역 질서의 혼란과 국제정치의 불안을 배경으로 등장한 무장의 사유화에서 비롯됐다. 그것은 전통적·문화적 소속을 배경으로 한 정치적 정체성이 삶의 불안과 공포를 기화로 타 집단에 대한 증오와 파괴 본능을 강화하는 현상으로 확산될 것임을 예시했다. 도처에서 새로운 선동가들이 등장했고 무기 시장은 호황을 누렸다. 민족 소속감과 종족 정체성 내지 종교와 역사에 대한 낡은 서사가 급속도로 이데올로기화했고 군사적 동원의 근거가 되었다. 전쟁 수행자와 폭력 가해자들은 '인종청소'와 '문명파괴'를 일삼았다. 공포와 증오가 조직돼 폭력과 전쟁으로 전환되는 과정은 역동적이었고 속도는 놀라웠다.이동기, 2018: 92-105

21세기 갈등의 초국화가 새로운 현상인 이유는 비국가 행위자들이 갈등과 대결의 주요 당사자로 등장했기 때문이다. 적대적 갈등과

무력 분쟁의 당사자 중 하나 이상은 국가 경계를 넘어 조직된 집단이
다. 그린피스가 초국가적 콘체른이 환경을 파괴하는 생산방식을 비판
하거나, 국가들이 초국적 마약 밀매나 범죄 행위들에 맞서 대항 조치
를 강구하거나, 국제 테러주의 조직이 여러 지역에서 테러 공격을 감행
하고 그것에 맞선 '반테러 전쟁'이 조직되었을 때 그것은 모두 신종 초
국적 갈등과 대결의 모습이었다. 세계화를 통한 세계의 연결과 연루는
새로운 종류의 초국적 갈등과 무장 대결을 낳았고 그것은 세계 모든
지역에 다양한 방식으로 영향을 미친다.

특히 이슬람 테러주의는 20세기가 창출하고 21세기가 가속화한
하나의 단일한 세계 안에서 벌어지는 모순의 발현으로서 '세계내전'
의 성격이 짙다. 미국 중심의 패권적 국제 질서가 낳은 세계화의 파괴
적 유산과 불평등한 현실에 눈감으며 인습적인 반테러 전쟁을 지속하
면 21세기 인류는 '새로운 전쟁'의 형식인 이 테러주의를 넘어서지 못
할 것이다. 테러주의에 맞서 싸워야 하지만 '반테러 전쟁'은 해결책이
되지 못한다. 이슬람 테러주의는 과거 방식으로 영토와 주민을 보유한
특정 국가에 의해 이뤄지는 것이 아니고 초국적으로 조직된 무장 집단
에 의해 수행되며 세계화의 온갖 신종 도구들의 도움을 받는다. 그것
은 21세기 '갈등의 초국화'를 가장 잘 보여 준다. 그것은 인습적인 방식
의 폭격과 점령을 통해서 해결될 문제를 넘어섰다. 하나의 단일한 세
계가 '세계화'라는 이름으로 초래한 정치적·경제적 불균형과 위계적 서
열, 모멸과 공포의 양산 체제를 극복하지 못한다면 '반테러 전쟁'은 또
다른 테러만을 영속적으로 낳을 뿐이다.

국가 질서가 무너지거나 만성적인 무장 갈등을 겪는 아랍과 아프
리카 지역에서 수없는 난민들이 유럽과 안전지대로 넘어오고 있다. 한
국 사회도 이슬람 테러주의와 난민 문제를 피해 가지 못했고, 앞으로

는 더욱 그럴 것이다. 세계화로 인한 초국적 갈등으로부터 자유로운 안전지대가 없다. 그렇기에 '하나의 단일한 세계' 속 무질서의 일부를 구성하는 우리에게도 테러주의와 반테러 전쟁과 난민 발생은 그저 심각한 '국제' 문제 중 하나가 아니라 이미 '우리' 세계 '내부'의 문제다. 오히려 그것을 우리의 문제로 받아들이고 평화교육의 주제로 삼아야 한다. 세계화 자체도 그렇지만 세계화가 낳은 갈등의 초국화는 내부와 외부의 경계를 지웠다. 21세기 세계의 초국적 갈등과 평화부재를 계속 '해외뉴스'로 제쳐 두고 한반도는 고유의 더 화급한 평화교육 주제를 가지고 있다고 망상하는 순간 현실의 평화부재는 한반도를 계속 덮칠 것이다. 21세기 한반도의 평화교육이 세계시민 관점을 더 적극 수용해야 하는 이유다.

3.2. 세계사회의 역할

세계화는 평화부재의 인지와 극복 조건도 근본적으로 변화시켰다. 국제 협력의 필요성과 중요성이 커졌지만 평화부재를 해결할 수 있는 규범이든 제도든 아직 불충분하다. 신자유주의에 기초한 개방적 세계 경제의 확산 그리고 정보와 자료의 확산 및 커뮤니케이션 기술의 발전으로 인한 세계적 차원의 소통망은 세계적 차원의 공통 문제와 위기의 존재를 부각했다. 환경 문제와 기후위기 및 전염병, 마약과 부패, 이주와 난민 문제 등은 일국이나 한 지역의 조치나 대응으로는 성공적으로 해결할 수도 없고 감당할 수도 없다. 그것은 국가들 간의 협력과 국제기구 및 초국적 조직을 필요로 한다. 그 과정에서 개별 국가들은 한편으로는 국제 규범과 조직의 영향을 받고 다른 한편으로는 일국 내 다양한 사회적 행위자들로부터도 압박을 받는다. 국제 규범은 〈유엔헌장〉과 국제기구의 선언 및 결의를 통해 만들어지지만 국가나 초국적 행위자들이 그 규범을 준수하리라는 보장은 없다. 하지만 개별 국가와 초국가 행위자들은 그것을 무시할 수 없다. 세계적 차원의 공론장의 압박과 상호작용은 그들의 외교와 국제정치에서 정당화를 요구하기 때문이다. 2003년 3월 미국 정부가 이라크 침공을 개시했을 때, 그리고 그것에 맞선 국제 반전 운동 모두 각기 국제 규범에 호소하며 정당화를 시도한 것이 그 예다.Meyer, 2005 다른 한편 그것은 21세기의 새로운 국제 갈등의 쟁점에 대해 평화적으로 해결할 수 있는 능력의 부재를 부각하기도 했다.

　세계화로 인한 평화부재의 양상이 너무 가팔라 국제정치의 규범과 조정이 그것을 따라잡지 못하고 있는 데 반해 평화부재와 갈등의 인지와 해석 및 개입과 활용은 더 국제적이 되었다. 세계화로 인해서 국제 갈등의 문화적 인지와 주체적 해석의 조건이 달라진 것이다. 세계화로 인한 교통과 통신 및 소통 수단의 강화와 높은 밀도는 문화 영역에서 '복합적 접속성complex connectivity'을 높여 세계 전역을 포괄하는 공공 영역을 창출했다.Tomlinson, 1999 그것은 일종의 '세계사회'다.Bonacker, 2006; Weller, 2000 커뮤니케이션의 영역에서 세계는 이제 민족과 지역의 경계를 지우고 하나의 단일한 공간으로 등장했다. 지식과 정보의 유통, 그리고 생각과 감정의 교류로 인해 공동의 지적·문화적·정치적·감정적 교호 공간이 창출되어 상호작용이 민활해졌다. 정보화와 혼종화로 인해 인류는 자국 외의 갈등과 문제들에 대해서도 접근성과 민감성이 증대했다. 세계 어느 곳에서도 주민들은 자신들이 살지 않는 지방과 일국의 갈등 또는 타국 간 갈등에 대해서도 인터넷과 SNS를 통해 실시간으로 정보와 상황을 공유할 수 있고 그것에 개입할 수 있다. 이를테면, 2020년 5월 미국의 조지 플로이드 사망 사건은 '흑인의 생명도 중요하다'는 캠페인을 이끌었고 순식간에 세계 전역에서 연대 운동을 낳았을 뿐 아니라 유럽과 미국의 인종주의 및 제국주의 역사와 현실에 대한 비판으로 이어졌다. 또 홍콩 보안법을 둘러싼 중국 정부와 홍콩 주민 간의 갈등은 그곳의 경계를 넘어 순식간에 세계 전역에서 중국의 위험으로 인지되었고, 심지어 국외 중국 유학생들에게 압박으로 작용했으며 여러 지역과 국가에서 홍콩 주민들을 위한 지지와 연대의 물결을 낳았다.

국지 갈등과 일국의 생명 파괴도 이제는 곧장 세계적 쟁점과 세계사회의 관심 영역으로 변한다. 갈등 원인과 발현 배경 및 양상, 그리고 그것의 인지와 수용 및 대응도 더욱 초국화되었다. 다만 그것을 실제로 조정하고 해결하는 단위는 여전히 일국적인 상황에 머물고 있다. 즉, 국제정치의 갈등이든 국가 간 갈등이든 일국 내 갈등이든 이제 그 상황과 정보가 세계 전역에서 공유되고 전이되며 심지어 일국 내 정치 쟁점으로 부상한다. 국제 규범의 합의나 조정 제도가 존재하지 않거나 미진해도 이미 일상 문화로 닥친 국제 갈등 인지의 새로운 조건과 기회를 내버려 둘 수는 없다. 학교교육이나 국내 문화 기반이 여전히 인습적으로 협애한 국가적 주제에 갇혀 있기에 더욱이 평화교육은 국제적·초국적 갈등과 대결을 주제 영역으로 수용해야 한다. 그것을 통해 평화교육은 세계시민교육을 적극 보조할 수 있다. 세계시민교육과 평화교육이 그 과제를 떠맡지 않는다면 인습적 편견과 관성적 이해는 정보 왜곡과 선동 정치를 만나 혐오와 적대의 숙주가 되는 것은 순식간이다. 열린 세계사회로 가장 먼저 들어오는 것은 타자에 대한 손쉬운 적대화와 혐오이지 상호이해나 공생의 태도가 아니다. 세계 정부의 전망이 존재하지 않고 국제 규범의 약속이 명확하지 않기에 오히려 더욱 더 세계시민 관점의 평화교육이 필요한 이유다.

3.3. 글로벌 거버넌스

평화부재는 평화부재 상태를 극복하려는 노력을 낳는다. 21세기 평화교육이 세계시민 관점을 지닐 필요성은 평화부재가 지닌 초국적 성격에만 있지 않다. 평화부재의 초국적 조건과 연루로 인해 전통적인 방식, 즉 일국 차원의 해결이나 국가 간 합의만으로는 극복될 수 없는 갈등 양식들이 적지 않다. 때로는 국가나 정부들이 평화부재나 적대적 갈등을 조장하고 그것에 깊이 연루되거나 방조하는 경우도 있다. 그것에 맞서 국제기구와 초국적 단체들의 역할이 더욱 중요해졌다. 유엔 기구들과 국제협력기구 외에도 초국적 집단과 국제 NGO 및 네트워크들은 국제적·초국적 갈등의 해결 주체로 나서고 있다.

국제 NGO 단체와 초국적 네트워크들은 세계사회의 소통 주체를 넘어 평화의 행위자로서 갈등을 직접 조정하거나 중재에 나서기도 하고 국가들과 국제기구에 압력을 넣기도 한다. 이미 1990년대부터 그 단체들은 유엔의 각종 공식 회의와 협의에 직접 참여했다.Fues & Hamm, 2001 그들은 국제적·초국적 정치 발전과 병행해 세계적 차원의 사회 규범과 가치를 창출하고 확산하는 역할을 맡고 있다. 21세기 평화는 국민국가의 경계를 넘는 단체와 네트워크들의 초국적 협력과 연결 및 상호작용에 크게 의존한다.

전통적으로 평화교육은 평화정치와 평화운동을 주요한 주제 영역으로 다루었다. 평화가 이상적 상태가 아니라 갈등 조정의 과정이라면 정치와 운동을 통한 전쟁 방지와 폭력 억제 및 적대 해소는 평화교육의 핵심 주제일 수밖에 없다. 글로벌 거버넌스가 21세기 평화교육의 핵심 주제가 되는 이유는 그것이 바로 평화부재 극복을 위한 사회적 실천의 새로운 지평을 열었기 때문이다. 글로벌 거버넌스는 특정 지역이나 국가의 경계를 넘는 인류 공통의 동시적 평화 갈망과 공통의 실천을 보여 주었다. 동시에 글로벌 거버넌스는 초국적 갈등과 대결에 무력을 통한 해결이 답이 될 수 없음을 보여 주는 것이다. 세계화로 인한 국제적·초국적 문제와 갈등을 무력이나 권력을 통해 해결하면 그것은 걷잡을 수 없는 폭력의 소용돌이를 낳기만 할 뿐이다. 미국의 이라크 전쟁과 반테러 전쟁은 그것을 충분히 보여 주었다. 21세기 평화교육은 평화부재의 양상에 대한 지식을 넘어 평화부재를 위한 글로벌 차원의 집단 노력과 대응을 주요 주제 영역으로 포괄해야 한다.

4. 21세기 한국 평화교육의 방향

세계화가 초래한 평화부재는 평화교육에서 일국적 지평과 인습적 논의를 넘어 세계시민교육의 관점을 수용하도록 자극한다. 앞에서 살펴봤듯이, 그 이유는 무엇보다 세계화로 인해 폭력과 적대의 양상이 대개 일국적 차원을 넘어 세계적 차원의 맥락을 지니게 되었기 때문이다. 아울러 과거와는 다른 차원의 타 문화 내지 타 인종 집단과의 접촉으로 상호이해와 공존이 더욱 강하게 요구되기 때문이다. 게다가 정보화의 결과로 특정 지역과 국가의 폭력과 적대 행위들은 순식간에 세계적 보편 경험과 인지의 주제가 된다. 평화부재의 극복과 평화문화의 형성을 보조하는 평화교육은 세계시민교육의 관점을 수용할 필요가 있다. 역으로 세계시민교육은 평화교육을 그 핵심 주제 영역이자 관점으로 정립하지 않을 수 없다. 심지어 평화교육은 세계화 시대의 새로운 위험과 도전을 다루는 모든 교육 논의의 전제로서 발전해야 한다. Wintersteiner, 2004

하지만 21세기 세계화로 인한 새로운 종류의 갈등과 위기 외에도

20세기 전반의 식민 폭력과 20세기 후반의 냉전 갈등과 지역 분열은 여전히 세계 여러 지역에서 평화를 가로막는 주요한 원인이다. 게다가 1990년대 여러 지역과 국가에서 정치체들의 결합과 화해를 통해 평화 지대로 등장했던 지역도 그 결합의 한계와 실패로 새로운 갈등과 위기의 양상을 드러내고 있다. 유럽연합은 브렉시트와 난민 수용을 둘러싼 각국의 이견과 갈등, 동유럽에서 극우 포퓰리즘의 증대로 방향을 잃었다. 우크라이나 지역의 분열로 인한 러시아와 유럽 간 갈등도 심상치 않은 조짐을 보였고, 중국과 홍콩의 일국양제도 이제 실패했음이 확연하다. 한반도 남북 간 화해와 협력, 동아시아 국가들 사이의 화해도 요원해 보인다.

그런 맥락에서 보면 한국의 평화교육이 주로 한반도 분단 극복과 통일 문제 또는 동아시아 과거사 극복 문제에 집중하는 것도 충분히 이해할 만하다. 다만 중요한 것은 그것을 한국적 맥락 안에 가두지 말고 더욱 큰 지평 속에서 평화의 함의를 찾는 관점과 전망이다. 그런 점에서 최근 서울시교육청에서 기획하고 역사교사들이 중심이 되어 발간한 《동아시아 평화와 공존을 위한 교육자료》는 모범적이다. 그것은 동아시아 관점에서 평화교육을 살펴야 할 의미를 밝히며 5개의 주요 주제를 다루었다. 일본 제국주의 지배하의 조선인 강제 노동자, 아시아 태평양 전쟁에 군인으로 동원된 조선인과 일본인 군인들과 민간 희생자들, 일제 강점기의 사할린 잔류 한인들, 제주 4·3과 타이완 2·28 사건의 희생자들, 베트남 전쟁 참전과 양민 학살의 비극이 그것이다. 이 교재는 평화교육이 동아시아 차원의 관점으로 확장될 때 어떤 지평과 함의가 열리는지를 잘 보여 준 의미 있는 작업이다. 20세기 한반도 주민이 겪은 정치폭력과 전쟁의 파괴와 희생을 동아시아 여타 국가와 지역들의 주민과 연계시켰다는 점에서 일국적인 협애성을 넘어섰다. 더

구나 각 장에서 모두 생애사와 행위자 관점을 반영해 인간의 몸과 마음에 박힌 전쟁과 폭력의 상흔을 더듬었고, 그 어두운 역사를 규명하고 현재의 동아시아 화해와 평화의 주제로 끌어 올린 주역들과 그 노력에도 주의를 기울였다. 또 동아시아의 폭력과 전쟁을 다루면서도 여타 지역들의 유사한 사건이나 노력도 같이 소개해 유비를 통한 성찰의 함의를 보여 주었다.

향후 한국의 평화교육은 이런 관점의 성과를 이어 기왕의 분단 극복과 정치폭력을 주제로 다루되 세계적 차원의 여러 전쟁의 비극과 반전 운동, 냉전의 분열과 국제 평화정치, 정치폭력과 인권 유린 및 과거사 정리의 국제적 성과들과 연관 짓는 노력이 더욱 필요하다. 전쟁의 파괴와 폭력의 역동성을 막고 역사정의의 보편 규범을 확장하는 것 또한 세계시민교육의 일부다. 특히 세계시민교육은 인권과 공생 등의 가치와 규범으로 채워지지만 국제정치의 불균형한 역사적 현실을 놓치지 않아야 한다. 세계시민교육이 서구의 오랜 제국주의와 열강 지배의 역사가 낳은 현실을 은폐하거나 침묵하도록 내버려 두어서는 안 된다. 20세기 탈식민과 탈냉전의 여러 상흔들을 더 헤집어 제국주의와 인종주의 및 열강의 패권질서가 낳은 폭력과 배제의 과거와 그 과거사의 정리가 평화교육의 중심 내용으로 발전할 필요가 있다.

5. 맺는말

세계화 시대 평화교육의 주제는 먼저 세계화 자체다. 평화교육은 평화부재의 근원적 조건인 세계화가 초래한 위험과 불안을 이해하도록 안내해야 한다. 국제 냉전 시대 이래 지속되는 핵전쟁 위험을 비롯해 국제 테러주의와 반테러 전쟁, 금융시장의 횡포로 인한 빈곤과 불평등, 국가 해체로 인한 무기 사유화, 자연 재앙과 전염병, 기후위기 등이 낳은 적대와 갈등 증폭의 연쇄 과정이 평화교육의 주요 대상이다. 그런 점에서 평화교육은 세계시민교육의 주제 및 관점과 일치하며 세계시민교육을 보조한다. 평화가 애초부터 국제적·초국적 관계의 문제였기 때문이기도 하지만 21세기 전반기 세계 평화부재는 더욱 초국화되었기에 평화교육은 일국이나 지역의 경계를 넘는 세계적 차원의 관심과 책임, 즉 세계시민의 관점을 수용하는 것이 적극 요구된다.

아울러 파국의 상당 부분은 자연 자체가 아니라 인간에 의해 발생하거나 증폭된 것이었다. 이는 동시에 인간의 노력 여하에 따라 그 파괴와 위험을 경감하고 극복하고 예방할 수 있음을 시사한다. 그러므로 평화교육의 두 번째 주요 주제 영역은 지구적 위험과 폭력과 적대 증폭에 맞선 인간의 정치적, 법적, 문화적 노력들이다.Wintersteiner, 2004 이때 두 가지 흐름이 중요하다. 하나는 세계화의 부정적 영향에 맞선 지구적 협력과 대항 조직들이다. 다른 하나는 타자에 대한 이해와 존중의 가치 확산이다. 타 지역과 타 국가 및 타 문화와 타 집단의 차이에 대한 인정과, '다름'과 '차이'가 낳는 긴장과 갈등을 이성적으로 대하고 이해하고 조정하는 세계시민적 태도와 규범이 세계시민교육으로 수용되고 그것을 통해 인습적인 일국적 민주시민교육을 확장해야 한다. 타 문화와 타자에 대한 근거 없는 적대성과 그 적대성을 유발하는 저층의 문화적 조건 및 선동 정치에 맞서는 것은 21세기 평화교육의 핵심 내용이 된다. 타자와의 공존 방식에 대한 경험적 지혜를 쌓고 타자와의 이견과 갈등을 이성적으로 조정하고 해결하는 방식을 익히는 것이 21세기 평화교육의 관건이다.

마지막으로 한국에서 세계시민 관점의 평화교육이 발전하려면 그것을 이왕의 평화교육과 연결하는 것도 중요하다. 분단 극복과 통일 전망, 정치폭력과 인권 유린, 과거사 극복은 오랫동안 한국 평화교육의 핵심 주제 영역이었다. 그것이 국제적 관점의 탈식민과 탈냉전의 평화 노력과 더 접목된다면 한국적 관점의 세계시민교육과 평화교육의 발전에 크게 기여할 것이다. 세계시민은 국제정치 무대의 정치엘리트가 만들어 놓은 규범에서 출발하는 것이 아니라 세계사의 충격적 과거와 고통스러운 현실을 겪은 시민들이 집단적으로 모색하는 의지와 소통의 결과여야 한다. 제국주의와 인종주의의 핏빛 과거사, 냉전의 패권정치와 열강 지배의 잿빛 그림자를 무시하고 '세계시민'을 운위하는 것은 선한 말들의 향연으로 전락하는 길이다. 세계 전역의 탈식민 및 탈냉전의 경험, 그리고 현실 과제와 결합한 평화교육이 필요하며, 그것은 세계시민교육의 질감을 높일 것이다. 평화교육은 세계시민들의 고통스러운 과거와 막중한 현실 과제를 잇는 작업이다. 과거의 상처를 평화로 잇는 작업을 통해서 비로소 세계시민의식이라는 공동의 경험 공간과 감정지대가 창출된다. 세계시민이 되기 위해서는 가치와 규범에 대한 정보와 지식의 전달에 의지하는 평화교육도 필요하지만, 사실 과거의 폭력 경험과 기억, 현실의 평화부재와 극복 노력에 대해 지속적으로 관심을 갖는 것이 매우 중요하다. 그 관심을 보조하고 확대하는 것이 평화교육이다. GCED

6장

민주시민교육에서 세계시민교육으로: '세계시민주의적 애국주의'라는 발판

장은주

1. 머리말

코로나19 바이러스가 전 세계를 덮쳤다. 중국 우한에서 시작되었던 그 바이러스는 불과 몇 주 만에 전 세계로 확산하면서 수많은 목숨을 앗아 갔으며, 각국의 도시와 국경에 대한 봉쇄 조치 등으로 인해 사람들의 일자리를 뺏고 생계를 위협하고 있다. 눈에 보이지도 않는 바이러스가 이 세계의 주인임을 자처해 왔던 수십억 인류의 삶과 사회를 통째로 흔들어 놓고 있다. 그 파괴적 영향은 아마도 쉬이 극복되기 힘들 것이다.

그러나 언젠가는 끝날 이 전대미문의 팬데믹이 우리 인간들에게 남긴 소중한 교훈도 많다. 아마도 그중에서 가장 중요한 교훈은 우리에게 지구라는 자연적 조건을 매개로 한 인간적 삶의 깊은 상호의존성과 연결성을 너무도 생생하게 확인시켜 주었다는 점일 것이다. 이 상호의존성과 연결성은 그야말로 지구적 수준의 것으로, 지금까지 인간의 사회적 삶에서 가장 중요한 규정인자로 인식되곤 했던 국민국가라는 차원을 근본적으로 뛰어넘는다. 그리하여 이 코로나 위기 같은 지구적 문제들은 단지 '세계시민'임을 자각한 사람들이 지구적 수준에서 협력하고 연대하여 대처할 수 있을 때만 최소한 그 해결의 실마리라도 찾을 수 있다는 점도 분명해졌다.

　물론 이런 종류의 자각은 새삼스러운 측면도 있다. 인간적 삶의 지구성이 이제야 발견된 것은 아니다. 무엇보다도 우리는 그런 지구성이 낳은 코로나 위기 같은 문제들에 어떻게 접근해야 하는지에 대해 최소한의 실마리도 모른다. 많은 전문가들은 코로나19라는 변종 바이러스가 지금 다른 차원에서도 사람들의 삶을 위협하고 있는 심각한 '환경 파괴'와 깊은 관련성을 갖고 있다고 지적한다. 그러나 지금까지 물질주의적 가치관에 사로잡혀 환경 파괴 같은 건 아랑곳없이 맹목적인 부의 축적과 성장만을 추구하던 자본주의적 삶의 양식에 익숙해져 온 사람들이 자신들의 삶의 태도와 가치관을 근본적으로 바꾸겠다고 나설 수 있을지 의문이다. 더구나 이런 종류의 인간적–사회적 삶의 문제들에 대한, 흔히 '정치'라고 부르는, 의식적 개입의 기본 단위는 여전히 국민국가다. 이 수준에서 의미 있는 해법이 나오고 또 효과적인 실천적 노력이 이루어질 수 있을까?

　'세계 공화국'의 건설이 답일까? 그게 가능할까? 바람직하기는 할까? 아니면 다른 어떤 지구적 수준의 대응이 가능할까? 유엔이나 각종 세계 기구가 없는 것은 아니지만, 우리는 이번 코로나19 위기 국면에서 세계보건기구World Health Organization, WHO 같은 기구가 국제정치적 갈등에 얼마나 무력한지를 생생하게 목격했다. 또 가령 미국 같은 강대국이 국제 기후 협약을 마음대로 탈퇴해도 아무런 적절한 국제적 견제 수단이 없다는 점도 드러났다. 대안은 어떤 것일까?

　그러나 어떤 답이든 오늘날 인류 사회에 일반화된 민주주의의 원리를 부정하지 않는 한, 단지 세계시민임을 자각한 보통 사람들의 적극적 선택과 실천에 달려 있음은 분명하다. 문제는 사람들이 인간적 삶의 지구성을 이해하고 거기서 생겨나는 다양한 문제들에 대처하기 위한 실천적 지향, 곧 '세계(지구) 시민성global citizenship'을 어떻게 기를 수 있을까 하는 것이다. 더구나 지구상의 사람들은 국민국가 단위로 조직된 사회 속에 흩어져 살고 있고, 그 국민국가 차원의 정책적 지원과 개입 없이는 사람들에게 그러한 세계시민성을 함양하게 할 체계적인 노력, 곧 세계시민교육은 불가능하거나 최소한 큰 실효성을 기대하기 힘들다. 각 국민국가는 어떤 이유나 동기로 세계시민교육의 활성화를 위한 노력에 나설 수 있을까? 개별 국가의 시민들은 어떻게 세계시민이 될 수 있을까?

나는 세계시민교육은 실천적으로 불가피하게, 한국에서는 곧잘 '민주시민교육'이라고 부르는, 국민국가 수준의 시민교육에서 출발하거나 의존할 수밖에 없다고 생각한다. 곧 세계시민교육은 민주시민교육의 확대 또는 연장이라는 차원에서만 가능하거나 최소한 그 실천적 의미를 확보할 수 있다고 여긴다. 개념적으로도 세계시민성은 '민주적 시민성democratic citizenship'의 심화 또는 확장이라는 차원에서만 올바르게 이해될 수 있다고 본다. 왜냐하면 우리 인간은 현실적으로 그리고 기본적으로 단지 특정한 개별 국민국가의 성원이나 시민으로서만 존재할 수 있기 때문이다.

물론 이렇게 이야기한다고 해서, 세계시민교육의 가치나 의미를 폄훼하자는 것은 아니다. 실천적으로 세계시민교육이 일단 국민국가적 차원에서 그리고 민주시민교육이라는 틀 안에서 출발할 수밖에 없다고 해서, 그 고유한 규범적 차원과 내용도 민주적 시민성 개념의 협애한 범위 안에 놓여야 한다는 것은 아니다. 진짜 문제는 다른 데 있다. 절실하고 중요한 세계시민교육의 활성화를 위해서는 그 실천적, 개념적 지반 때문에 국민국가라는 조건이 자연스럽게 배태할 가능성이 큰 민족(국민)주의와 국가주의라는 중요한 장애를 넘어설 수 있어야 한다. 세계시민적 지향과 실천, 그리고 이를 준비할 세계시민교육은,

오늘날 전 세계적으로 맹위를 떨치고 있을 뿐만 아니라 한국에서는 피식민화와 분단이라는 역사적 경험 때문에 더욱 강하게 뿌리를 내리고 있는, 민족주의와 국가주의를 어떻게 극복할 수 있을까?

여기서 민주시민교육은, 꼭 민족주의는 아니더라도 모종의 애국주의적 전제 위에 설 수밖에 없다는 사정도 중요하다. 그러나 이 애국주의는 말하자면 '민주적 애국주의'다. 이 애국주의는, 정치 공동체를 이루고 있는 구성원들의 혈연적, 문화적 동질성을 강조하는 민족주의나 맹목적 국가주의와는 달리, 자신이 살고 있는 정치 공동체에 대한 일체감과 헌신의 감정과 태도를 그 민주공화국의 헌법적 이념과 가치 및 원리에 대한 실천적 지향과 연결시킨다. 그렇다면 이 민주적 애국주의는 세계시민성에 대한 지향과 조화될 수 있을까? 한 국민국가의 시민으로서 지닌 사회적 책무를 소홀히 하지 않으면서도 전 세계가 함께 해결해야 할 과제들의 해결에도 관심과 열정을 쏟을 수 있는, 말하자면 '세계시민주의적 애국주의cosmopolitan patriotism'라 불릴 만한 입장이 성립 가능할까? 어떻게?

이 글에서 나는 우선 민주시민교육의 심화와 확장이라는 차원에서 세계시민교육의 위상과 의미를 찾을 수 있겠다는 생각을 간략하게 소개한 뒤, 민주시민교육이 전제하고 또 지향하는 민주적 애국주의의 기본 윤곽을 그려 볼 것이다. 마지막으로 민주적 애국주의의 보편주의적 지향을 매개로 그와 같은 세계시민주의적 애국주의의 지평이 열릴 수 있으며, 민주시민교육이 세계시민교육으로 도약하기 위한 발판이 될 수 있음을 보여 주려 한다.

2. 민주시민교육과 세계시민교육

사실 한국 사회에서는 민주시민교육의 중요성에 대해서도 광범위한 사회적 인식이 부족할 뿐만 아니라, 그것을 어떻게 이해하고 규정할 것인가의 문제에 대해서도 통일된 접근이 있다고 하기 힘들다. 그런데도 근래에 들어서 시민들이 자신들의 권리를 향유하고 사회적 책무를 다하는 데 필요한 자질과 역량을 함양할 수 있도록 돕는 교육이 민주시민교육이라는 대강의 합의가 형성되고 있는 것처럼 보인다. 내가 이해하는 민주시민교육의 개념, 내용, 범위 등을 간단하게 소개하자면 이렇다.장은주, 2019

시민은 기본적으로 '민주주의의 주체'를 가리킨다. 이는 서구의 전통에서 근대 민주주의의 발전과 함께 기본적으로 봉건 시대 때의 '신민臣民, subjects'과 구분하고자 하는 맥락에서 강조되었다. 이는 우리나라의 맥락에서도 어느 정도 의미 있게 수용할 수 있는데, '시민운동', '시민혁명', '시민사회' 같은 용어들을 사용하면서 시민 개념은 이미 적극적으로 민주주의의 주체라는 뜻으로 사용되며 정착해 왔다고 할 수 있다. 이런 의미에서 '민주시민'이라는 표현은 중언부언일 수 있지만, 애초 도시국가와 정치 공동체가 일치했고 민주주의의 역사 역시 그와 관련된 서구적 맥락이 없는 한국 사회에서 시민의 민주적 주체성을 더 적극적으로 강조한다는 차원에서 나름의 의미가 있다고 볼 수 있다. 어쨌든 (민주)시민교육civic education; (democratic) citizenship education은 바로 시민의 '민주적 시민성'의 함양을 위한 교육이다.

시민성citizenship은 정치 공동체의 구성원으로서 다양한 권리를 누리는 시민의 법적 지위를 나타내기도 하고, 다른 한편으로는 정치적 주체 또는 행위자로서 정치 과정에 적극적으로 참여하면서 발휘하는

'시민다움'이나 '시민 정신'을 나타내기도 한다. 이 개념은 서구의 다양한 정치 전통 배후에 있는 정치철학적 입장에 따라 개념적 초점이 다르게 이해되어 왔다.Bellamy, 2014

고대 그리스 시절부터 서구의 정치적 사유 저변을 형성했던 공화주의에서는 시민성을 기본적으로 시민들의 자치 이념과 연결해 이해했다. 이 전통은 정치적 의사결정이나 숙의 과정에 적극적으로 참여하는 데에 시민성의 핵심이 있다고 이해해 왔다. 곧 시민이란 정치 공동체의 적극적인 구성 주체로서 공동선을 지향하는 '시민적 덕성'으로 무장하고서 일상적으로 정치 과정에 참여할 수 있어야 비로소 시민다운 존재가 될 수 있다고 보았다.

17세기 이래 서구에서 발전된 자유주의 전통에서는 시민성의 핵심이 정치에 대한 적극적인 참여보다는 정치 공동체 구성원으로서의 법적 지위를 보장받는 데 있다고 보았다. 광범위한 영토를 확장하고 변경민들도 시민으로 포섭하여 정치적 안정을 구하고자 했던 로마 제국의 경험에 영향을 받은 이 전통에서는, 특정한 정치 공동체의 시민으로서 누리는, 그러나 공적인 정치적 영역에서보다는 주로 사적 영역에서 행사되는 다양한 권리(시민권)가 중요하다.

오늘날 우리가 흔히 '자유민주주의'라고 개념화하는 헌정적 민주주의에서는 이 자유주의적 시민성 개념이 압도적으로 지배적이다. 그래서 시민'권'을 강조하며, 국가의 최우선적 역할이 이 시민권의 보호와 신장에 있다는 인식이 확산되어 있다. 민주시민교육에서도 이러한 권리의 올바른 향유의 가능성이 강조된다. 사실 오늘날의 거대하고 복잡한 사회에서 고대 그리스의 민주정이나 로마의 공화정에서 강조되었던 시민들의 적극적인 정치적 참여에 대한 기대는 쉽지 않다. 그런데도 시민성을 단지 시민의 법적 지위와 권리 차원에 묶어 두어서는 안 된다고 여기며 오늘날의 조건에서 가능하고 바람직한 방식으로 시민들의 주권성과 적극적 정치 참여를 강조하는 공화주의적 시민성 개념을 새로이 부활시키려는 다양한 시도들이 이루어지고 있다._{헤르만 R. 판 휜스테런, 2020}

한국의 현대사에서 형성되고 발전해 온 시민성도 어느 특정한 서구적 전통의 관점에서만 보면 제대로 이해되기 힘들어 보인다. 한국에서는 시민성이 서구의 두 전통이 강조하던 특징을 모두 아우르면서 두 측면이 각각 서로가 서로를 강화하는 방향으로 발전해 왔다고 할 수 있다._{장은주, 2017: 133-135} 군부 독재 시기를 경험했던 한국에서도 헌법 등에서 보장된 여러 민주적인 권리를 보장받는 것이 중요했다. 그러나 한국의 시민들은 결코 자신이 누려야 할 권리의 향유만을 강조하지 않았다. 그런 권리 주장은 동시에 '우리가 주권자다'라는 각성과 함께 시민들의 민주적 참여를 강화하는 출발점 또는 토대가 되었다. 반대로 그 바탕 위에서 강화된 민주주의는 시민들의 권리를 더 깊고 더 튼튼하게 만들어 왔다. 한국의 시민들은 자신이 누리거나 마땅히 누려야 할 권리를 소홀히 하지 않으면서도, 일상적으로나 사회적 위기 상황에서 '공동선'을 위한 기본적인 시민적 책임과 의무를 다하겠다는 의지를 갖고 있는 존재들이라 할 수 있다.

그러나 오늘날 우리는 다른 차원에서도 서구적 전통의 시민성 개념이 심각한 도전에 직면하고 있음을 목격하고 있다. 페미니즘 운동이 사적 영역과 공적 영역의 엄격한 분리를 전제로 한 시민성 개념에 균열을 내기 시작한 이래, 자유주의적이든 공화주의적이든 전통적 시민성 개념은 결코 단일한 속성으로 환원될 수 없는 시민들의 다양한 차이와 복잡성을 담아낼 수 있어야 한다는 압박에 직면했다. 계급적 차이는 물론 젠더나 성적 정체성, 인종, 문화 등 시민성 개념이 담아내야 할 수많은 차원이 있다. 더구나 오늘날에는 제국주의, 세계대전, 지구화된 시장 및 환경위기 등의 문제들에 직면하여 시민성 개념은 국민국가적 차원에만 안주할 수 없게 되었다. 시민성 개념은 지구적 차원으로 확장되어야만 한다.

많은 이가 민주시민교육을 좁은 의미의 '정치적 시민성'에 대한 교육으로서 '유권자 교육'에 한정되는 듯이 이해한다. 지금까지의 맥락에서 보면 그런 이해는 완전히 잘못된 것이다. 물론 모든 시민은 선거에 제대로 참여할 수 있는 비판적 판단력과 소양을 갖출 수 있어야 한다. 사실 이것만 해도 민주시민교육이 할 일은 참 많다. 그러나 민주시민은 선거를 통해서만 주권자가 되는 것은 아니다. 민주시민은 삶의 모든 국면에서 자신에게 주어진 권리를 행사하고 그것에 대한 침해가 일어나면 적극적으로 비판하고 저항할 수 있어야 한다. 또한 개인의 권리를 넘어 공동선과 정의에 대한 감각을 가지고 자신이 살아가는 사회와 국가의 일에 참여하고 주어진 책무가 있다면 마다하지 않아야 한다. 그래서 이런 민주적 시민성에 대한 교육으로서의 민주시민교육은 민주공화국의 시민들이 사회적 삶의 다양한 차원에서 존엄성을 누리며 살기 위해 자신의 권리를 행사하고 사회적 책임을 다하는 데 필요한 자질과 능력에 대한 교육으로 이해될 수 있다.

역량competency이라는 교육학적 개념을 사용하자면, 민주시민교육은 "민주공화국의 주권자인 시민이 갖추어야 할 기본적인 역량, 곧 지식과 이해knowledge & understanding, 기술 또는 기능skill, 태도 및 가치attitudes & value의 함양에 대한 교육"이라고 정의될 수 있다.장은주, 2019 여기서 교육은 좁은 의미의 아카데미식 교육만이 아니라, 정보, 토론 및 참여와 활동 기회의 제공 등을 포괄하는 개념이다.

여기서 시민들의 민주주의에 대한 '지식'은 민주주의의 기본 원리, 다양한 제도, 시민으로서의 권리와 의무 등에 대한 이해와 인식에 대한 교육을 통해 배양될 수 있을 것이다. 이 교육은 헌법, 기본권, 권력 구조, 정당, 선거, 시민사회와 압력 단체, 과세와 재정, 미디어의 작동 방식과 기능 등에 대한 교육을 포괄한다.

시민이라면 헌법을 비롯한 민주주의 제도의 이념과 작동 원리는 물론 여러 사회정치적 사안들을 나름의 시각으로 꿰뚫어 볼 줄도 알아야 할 것이다. 복잡한 인간사의 일들을 세세하게는 아니더라도 최소한 어떤 민주적 의사결정 과정을 통해 문제에 접근해야 하는지 판단할 수 있을 정도로는 알고 있어야 한다. 좀 더 일반적인 수준에서는 사회정의, 인권, 평화, 세계화 등에 대한 인문학적 및 사회과학적 소양의 함양도 필요할 것이다. 민주주의 국가의 주권자로서 행위 하기 위한 기본적인 지식과 식견을 갖추어야 한다는 이야기다.

민주주의를 위한 '기술(기능)'은 민주주의를 운용하고 실천하기 위해 필요한 능력, 특히 민주적 의사소통 능력에 대한 교육으로 함양될 수 있을 것이다. 이 교육은 정치적 견해를 형성하여 내세울 수 있는 능력, 효과적으로 이견을 제기하고 자신의 이해관계를 명료화할 수 있는 능력, 정치적 이견을 가진 사람들과 소통하고 정치적 사안에 대한 의견 차이를 평화적으로 타협하고 조율할 수 있는 능력 등에 대한 교육을 포괄한다.

여기서 가장 중요한 것은 '비판적 사고' 교육이다. 민주주의는 궁극적으로 자기 삶의 주인이자 매사를 독립적이고 비판적인 고유의 시선으로 바라볼 수 있는 시민들만이 꾸려 갈 수 있기 때문이다. 시민은 통념을 당연하게 여기지 않아야 하고 편견과 선입견에 쉽게 빠지지 말아야 한다. 타인의 이야기를 귀담아들을 줄 알아야 하고 무턱대고 권위에 기대서도 안 된다. 언제나 자신이 틀릴 수도 있음을 열어 놓고 충분히 잘 검토되고 정당화된 믿음을 독단으로부터 잘 구분해 낼 수 있어야 한다. 사회적·정치적 사안들의 복잡성과 불확실성을 다룰 수 있는 능력을 함양해야 한다.

민주주의를 향한 '태도 및 가치'는 민주주의가 추구하는 근본적·도덕적 지향과 민주주의를 유지하고 발전시키기 위해 시민들이 공유해야 할 도덕적 원리의 내면화에 대한 교육을 통해 획득될 수 있을 것이다. 이 교육은 인권, 모든 시민의 평등한 존엄성의 인정, 상호 존중, 이질성에 대한 관용 및 포용, 정의감 또는 공정성 및 공동선에 대한 지향, 민주적 애국심[1] 등에 대한 교육을 포괄한다.

민주주의는 우리의 정치 공동체가 서로 평등한 사람들의 연합체라는 사실을 인정하는 데서 출발한다. 그래서 시민은 모두 1표의 권리만을 갖고 있다는 정도를 넘어 누구든 동등한 존엄성과 가치를 갖는다는 전제가 어떤 자명한 진리로서 인식되고 실천되지 않으면 민주주의는 제대로 유지되고 작동할 수 없다. 또 민주적 시민은 자신의 견해와 이해관계를 분명하게 표현하며 관철시키려 하면서도 타인의 권리를 인정하고 상대에 대한 공감이나 배려의 자세를 잊지 않는 소통에 대한 지향을 습관화할 수 있어야 한다. 그 밖에 사회적 불의에 맞설 수 있는 용기, 사회적 약자에 대한 공감 능력, 평등한 동료 시민들에 대한 '시민적 예의civility', 자신의 삶의 성공을 최소한 타인에 대한 지배와 연결시키지는 않는 가치관도 필요하다.

그런데 민주시민교육에 대한 이러한 이해는 주로 일국적 차원에서 시민의 민주적 자기-지배에 초점을 둔 것으로, 오늘날 제기되는 팬데믹 위기 같은 지구적 차원의 문제들에 적극적으로 대처할 수 있는 시민적 역량을 기르려면 그 주제나 요소의 차원과 범위를 확장할 필요가 있다. 앞서 우리는 서구에서 발전한 전통적 시민성 개념이 어떤 도전에 직면해 있는지 보았는데, 민주시민교육은 이제 세계시민교육으로 심화되고 확장되어야 한다.

옥스팜의 안내를 보면Oxfam, 2015, 지구적 시민성의 함양을 위한 교육의 핵심 요소들은 민주적 시민성의 함양을 위한 민주시민교육과 기본적으로 같지만, 그 범위와 초점에서만 차이가 난다고 할 수 있다. 지구적 시민성을 위한 지식과 이해 교육에서는 정체성, 지구화, 지속가능발전, 평화 같은 요소들이 특별히 더 강조되지만, 사회정의와 평등, 인권 및 권력과 거버넌스 같은 요소는 민주시민교육의 요소들과 근본적으로 겹친다. 마찬가지로 역량 및 기술과 관련해서는 비판적이며 창조적인 사고, 인간에 대한 공감, 자기인식과 성찰, 소통력, 협업과 갈등 해소, 복잡함과 불확실함에 대한 대처 능력, 지식을 바탕으로 한 성찰적 행동 같은 요소들이 제시되고 있는데, 이는 기본적으로 민주시민교육의 요소와 전혀 다르지 않다. 또 가치 및 태도 교육에서는 정체성과 자부심, 환경에 대한 관심과 지속가능한 발전에 대한 헌신 등이 특별히 강조되고 있기는 하지만, 사회정의와 평등에 대한 헌신, 인간과 인권에 대한 존중, 다양성에 대한 존중, 참여와 포용에 대한 헌신, 변화를 만들 수 있다는 믿음 같은 요소들은 그대로 민주시민교육의 요소들이라 할 수 있다.

이는 어찌 보면 너무도 당연하다. 일국적 차원에서든 지구적 차원에서든 사회와 정치적 개입 및 조절 양식의 틀을 만들고 그 안에서 실천하는 행위 주체들이 지녀야 할 역량은 근본적으로 동일할 수밖에 없을 것이다. 더구나 사람들은 상호 연대와 협력의 바탕 위에서만 자신의 환경에 개입하여 실천적 변화를 가져올 수 있는 존재이며, 오늘날 우리는 모두의 평등한 존엄성의 인정에서 출발하는 민주적 삶의 양식이라는 틀 속에서만 그런 개입과 실천을 할 수 있다. 오늘날의 조건에서 민주시민교육은 단지 일국적 틀 안에 갇혀 있을 수 없으며, 세계시민교육이라고 해서 국민국가적이고 지역적인 기반을 벗어날 수도 없다. 양자는 근본적으로 동일한 교육이며, 단지 그 초점과 범위가 다를 뿐이다.

민주시민교육은 세계시민교육을 위한 실천적 출발점이자 뿌리라고 할 수 있다. 시민사회적이고 문화적인 수준에서 비공식적으로 이루어지는 세계시민교육을 생각할 수 없는 것은 아니지만, 효율적인 세계시민교육은 학교교육 차원에서든 평생교육 차원에서든 국민국가 단위의 제도적 틀과 인적, 재정적 지원 체계 속에 이루어질 수밖에 없을 것이다. 그것도 민주주의 국가라면 '의식적인 사회 재생산'Gutmann, 1987: 14 차원에서 민주시민교육을 미래 세대를 위한 공적 교육의 핵심으로 두고, 그 틀 안에서 민주시민교육을 심화 및 확대해 가는 것이 가장 마찰이 없으리라 생각된다. 내용이나 주제 측면에서도 오늘날의 민주시민교육은 정치와 민주주의에 대한 교육이나 다양한 수준의 자치에 대한 교육뿐만 아니라 젠더교육, 평화교육, 인권교육, 환경교육, 다문화교육, 문화다양성교육 등과 같은 세계시민교육적 차원들을 포괄할 수밖에 없다.

이런 관계 설정은 중요성이나 가치의 위계를 나타내기 위한 것이 아니라 어떤 실천적 필연성에 따른 것이다. 다시 말해 단지 오늘날의 조건에서 국민국가 수준에서 아동과 성인들에게 제공되는 공적 교육의 기회와 제도적 기반 및 그 작동 문법에 따른 결과일 뿐이라는 이야기다. 세계시민교육은 규범적으로 훨씬 더 포괄적이고 고귀한 이상을 좇는다. 그것은 좁은 국민국가의 틀 안에서 함께 살고 있는 동료 시민들하고만 일체감과 연대의식을 느끼는 차원을 넘어, 국적이나 출신과는 상관없이 모든 인간의 평등한 존엄성과 가치를 인정하고 그 연대를 촉구하는 세계시민주의마사 C. 누스바움, 2020의 기반 위에 서 있다. 또한 세계시민교육의 주제와 범위도 그 속성상 민주시민교육보다 넓을 수밖에 없다. 개념적 수준에서 세계시민교육을 중심에 두고 보면, 세계시민교육이 가장 포괄적인 개념이다.

하지만, 오늘날 우리가 사는 세계의 근본적인 사실은 누구도 한 국민국가의 시민이지 않고서는 세계시민일 수 없다는 것이다. 나는 한국인으로서 세계시민이기를 지향할 수는 있지만, 그냥 단적으로 세계시민일 수는 없다. "나는 한국인이기도 하면서, 동시에 세계시민이기도 하다"라고는 말할 수 있지만, "나는 그냥 세계시민일 뿐이다"라는 식의 디오게네스적 선언은 단지 어떤 철학적 호기일 뿐이다. 이는 매우 중요한데, 세계시민교육은 현실적인 인간적 삶의 사실을 초월하고서는 첫걸음조차 뗄 수 없을 것이기 때문이다.

그렇다고 세계시민교육의 의미와 가치를 폄훼하자는 것은 아니다. 인간은 지구라는 근본적 삶의 지반을 공유하고 있으며, 지구 위의 어떤 땅에 살고 있든 자연적, 사회적, 경제적, 정치적으로 서로 밀접하게 의존하고 영향을 주고받는다. 이러한 인간적 삶의 지구성은 오직 지구적 시민성을 발휘하는 연대적 실천을 통해서만 해결하고 감당할 수 있는 숱한 문제들을 만들어 내고 있다. 아무리 훌륭한 민주적 시민성을 지닌 시민들이 많은 민주국가라 할지라도 그 시민들이 인간적 삶의 지구성을 자각하고 그에 걸맞은 시민성을 발휘하지 않는다면, 그 문제들에 제대로 대처할 수 없을 것이다. 지구적 차원의 문제들은 일국적 차원에서도 심각한 영향을 끼치고 있다. 이런 영향에 제대로 대응하기 위해서라도 민주시민은 세계시민이 되어야 하고, 민주적 시민성은 지구적 차원의 문제들을 다룰 수 있는 지구적 시민성으로 발전할 수 있어야 한다. 당연하게도 민주시민교육은 동시에 세계시민교육이 되어야 한다.

3. 민주적 애국주의: 민족주의와 국가주의를 넘어서

진짜 문제는 다른 데에 있다. 세계시민교육의 의미와 가치 그리고 그 절실함이 충분히 인정된다고 해도, 그것이 출발점으로 삼을 수 있는 실천적, 개념적 지반은 일차적으로 국민국가일 수밖에 없다. 세계시민교육을 위한 시민사회 수준의 노력도 가능하고 의미가 있겠지만, 그런 시민사회도 기본적으로는 지역적일 수밖에 없다. 그러나 이 국민국가라는 조건은, 일상적 삶에서는 물론 공교육 체계에서도, 자연스럽게 자신에 대한 시민들의 우선적인 충성과 헌신을 기대할 가능성이 크다. 많은 경우 그러한 기대는 민족(국민)주의와 국가주의에 기초한 애국주의patriotism에 대한 요구로 발전할 수 있다. 개별 국가 차원의 국익을 앞세우는 정도를 넘어 그 국가의 역사나 문화에 대한 일체감과 국가의 행위들을 무비판적으로 옹호하라는 요구로 말이다. 세계시민교육은 그러한 경향과 직접적인 모순 관계에 빠지거나 최소한 국지적 맥락에 충분히 뿌리를 내릴 수 없게 될 수도 있다.UNESCO, 2017

한국의 상황은 더 고약하다. 한국은 35년간 일본의 식민지 지배를 받았으며, 민주공화국은 그 지배로부터의 독립 과정에서 성립했다. 해방 이후에도 깊은 상흔을 남긴 내전을 치렀으며, 적대적 분단 체제는 아직까지도 지속되고 있다. 오랫동안 분단 체제에 기생하는 군부독재 체제가 지속되었다. 이런 상황에서 민족주의와 전체주의적-국가주의적 애국주의는 정치적 좌우를 막론하고 아주 강력한 일종의 '기저 이데올로기' 또는 '모유 이데올로기'로 자리 잡았다. 한국의 공론장과 정치권에서는 지금 일본에 대한 격렬한 적대감과 대결의식, (최근 젊은 세대를 중심으로 많이 약화하긴 했지만) 강한 민족주의적 통일에 대한 지향, 반공주의적 애국주의 등이 노골적으로든 은근하게든 커다란 영향을 끼치고 있다. 세계시민교육은 이런 상황에 대한 비판적 대결과 극복 없이는 제대로 한국 사회에 뿌리내리기 힘들 것이다.

보기에 따라서는 민주시민교육도 모종의 애국주의적 전제를 피할 수 없을 것처럼 보인다. 특히 국가의 공적 교육 체계는 성장하는 시민이 민주시민으로서의 자질과 역량의 함양을 통해 국가의 정체성, 곧 민주공화국으로서의 정체성을 유지하고 그 이념과 가치에 충실할 수 있도록 하자는 교육 목적을 세울 수밖에 없다. 적어도 의식적인 공적 교육 기획에 따라 이루어지는 민주시민교육도 기본적으로 그러한 목적에 비추어 정당화될 수밖에 없다.

특히 민주시민교육이 시민들의 민주적 가치관과 태도의 함양을 목적으로 할 때, 모종의 애국주의적 전제는 아주 중요하다. '치안'과 같은 차원 말고는 시민의 삶에 대한 국가의 개입은 최소화되어야만 한다고 보는 자유지상주의libertarianism가 아니라면, 대부분의 현대 자유주의자들은 물론, 특히 공화주의자들은 자유나 존엄성 같은 시민적 가치들이 사회정치적으로 제대로 실현되기 위해서는 단지 법이나 제도만이 아니라 시민들의 적극적인 관심과 참여, 권력에 대한 감시 등이 함께해야 한다고 본다. 이는 시민들이 자신들이 속한 공동체에 대한 일체감과 일정한 사회적 책무감을 가짐을 전제하는데, 이를 모종의 '애국심'이라 할 수 있다.

이런 전제를 통상적인 민족주의나 국가주의 지향과 연결해 이해할 필요는 없다. 민주시민교육이 전제하거나 지향하는 애국주의는 '헌법 애국주의'(위르겐 하버마스Jürgen Habermas) 또는 '민주적 애국주의'라 할 수 있다.장은주, 2017: 171 이 애국주의는 한민족의 혈연적, 문화적, 언어적 동질성 따위에 대한 믿음, '우리 민족끼리'를 외치고 한민족의 우수성을 떠드는 민족 우월주의/우선주의 따위하고는 아무런 관계가 없다.

국가라는 어떤 형이상학적 가치 실체를 내세우며 그 국가에 대한 개인의 희생과 헌신을 강요하는 국가주의와도 무관하다. 민주적 애국주의는 단지 민주공화국이라는 민주적 헌정 질서의 기본 이념과 가치 및 제도에 대한 헌신을 강조할 뿐이다.

어떻게 민주공화국의 이념, 가치, 원리가 우리 시민의 개인적 삶의 중요한 일부가 되어 시민 개개인에게 일정한 일체감과 헌신을 요구할 수 있을까? 어떻게 그러한 요구가 어떤 전체주의적 함의를 갖지 않을 수 있을까? 만약 통상적인 민족주의나 국가주의에서처럼 내가 나라를 사랑하고 나라에 충성해야 하는 것이 그 나라가 혈연적으로 속한 민족이 만든 나라이고 내가 태어난 나라이기 때문이라고 한다면, 그와 같은 의심은 너무도 정당하다.

그러나 민주적 애국주의는 국가의 민주적 헌정질서가 모든 시민의 자유와 존엄을 보호하고 실현하기 위한, 오늘날의 조건에서는 아마도 유일한 사회정치적 조건 또는 수단이기 때문에 소중하다고 본다. 만약 현존하는 정치 질서가 그러한 이상에 미치지 못한다면, 우리 시민은 그 질서에 대한 비판, 견제, 심지어 저항을 통해서라도 그 이상에 다가설 수 있도록 노력해야 한다는 도덕적 책무를 져야 한다고 여긴다. 여기서 애국심이란 내 삶을 자유롭고 존엄하게 만들어 주는 특별한 삶의 양식에 대한 일체감의 표현으로서, 민족이나 국가에 대한 맹목적 헌신의 요구와는 전혀 다른 차원에서 성립한다. 경우에 따라 애국심은 국가의 법과 정책 등에 대한 일정한 불복종을 통해서도 발현될 수 있기 때문이다.

물론 한국 사회의 강한 민족주의와 국가주의의 경향은 특별한 역사적 배경을 갖고 있다. 한국의 민족주의는 일본의 제국주의 침략에 따른 소극적이고 방어적인 성격을 지니고 있다. 그래서 일각에서는 민주주의의 가치에 헌신하면서도 그와 같은 '방어적 민족주의'를 옹호할 수 있다고 주장한다. 한편 엄청난 상흔을 남긴 내전과 그에 따른 분단체제는 민족주의의 특별한 한국적 발현 형태라고 할 수 있는 '반공 국가주의(애국주의)'를 잉태했다. 이 반공 국가주의는 공산주의 세력의 공격으로부터 자유민주주의 체제를 수호한다는 명분 아래 아이러니하게도 보통의 자유민주주의 체제가 강조하는 시민의 기본권 보호라는 가치를 뒷전으로 몰아내며, 시민들에게 전체주의적 가치를 강요했다. 그리하여 반공적 질서와 가치에 대한 반대나 비판은 국가에 대한 배신으로 간주했다. 안타깝게도 이러한 반공 국가주의에 반대하는 세력 중 많은 이들은 혈연적-종족적 민족주의로 맞서면서 '민족통일'에 대한 강한 열망을 발전시켰다.

방어적 민족주의라고 해서 개인의 권리와 사회적 다양성을 억누르는 위험에서 근본적으로 자유로울 수 있으리라고 보지 않는다. 종족적 동질성에서 출발하는 집합적 주체로서의 민족이라는 가치는 어떤 식으로든 전체주의로 가는 문을 열 위험을 내장하고 있다. 서구에서는 자유주의적 가치지향과 민족적 정체성을 동일시하는 '자유주의적 민족주의liberal nationalism'가 성립할 수도 있지만(그렇게 주장되지만), 적어도 한국의 경우 진보적 민족주의는 그런 자유주의적 민족주의가 아니다.

설사 그런 자유주의적 민족주의가 성립한다고 해도, 우리가 찾는 세계시민주의 및 세계시민교육의 토대로 작용할 수 있을지도 의문이다. 문화적이고 종족적이며 전前정치적인 민족 개념은 그것이 아무리 개방성을 강조해도 배타적 경계 세우기에서 벗어날 수 없을 것이다.키이스포크, 2009: 47 가령 자기 민족의 이익과 세계시민적 관심사가 갈등할 경우 불가피하게 자기 민족에 대한 무비판적 헌신을 더 강조할 가능성이 크다.

　　민주적 애국주의는 한국 사회의 강한 민족주의 경향을, 그것이 방어적이니 해가 없다는 식으로 옹호하는 차원을 넘어, 민주공화국이라는 민주주의 실현의 역사적 형식의 차원에서 적극적으로 재해석할 수 있어야 한다. 여기서 중요한 것은 한국 현대사에서는 일본의 제국주의 침략 때문에 '종족으로서의 민족'과 '시민으로서의 민족'이 착종된 방식으로 나타날 수밖에 없었다는 사실이다. 한국 사회의 민족주의 (처럼 보이는) 현상 속에서는 민주주의에 대한 지향이라는 중요한 역사적 초점이 함께 있었음을 놓치지 말아야 한다.

　　나치 독일이나 제국주의 일본에서 보았던 민족주의는 확실히 근대 국가가 정치적 정통성을 확보하려는 가운데 관 주도로 만들어 냈던 국가의 발명품이었다. 그 국가주의적 민족주의는 본질적으로 전체주의였다. 그러나 민주주의의 결정적 기원인 3·1운동에서 출현했던 민족은 기존에 존재하거나 존재했던 국가를 거부하면서 스스로를 국가를 만드는 주체로 규정했던 아래로부터의 운동, 즉 혁명적 운동의 결과물이었다.^{김동택, 2019: 169} 곧 우리에게 민족의 형성 과정은 한편으로는 조선 왕조와 단절하고, 다른 한편으로는 "제국주의와 파시즘을 거부하는 혁명적 민주주의"(같은 곳)를 실천하는 과정이었다. 바로 그런 과정을 통해, 비록 임시정부의 모습이긴 했으나, 대한민국이라는 '민주공화국'이 탄생했다.

　　역사적 민족주의의 참된 핵심은 민족 그 자체가 아니라 민주주의였다. 그런 의미에서 동시에 본질적으로 민주주의의 주체인 '시민'의 형성 과정이기도 했다. 민주주의는 근대적 민족 형성의 근거였고 독립의 정당성의 토대였으며, 민족주의 현상의 참된 초점이었다. 이런 맥락에서 일본의 제국주의는 무엇보다도 한반도에 살고 있던 우리 민족 구성원들의 집단적 자유^{김정인, 2019}와 민주적 주권성을 부정했기에 극복해야 할 구조적 악이었다고 이해해야 한다.

대한민국이라는 민주공화국의 성립 과정은 세계 최초의 민주공화국인 미국의 역사적 성립 과정에 비견될 수 있다. 미국은, 우리와는 다른 방식이긴 했어도, 영국의 식민 지배로부터의 독립 과정에서 성립했다. 미국의 독립은 서구의 공화주의 전통이 강조했던 '비-지배 자유freedom as non-domination'라는 가치를 외세의 지배에 맞서 역사적으로 실현했다는 차원에서 그 의의를 지닌다고 할 수 있다. 막연하게 '민족해방'에 대한 지향을 통해서만 이해되었던 독립운동은 이렇게 민주적-공화주의적 관점에서 재해석되어야 한다. 최근까지 진보 진영 일각에서 강조되고 있는 '친일 청산'에 대한 요구도 마찬가지다. 그동안 한국 사회를 지배해 오던 민족주의로부터 민주적 공화주의라는 참된 합리적 핵심을 구해야 한다.

나아가 분단 체제와 그에 기생하는 반공 국가주의를 궁극적으로 극복하는 길도 '하나의 민족은 반드시 하나의 국가를 이루어야 한다'라는 어떤 종족주의적 민족주의의 지반 위에서 추구되는 '민족통일'에 있지 않다는 점도 강조될 필요가 있다. 그런 식의 민족통일이 남과 북이 채택하고 있는 체제나 이념의 근본적 모순 때문에 손쉽게 가능할지도 의문이지만, 민족통일에 대한 강조는 자칫 전쟁이라는 수단도 용인할 가능성이 있다. 민주적 애국주의의 관점에서 우선적으로 중요한 것은 평화, 곧 항구적인 '한반도 평화 체제'다. 그동안 '국가보안법'의 논리를 앞세운 분단 체제가 어떻게 한국의 민주주의와 민주공화국을 다양한 차원에서 일그러트려 왔는지 너무도 뼈아프게 경험을 해 왔고, 지금도 분단 체제가 낳은 이념 갈등과 정치적 양극화 때문에 너무도 큰 고통을 겪고 있다. 평화 없는 민주주의는 불가능하다.

그렇다면 비현실적일 뿐만 아니라 어쩌면 바람직해 보이지도 않는 통일을 무조건적인 당위로 전제하는 것이 아니라, '하나의 민족, 두 개의 국가'라는 냉엄한 현실에 기초하여 한반도의 평화 그 자체에 초점을 두는 새로운 접근법이 필요하다. 꼭 통일을 배제하지는 않더라도, 한반도에서는 다른 극적인 변수가 없다면 불가피하게 '대한민국'과 '조선민주주의인민공화국'이라는 한민족이 만든 두 개의 나라가 장기적으로 공존할 수밖에 없는바, 그러한 상태를 적극적으로 '상호인정'김상준, 2019하면서 그에 걸맞은 상호 관계의 질서와 평화 체제[2]를 만들어 가야 한다.

이렇게 민주적 애국주의의 이념을 통해 한국 사회의 강한 민족주의 및 국가주의 경향을 비판적으로 극복할 수 있어야 한다. 그 완성을 위해 이제 그것의 지평을 국경 넘어 지구적 수준으로 확장할 수 있어야 한다. 민주적 애국주의가 강조하는 정서적 일체감과 헌신의 대상은, 단순히 혈연적, 문화적 차원에서 이해된 민족도 아니고 신성화되고 절대화된 국가도 아니며, 궁극적으로 인간의 자유와 존엄성의 보호라는 가치이기 때문이다. 그러한 가치에 대한 지향은 원칙적으로 지구상의 모든 인간을 대상으로 해야 한다. 민주적 애국주의는 이제 '세계시민주의적 애국주의cosmopolitan patriotism'Erez & Laborde, 2019가 될 수 있어야 한다.[3]

4. 세계시민주의적 애국주의와 세계시민교육

민주적 애국주의는 애국의 대상인 국가의 도덕적 목적을 모든 시민의 평등한 자유와 존엄성의 실현에 둠으로써 자연스럽게 시민적 헌신의 대상을 지구적 수준으로 확장할 수 있다. 민주적 애국주의는 시민이 속한 민족이나 개별 국민국가에 대해 맹목적 일체감을 요구하지 않는다. 또 그 민족이나 국가의 우월성을 무조건 치켜세우지도 않고 다른 나라들과 그 시민들을 이런저런 이유로 깔보거나 무시하지도 않는다. 모든 시민의 평등한 자유와 존엄성 보장이라는 민주공화국의 도덕적 목적의 실현에 애국의 초점을 두기에, 타국의 시민들도 또한 마찬가지의 방식으로 그런 자유와 존엄성을 누리면서 살 수 있기를 희망하고 기대한다. 나아가 그러한 가치의 실현을 위해 전제되고 요청되는 국가들 사이의 평등한 국제 관계와 연대적 호혜 관계도 지지한다. 이런 확장은 불가피한데, 단지 일국적 차원에 갇혀서는 개별 국가의 도덕적 목적도 실현할 수 없는 조건 속에 살고 있기 때문이다.

이 지점에서 다시 왜 단적으로 세계시민주의에 의지해서는 안 되는지를 물을 수 있다. 민주적 애국주의 역시 일국적 차원에 갇힌 하나의 애국주의로서, 이민족들과 국가들 사이에 국경을 넘어 숱한 이주와 빈번한 교류가 이루어지고 있는 오늘날의 세계에 적합한 규범적 요구를 충족시킬 수 없다고 말이다. 그러나 '아무 데도 아닌 곳nowhere'에서 온 세계시민, 그러니까 국민국가적 소속을 부정하며 자신을 스스로 그냥 '세계시민'으로 인식하면서 인종이나 종족 또는 국경 등에 얽매이지 않고 인류 전체의 자유와 존엄성을 실현하는 데 헌신하는 세계시민은 현실적으로 존재할 수 없을 뿐만 아니라 규범적으로 반드시 바람직하지도 않다. 그런 세계시민은 모든 사람이 자연스럽게 가지는 가족이나 친구 또는 동료 시민에 대한 애착이 지니는 중요한 도덕적 가치를 무시할 수 있기 때문이다.마사 C. 누스바움, 2020: 254 이런 애착이 그 자체로 도덕성의 기준이 될 수는 없지만, 그것이 지닌 내재적 가치를 무시하는 것도 옳지 않을 것이다.

모든 종류의 애국주의(애국심)를 무턱대고 하나의 틀 안에서만 이해해서는 안 된다. 우리는 좋은 애국주의와 나쁜 애국주의, 그러니까 평화와 호혜 협력 관계에 기초한 세계시민적 상태를 지향하는 애국주의와 국익을 앞세우고 다른 민족이나 국가에 대해 배타적인 자국중심적/자민족중심적 애국주의를 구분할 수 있어야 한다. 통상적인 애국주의의 맹목성과 위험성에 대한 대안이 반드시 추상적인 세계시민주의여야 할 필요는 없다. 우리가 알고 있는 전통적 세계시민주의는 '고귀하지만 결함 있는 이상'[마사 C. 누스바움, 2020]일 뿐이었다. 이제 우리에게 가능한 실천적이면서도 규범적으로도 올바른 유일한 대안은 바로 우리 시민들이 국민국가적 지반 위에 확고하게 뿌리내린 자기 조국을 위한 민주적 실천에 소홀하지 않으면서도 세계시민주의적 이상도 함께 추구할 수 있도록 이끄는 세계시민주의적 애국주의다.

이 세계시민주의적 애국주의라는 '시민적 이상[civic ideal]'[Erez & Laborde, 2019]을 따르는 시민은, 자국 내에서 시민으로서의 책무를 다함은 물론, 지구적 차원의 문제 해결을 위해 다양한 차원으로 실천에 나설 것이다.

우선, 그 시민은 자신이 속한 국민국가 안에서 난민이나 이주민에 대한 다문화주의적, 포용적 실천에 나설 것이다. 단순한 합법 또는 불법의 구분을 넘어 난민이나 이주민들의 인권을 존중하고 그들과 평등한 상호문화주의적 관계를 맺으며 그들에 대한 동료 시민들의 경제적 착취나 다양한 수준의 폭력을 고발하는 등의 실천적 지향을 보일 것이다. 자국민 중심의 법과 정책에 대해서는 시민적 견제력을 발휘하며 비판하고 인권 친화적인 법과 정책을 도입하라고 요구할 것이다.

대외 문제와 관련해서도 정부가 인권 친화적이고 평화 지향적인 정책을 펼칠 수 있도록 감시하고 견제하며 압력을 가할 것이다. 예를 들어 '세계시민적 애국자'인 우리 시민들은 일본의 극우주의적 대외 정책과 관련하여 광범위한 '일본 상품 불매' 운동 같은 일이 벌어질 때 이를 정치적으로 악용하려는 일부 정치인들을 비판하며 문제를 단순한 '반일'이 아니라 '반아베'나 '반제국주의'에 두자고 하면서 그 운동을 단순히 민족주의가 아니라 '반파시즘', 비지배 민주주의 운동이라는 맥락에서 재규정하려는 태도를 보일 것이다.

그런 세계시민적 애국자는 또한 환경 문제나 기후위기의 심각성을 인식하고, 해결을 위해 기꺼이 실천에 나설 것이다. 물론 그런 문제들은 단지 개인적이고 일국적인 수준에서만 해결될 수 없기는 하지만, 우리 시민들은 일상의 지역적 삶에서 할 수 있는 가능한 실천들을 소홀히 하지 않을 것이다. 나아가 공론장의 여론을 환기하는 등의 방식으로 자국 정부의 산업 정책이나 경제 정책 등이 환경 문제와 기후위기를 해결하려는 세계적 노력에 역행하지 않도록 감시하고 압력을 가하는 등의 실천도 할 것이다.

나아가 세계시민주의적 애국주의라는 시민적 이상을 좇는 시민은 자국의 경계를 넘어 먼 지구의 변방에서 일어나는 기근이나 심각한 인권 문제 등에 대해서도 완전히 무관심하지는 않을 것이다. 물론 모든 시민이 언제나 전 지구상의 모든 인권 문제에 관해 관심을 가져야 한다는 식의 요구는 지나친 도덕적 과부하다. 물론 관련된 국제 NGO 등을 후원하고 직접 참여하는 활동도 할 수 있겠지만, 평범한 보통의 시민이 할 수 있는 적절한 실천은 기본적으로 자신의 국민국가가 국제적 관계에서 그 국제적 위상이나 경제적 역량 등에 걸맞게 세계시민주의적 이상을 추구하도록 요구하는 정도일 것이다. 그러나 이런 정도도 중요한 의미를 지닌다.

적어도 가까운 장래 안에는 지구상의 모든 사람을 포괄하는 '세계 공화국'이라는 세계시민성의 지반이 형성되기를 기대할 수 없을 것이다. 그렇다면 우리는 전 인류 공동의 문제들에 대처하고 세계시민주의의 고결한 이상을 실현하기 위해서는 서로 협력하고 연대하는 민주적 국민국가들 사이의 국제 관계에 기댈 수밖에 없다. 국민국가적 수준에서 권력자나 사회적 강자의 횡포로부터 모든 시민의 평등한 자유와 존엄성을 보호하기 위한 도덕적 목적의 실현 과정에서 민주적 헌정질서가 발전했듯이, 전 지구적 차원에서도 강대국의 일방적 이해관계와 의지가 약소국들의 자유와 이해관계를 침해하지 않도록 법치적으로 강제할 수 있는 '국제법의 입헌화(헌정화)'위르겐 하버마스, 2009가 절실하다. 아마도 지금 단계에서 가장 절실한 세계시민주의적 과제가 아닐까 한다. 그런데 이런 과제는 단지 세계시민임을 각성한 민주적 시민들이 자신들이 속한 국민국가를 매개로 드러내는 관심과 지지와 참여를 통해서만 실현될 수 있을 것이다.

여기서 세계시민주의적 애국주의의 이상은 민주시민교육이 시민들의 관심사를 국경을 넘어 지구적 문제들과 연결하게 하는 세계시민교육으로 나아가는 일종의 교량이나 발판의 역할을 할 수 있을 것이다. 반면 세계시민교육은 시민들의 민주적 애국주의를 세계시민주의적 애국주의로 진화시키는 데서 아주 결정적인 역할을 할 수 있을 것이다. 민주적 애국주의의 세계시민주의적 지향이 세계시민교육을 추동하고, 세계시민교육은 다시 세계시민주의적 지향을 강화하는 선순환 관계를 형성할 수 있다는 이야기다.

다른 한편, 세계시민교육은 민주시민교육과 그 민주적 애국주의라는 전제들에서 출발할 때 훨씬 더 강한 실천적 지반을 가질 수 있다. 세계시민주의적 이상은 고결하기는 해도 그것이 어떻게 국지적 맥락 속에서 일상적 삶을 살아가는 보통의 시민들에게 강하게 동기형성적으로 작용할 수 있을지 여러모로 의심스러운 건 사실이다. 어떻든 세계시민주의의 추상적인 이념이나 이론만으로는 동기형성적 힘을 가질 수 없다는 점은 명백하다. 민주적 애국심의 함양을 위한 교육은 그런 약점을 극복할 수 있는 바탕이 될 수 있다. 왜냐하면 그것은 일상적 삶의 구체적 관계 속에서 경험하는 다양한 차원의 불의나 지배에 맞서 그것을 극복할 수 있는 시민적 역량을 키우기 위해 시민들이 일상적으로 민주적 규범과 가치를 내면화하고 그 실천을 습관화하는 데 초점을 두고 있기 때문이다.

이런 이야기를 세계시민교육이 고유한 독립적 교육과정을 가질 수 없다는 식의 이야기로 오해하면 안 된다. 요점은 민주시민교육을 통해 형성된 실천적 동기가 세계시민적 차원으로 확장되는 방식의 접근을 취해야 한다는 것이다. 자유와 인간의 존엄성에 대한 지향은 민주시민교육에서나 세계시민교육에서나 근본적으로 같을 수밖에 없으며, 오늘날의 인간적 삶의 지구적 지평을 생각할 때, 그러한 가치에 대한 헌신의 자세와 태도는 필연적으로 일국적 차원을 넘어 지구적 차원으로 확장될 수밖에 없다.

이런 맥락에서 인간의 공통된 인간성에 대한 인식, 특히 인간의 삶이 지닌 근원적 취약성vulnerability에 대한 공감 능력을 강조하고 싶다. 인간은 시장경제의 무절제성이나 국가 폭력은 물론 지구 전체의 생태 파괴 등에 의해 언제든 그 존엄성을 침해당할 수 있는 존재이며, 사람들은 모든 인간의 이런 근원적 취약성에 대한 인정을 통해 인권과 같은 사회정치적 보호 장치의 필연성과 국경을 넘어서는 모든 인간 존재의 상호의존성과 연결성을 확인할 수 있을 것이기 때문이다.

민주시민교육은 시민들이 나와는 다른 이해관계나 처지, 성향이나 가치관 등을 가진 사람들을 이해하고 공감할 수 있는 역량을 기르는 데 사활적 관심을 가진다. 이런 역량의 함양을 위해서는, 인간적 삶의 근원적 문법과 다양한 역사적, 구조적 맥락 등에 대한 지식과 이해 교육은 물론, 특히 '서사적 상상력narrative imagination'[마사 C. 누스바움, 2020]을 기르기 위한 교육이 중요하다.[4] 이런 교육은 시민들이 자신이 아닌 다른 사람의 삶에 공감하고 역지사지하면서 인간적 삶의 근원적 취약성을 확인하고, 사람들을 그러한 취약성으로부터 보호하기 위한 사회정치적 노력에 동참하기 위한 강한 실천적 동기를 형성하려고 한다. 그렇게 형성된 동기는 틀림없이 세계시민주의적 실천을 위해서도 아주 중요한 역할을 할 수 있을 것이다.

5. 맺는말

지금 우리 인류는 지구적 차원에서 만들어진 심각한 문제들을 마주하며 강한 무력함에 빠져 있다. 팬데믹과 환경위기는 물론이고, 특히 얼마 전부터 진행된 신자유주의적 세계화는 지구상의 모든 나라에서 심각한 사회경제적 양극화와 불평등을 만들어 내고 있다. 그것은 다시 난민 문제나 인권의 위기 및 국지적 전쟁 등의 문제로 이어지고 있다. 안타깝게도 우리는 그동안 국민국가라는 문제 해결 장치밖에는 알지 못한다. 국민국가의 틀을 뛰어넘으려는 많은 시도들이 없었던 것은 아니나 지금 당면한 문제들의 심각함에 비해 대응 역량은 현저하게 미약한 수준에 머물고 있다.

그렇다고 마냥 절망만 하고 있을 수는 없다. 어쨌거나 국민국가가 지금으로서는 유일한 실천적 출발점일 수밖에 없다. 아무리 실망스러워 보이더라도 국민국가의 실천적-정치적 역량을 극대화함으로써만 지구적 도전들에 대해서도 최소한의 대응을 할 수 있을 것이다. 이 글에서는 그 출발점이 바로 세계시민주의적 애국주의라는 발판 위에서 세계시민교육의 지평을 향해 나아가는 민주시민교육이라고 주장했다. 결국, 동료 시민들은 물론 모든 인간이 지닐 수밖에 없는 근원적인 취약성에 대한 공감적 감수성과 비판적 사고 역량을 바탕으로 민주주의의 해방적 잠재력을 지구적 차원으로 확장할 수 있는 시민적 주체들을 길러 내는 일만이 오늘날 우리가 기댈 수 있는 아마도 유일한 실천적 처방일 것이다.

안타깝게도 우리나라에서는 학교에서든 시민사회에서든 민주시민교육이 제대로 뿌리내리지 못하고 있다. 중요성에 대한 인식이 있는 경우에도 아직은 기초적인 수준을 넘어서 지구적 시민성의 차원을 포괄할 정도로 나아가고 있지 못한 실정이다. 얼마 전 제주도에 온 예멘인들이 우리나라에 난민 신청을 했을 때 60%에 가까운 우리 국민은 수용 거부 의사를 표시했고, 특히 20~30대 젊은 세대는 거의 70% 정도가 반대했다고 한다. 독일의 주요 도시들에서 많은 시민들이 난민을 더 수용하라며 정부를 압박하는 시위를 벌이던 장면을 떠올려 보면, 우리가 가야 할 목적지가 얼마나 멀리 있는지 긴 설명이 필요 없을 것이다.

경제지상주의와 물질주의에 사로잡힌 우리 사회 전체의 문화적 척박함에 뿌리를 둔 것이긴 하지만, 여전히 입시 중심을 벗어나지 못하고 있는 우리 교육에 대한 근원적 성찰이 절실하다. 오래전부터 뜻있는 많은 이들은 민주주의와 민주시민교육에 초점을 둔 새로운 교육 패러다임의 필요성을 역설해 왔다.장은주, 2017 하지만 이런 요구들은 우리 사회의 냉전적 전쟁문화 때문에 완강한 반대에 부딪히고 있는 게 우리가 처한 엄연한 현실이다. 이런 상황에서 어쩌면 코로나와 같은 지구적 차원의 위기들은 지구적 시민성을 겨냥하는 민주시민교육의 절박한 필요를 새로운 각도에서 웅변하면서 뜻밖의 기회를 만들어 주고 있는지도 모른다. 이는 물론 우리의 민주시민교육이 처음부터 국민국가적 수준에만 매몰되지 않고 지구적 수준으로 확장된 지평 위에서 스스로를 자리매김할 수 있을 때에만 가능한 일이다. GCED

7장

세계화와
경제적 세계시민성

안현효

1. 머리말

'세계시민성'은 '세계global'와 '시민성citizenship'의 합성어이다. 그러므로 글로벌과 시티즌십을 어떻게 이해하는가에 따라 이 개념의 이해가 상이할 것이다. 세계시민성교육Global Citizenship Education, GCED 역시 글로벌 교육global education, 국제교육, 국제이해교육, 다문화 글로벌교육, 세계연구world studies, 세계중심교육world-centered education, 글로벌 관점perspectives 교육, 글로벌 차원dimensions 교육 등 다양한 이름으로 불리면서 조금씩 다르게 이해되고 있다.

원래 시민성의 개념 자체가 근대 국민국가 형성과 더불어 국민국가에 속한 시민의 권리와 의무를 다루고 있는 것이므로 세계시민이란 세계화로 인해 발생한 새로운 이념형, 지향성을 가진다고 볼 수 있다. 세계시민global citizen을 민족이나 국가의 차원을 넘어 인간의 복지, 환경, 기본권, 존엄성 등의 글로벌 이슈에 대해 관여할 수 있는 책임감 있고 윤리적인 시민이라 정의하고, 세계시민성교육은 이러한 인간상을 구현하기 위한 교육적 노력이라고 할 수 있다.Pike, 2008

그런데 세계시민은 세계화로 인해 부상되었다는 점에서 세계화를 어떻게 이해하느냐에 따라 세계시민성교육의 내용이 다를 수 있다. 세계화 자체도 경제적, 정치적, 문화적 수준에서 다양한 차원에서 포착

할 수 있다. 이 장에서는 경제적 세계화를 중심으로 세계화의 양상을 이해하고, 세계화에 관한 쟁점을 분석하여 경제적 세계시민성교육의 이념형을 찾아보고자 한다. 우선 2절은 경제적 세계시민성 개념을 분석해 볼 것이다. 다양하게 이해되는 경제적 세계시민성 개념을 세계화를 지지하는 관점과 세계화의 문제점에 주목하는 관점으로 유형화할 것이다. 3절에서는 두 관점이 실제의 경제 현실과 어떻게 맞물리는지를 알기 위해 20세기 후반에 발생한 세계화를 대상으로 세계화가 경제 현상(성장, 분배)에 미치는 영향을 묘사하고자 한다. 4절에서는 세계화는 단순히 경제법칙적 필연성으로만 파악될 수 없고, 각 나라가 취하는 이데올로기와 경제 정책이 세계화의 영향을 결정짓는다는 점을 밝히고자 한다. 이 중에서도 20세기 후반기 세계화의 경제적 성과는 신자유주의 이념과 정책에 의한 것으로 해석할 수 있다. 5절은 대안적 세계시민성을 경제적 세계시민성의 관점에서 구체화해 보고, 마지막 결론에서는 경제적 세계시민성교육의 내용뿐 아니라 교육의 방식이 바뀌어야 함을 주장한다.

2. 경제적 세계시민성

2.1. 경제적 세계시민성과 비판적 세계시민성

세계시민성 개념이 성립하기 위해서는 민족, 국가의 전통적 정치 공동체의 울타리를 넘어서는 세계시민으로서 자기 정립이 가능해야 한다. 이러한 세계시민이라는 개념은 20세기의 산물은 아니다. 사상사적으로는 그리스 철학의 세계시민론(개인주의와 세계시민주의의 결합)에서도 기원을 찾을 수 있다. 근대에서는 루소의 평화사상, 칸트의 영구평화론 등으로 세계시민 개념이 전개되었으며, 누스바움마사 C. 누스바움, 2020으로 이어지고 있다. 그리하여 세계시민성 개념은 정치적, 도덕적, 경제적, 비판적 차원에서 다양하게 접근되고 있다.

[표 7-1] 세계시민성 담론의 다양한 차원

담론의 범주	주요 개념 및 핵심어	주요 학자
정치적 세계시민성	세계 정부, 제도주의적 세계시민성, 코즈모폴리턴 민주주의	롤스(Rawls), 헬드(Held), 히터(Heater)
도덕적 세계시민성	보편적 인권, 코즈모폴리턴, 세계시민의 도덕과 윤리	칸트(Kant), 아피아(Appiah), 누스바움(Nussbaum), 센(Sen)
경제적 세계시민성	세계체제의 경쟁성, 글로벌 경쟁력, 기업의 사회적 책무성, 박애주의적 이윤 창출	스미스(A. Smith), 프리드먼(Friedman)
비판적, 탈식민주의적 세계시민성	탈식민주의, 구조 개혁, 변혁과 해방적 세계시민성	그람시(Gramsci), 프랑크푸르트학파(Frankfurt School), 프레이리(Freire)

출처: 김진희(2015: 67) 재인용

세계시민성global citizenship 개념은 세계시민권global civil rights 개념으로 이어진다. 시민권, 시민 개념 자체가 정치적 주권과 긴밀히 연계되어 있기 때문에 정치적 공동체(국민국가라는) 속에서만 정립될 수 있는 후천적 개념이다. 세계시민권은 시민권의 전 세계적 확장이라는 의미가 있으므로 기존의 국민국가 차원의 권리와 의무를 의미하는 시민권 개념을 넘어서는 법적·정치적 개념으로 파악될 수 있을 것이다. 이런 관점에서는 세계시민성은 세계시민권을 뒷받침하는 문화적, 사회심리적 개념으로도 파악된다.

이런 관점에서 본다면 세계시민성은 세계 정부가 형성되어 있지 않은 현재 시점에서 구성 불가능한 개념이 될 것이다.이지훈, 2014 그러므로 경제적 세계시민성 개념을 정립하려는 이 글의 과제에서는 이념형적인 세계시민성이 존재하지 않는 상태에서 경제적 세계시민성 개념의 성립 가능성, 경제적 세계시민성 개념 내의 모순 등을 포착할 필요가 있다. 우리는 전 지구적 상황의 환경하에 놓여 있기 때문에 지구적인 목표를 위해 노력해야 하며, 이는 현존하는 제도가 그 목표에 적합하도록 만들고 그것을 강화하는 것까지 포함하고 있다는 점을 고려할 때 세계시민성은 세계화의 실체와 긴밀히 연관된다.

한때 열광받던 세계시민주의가, 오늘날 세계화의 모순으로 인한 반세계화 운동과 국가주의, 고립주의, 극단주의의 재등장으로 도전을 받고 있기 때문에 경제적 세계시민성 개념은 단일 개념으로 정립되는 것이 아니라 서로 모순되는 개념으로 대립하며 공존한다. 이 두 개의 대립적인 개념은 [표 7-1]에서 나타난 다양한 세계시민성의 차원 중에서 경제적 세계시민성과 비판적 세계시민성으로 유형화할 수 있다. 옥슬리와 모리스Oxley & Morris, 2013: 306에 의하면 경제적 세계시민성은 권력, 자본, 노동, 자원과 인간 조건 사이의 상호작용으로 정의할 수 있으며, 비판적 세계시민성은 불평등과 억압에 관한 도전, 피억압자의 삶의 개선에 대한 기성의 사회적 관념 비판, 행동주의a post-colonial agenda 등으로 요약할 수 있다.

2.2. 보편성과 특수성: 세계화냐 민족주의냐

세계시민성교육은 애국주의와의 관계 정립이 중요한 쟁점인데구경남, 2017, 우리나라 세계시민성교육의 맥락에서 이는 애국주의와 세계시민성교육 사이의 접점을 어떻게 찾을 것인가의 문제로 제기되고 있다.성열관, 2010; 신종섭, 2020 이미 교육과정 내에 '세계시민으로서의 자질' 함양이 도덕과 시민교육의 주요 목표 중 하나로 제기되어 있고, 동시에 건전한 민족주의를 함양할 필요성도 제기된다.

문제는 불건전한 민족주의, 즉 극단적이고 배타적인 민족주의가 현재적 맥락에서는 세계화와 긴밀히 연관되어 있다는 점이다. 세계화가 확대되면 이는 국민국가의 정치, 경제적 역량의 범위를 제약하게 될 것인데, 세계화의 부정적 효과가 만연해진다면 국민국가의 자율성에 대한 지지가 확산될 것이다. 특히 정치적 세계화가 병행해서 진행되지 않는 상황에서 경제적 세계화만의 확산은 필연적으로 경제적 상황과 정치적 상황의 불일치를 초래하여 세계적 차원의 불협화음이 발생할 수밖에 없다.

세계시민성 개념은 세계시민의 정의를 전제하는데, 여기에는 몇 가지의 쟁점이 있다.^{성열관, 2010: 112-113} 첫째, 세계 국가가 존재하지 않는 상태에서 세계시민성은 정치적 국민국가 단위로 정의되는 국민적(일국가적) 시민성과 어떻게 관계를 맺게 될 것인가 하는 문제에 직면한다. 둘째, 세계화를 어떻게 파악해야 할 것인가의 문제에 직면한다. 세계화를 "인적, 물적 활동의 초국민적, 초문화적 통합의 원인, 진전, 결과를 모두 포괄하는 과정"^{Nayef & Stoudmann, 2006}으로 정의할 때, 정치적, 문화적, 사회적 차원 및 원인, 결과에 대한 다양하고 심지어는 상반되는 이해에 직면하기 때문이다. 세계시민성교육에서 주요하게 다루는 인권, 평화, 성평등, 문화다양성, 지속가능발전 같은 문제들은 세계화가 초래한 부작용과 관련되어 있다.

첫째의 문제와 관련하여, 세계화가 야기하는 문제가 확대될수록 세계화의 반작용으로서 민족주의가 대두하는 것을 발견하게 된다. 민족주의는 민족의 특수성을 주장하는 것이지만 세계화 개념과 서로 경쟁하는 층위에서는 그 자신을 보편주의로 격상시킨다. 그러나 세계시민 대 국민국가의 시민을 대립시키는 것은 잘못되었다. 이렇게 되면 세계화와 민족주의를 보편주의와 특수성의 관계로 이해하는 것이 아니라, 두 개의 대립하는 보편주의로 간주하여 양자택일의 문제로 바라보는 상황이 될 수 있다. 이와 같이 세계화가 확대되면서 세계화의 문제점이 심화될수록 민족주의가 이를 대체할 대안으로 제기될 수 있기 때문에 세계시민성교육의 보편성이 위협받는 현상이 나타난다.

이는 세계화를 어떻게 이해할 것인가의 두 번째 문제로 연결된다. 민족주의를 특수가 아니라 또 다른 보편의 문제로 인식하는 문제로 빠지지 않으려면 세계화를 단선적 과정으로 바라보는 시각에서 탈피하여 세계화에 내재하는 모순을 종합적으로 이해할 필요가 있다. 이를 통해 세계화의 모순이 민족주의적 사고의 발흥으로 이어지는 것을 차단할 수 있을 것이다.

세계화에서 서로 대립하는 경향은 세계화와 민족주의가 아니다. 세계화 내의 경쟁하는 대표적인 담론은 신자유주의적 세계화 대 비판적 세계화 담론으로 볼 수 있다. [표 7-1]에서 경제적 세계시민성은 전자에, 비판적 세계시민성은 후자에 귀속한다.

그러므로 쟁점은 민족주의 대 세계주의가 아니라, 어떤 세계화인가라 할 수 있다. 정치적 세계시민성(즉 세계 정부)이 확립되지 않은 상태에서 진행되는 경제적 세계화가 각 국민국가의 경제적, 사회적, 문화적 복리를 증진시키는지 여부에 의해 세계시민성이 점차 확장될 수도 있고, 반대로 극단적 민족주의에 의해 도전받게 될 수도 있기 때문이다. 이 양자 사이에는 실제로 존재하는 반세계화 운동이 있다. 반세계화 운동에서 극단적 민족주의를 끌어내는 것이 아니라, 올바른 세계시민성을 재구성하는 것은 매우 중요한 과제라 할 것이다.

3. 세계화와 양극화의 현실

3.1. 20세기 후반 세계화의 양상: 양극화

이제 세계화가 야기한 역설을 이해하기 위해서는 세계화가 과연 어떤 결과를 초래했느냐에 주목해야 한다. 경제적 의미에서의 세계화는 기원부터 논란이 많다. 왜냐하면 서방에서 15세기경 출현한 자본주의는 처음부터 세계적이었다고도 볼 수 있기 때문이다. 자본주의의 시작부터 나타난 세계화에 대한 최초의 대규모 도전은 20세기 초 제1차 및 제2차 세계대전이다. 특히 제1차 세계대전(1914~1918)과 제2차 세계대전(1939~1945) 사이인 1929년에 발발한 세계 대공황은 이전의 세계화 방향을 거꾸로 돌리는 고립주의를 극대화했다. 이로 인해 1945년 제2차 세계대전이 마무리되는 시기에 이르면 기존의 자본주의 체제를 근본적으로 재구성하지 않을 수 없었다. 이를 브레튼 우즈 체제라고도 부른다.[1] 전후 복구가 완료되는 1960년대에 새로운 체제가 어느 정도 자리 잡아 현재까지 이어진 것이다.

여기에서 제2차 세계대전 이후 세계 경제의 상황에서 세계화의 효과인 경제적 성과를 분석하고자 한다. 시기는 새로운 세계 경제 체제가 자리 잡는 1960년대부터 현재까지이며, 경제적 성과라 함은 경제성장과 소득분배의 현실이다. 1960년대 이후는 초기 약 20년과 이후의 시기로 구분된다. 1980년을 기점으로 그 전과 그 후의 가장 큰 차이는 세계화의 주요 지표라 할 수 있는 국제무역, 해외직접투자 및 금융투자가 1970년대부터 꾸준히 증가하기 시작하여 1980년대에 이르면 확연히 증가하는 데서 발견된다.[2] 따라서 1960년대 이후 20년간을 세계화 이전의 시기, 1980년대부터 20년을 세계화 심화 확대의 시기로 잡아 그 성과를 비교해 볼 수 있다.

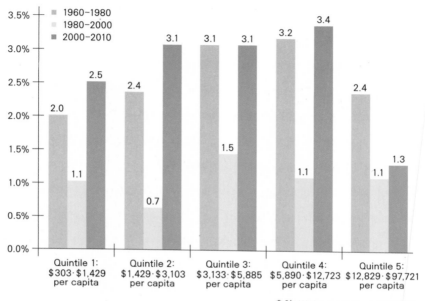

[그림 7-1] 소득 분포별 국가들의 1960년~2010년까지의 연간 GDP 성장률

출처: Weisbrot & Ray, 2011: 10

[그림 7-1]은 세계 국가들 중 빈국~부국을 20%씩 5그룹으로 나누어 연간 GDP 성장률을 1960년대 이후 20년간, 1980년대 이후 20년간, 2000년대 이후 10년간으로 세 번 집계한 것이다. 이 자료에서 1960년대부터 20년과 1980년대 이후 20년은 전 세계적으로 성장률에 큰 변화가 있었음을 알 수 있다. 1980년 이후 2000년까지가 신자유주의가 맹위를 떨쳤던 점을 고려하면 신자유주의와 저성장 간에는 일정한 연관관계가 있다. 물론 그 이후 2000년부터 10년간은 과거 20년의 저성장에 비해서는 성장률이 회복되었지만, 2000년대에 이르면 이미 신자유주의가 퇴조한 것이 명백해졌다. 여기서 저소득국~고소득국을 20% 단위로 분절하여 살펴본 성장률을 보면 국가별 큰 편차를 발견할 수 없다.

[그림 7-2] 소득 분포별 국가들의 1960년~2000년까지의 1인당 GDP 성장률

*소득 그룹당 각 시기별 1인당 실질 GDP 성장률이며, x축의 숫자는 나라의 수임.

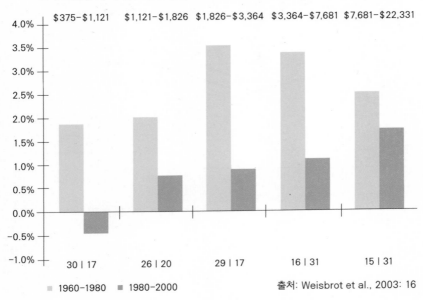

그런데 [그림 7-2]는 최빈국 20%의 1인당 GDP 성장률은 1980년대 신자유주의 시기에 (−)를 기록하여 최빈국의 경제적 타격이 컸다는 점을 보여 준다. 즉 1960년 이후 20년간의 시기는 저소득국과 고소득국을 포함한 모든 나라가 (+) 성장률을 기록했지만, 신자유주의 시기인 1980년 이후의 20년간은 최빈국의 성장률이 (−)를 기록하고 고소득국으로 올라갈수록 성장률이 증가하고 있으므로 1980년대 이후의 성장률 격차는 국가 간 양극화를 초래했다고 볼 수 있다.

그렇다면 해당 시기에 각 국가 내에서의 소득분배 상황은 어떠했는가? 소득분배 상황을 묘사하는 대표적 지수는 지니계수이다.

[그림 7-3]에 의하면 1980년대 이후 신자유주의 시기에 선진국과 개발도상국을 막론하고 국가 내의 소득 불평등은 증가했다. 세계화 시

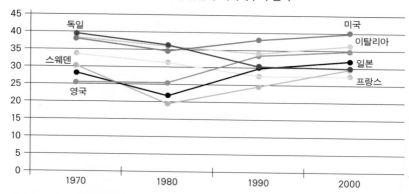

[그림 7-3-1] 선진국 지니계수의 변화

*가처분소득에 기초한 지니계수를 사용
 각국의 데이터는 시점 간 비교에 기초하여 가장 일관된 수치를 보고
 자료: WIID(World Income Inequality Database) 2.0b, WIDER.

출처: 이강국 외, 2007: 24

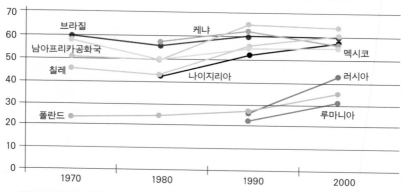

[그림 7-3-2] 라틴아메리카, 아프리카, 체제이행국 지니계수의 변화

*각국에 따라, 가처분소득, 명목소득 등에 기초한 지니계수를 사용
 각국의 데이터는 시점 간 비교에 기초하여 가장 일관된 수치를 보고
 자료: WIID(World Income Inequality Database) 2.0b, WIDER.

출처: 이강국 외, 2007: 24

기 동안 각국 내의 소득 불평등은 모두 악화되었다. 요약하면 세계 경제 차원에서 세계화 시기에 국가 간 양극화가 나타나고, 국가 내 소득 불평등이 증가했다.

3.2 세계화가 국민국가에 미치는 영향의 다양성: 각국의 정치, 경제적 조건

일반적으로 경제적 의미의 세계화는 상품무역의 세계화와 금융자본의 세계화로 나누어서 고찰할 수 있다. 이강국 외[2007]는 1976~1995년 기간을 대상으로 세계화가 각국의 소득분배에 어떤 영향을 주는지를 실증 분석하였다. 이 연구에 의하면 1990년대 이전까지는 국제무역의 활성화는 소득수준이 높은 나라의 경우 소득분배를 평등하게 만들고 소득수준이 낮은 나라의 경우 소득분배를 불평등하게 만들었다.[이강국 외, 2007: 47] 또한 부가적으로 교육수준이 높을수록 국제무역의 활성화는 소득분배를 평등하게 만들었다. 교육수준이 낮아서 세계화의 흡수 능력이 미약할 경우 소득분배는 악화된다는 것이다. 또 다른 연구 결과로서 1990년대 이후에는 해외직접투자Foreign Direct Investment, FDI[3]의 증가가 소득분배에 미치는 영향을 볼 때 소득수준이 높은 국가일수록 FDI 증가가 소득분배를 개선하고, 소득수준이 낮을수록 FDI 증가가 소득분배를 악화시킨다. 동일한 세계화 (여기서는 국제무역) 현상이 선진국과 후진국에 차별적 영향을 미쳐 저소득국가의 분배 불평등을 악화시키는 것이다.

한편 1일 2달러 미만으로 생활하는 인구의 비중을 절대적 빈곤율로 정의한 세계은행의 통계를 보면, 무역량 변수(국제무역 활성화의 척도)는 빈곤율을 감소시키는 것으로 나타났다. 반면 FDI 변수는 빈곤율을 상승시켰다.

이것을 요약한 것이 [그림 7-4]이다. 전체적 효과를 요약하면 전반적으로 국제무역의 경제성장 효과는 더욱 뚜렷하지만, 금융 세계화가 개도국의 경제성장을 촉진한다는 실증적 근거는 상당히 미약하다. 또한 개도국들에서도 세계화와 함께 소득분배가 악화되고 있다. 동일한 세계화가 각 나라에 다른 결과를 초래하는 원인으로는 숙련노동과 미숙련노동 등 초기 부존 조건의 상대적인 차이, 개도국 사이의 경쟁, 그리고 금융 개방의 악영향[이강국 외, 2007: 54] 등이 있지만, 각 나라의 제도적 특수성과 거시경제 정책 및 소득재분배 정책들의 차이가 주요하게 작용한다고 볼 수 있다. 그러므로 세계화 시대에도 국민국가의 이데올로기, 정치, 정책이 중요하다.

[그림 7-4] 세계화, 소득분배, 성장, 그리고 빈곤의 인과관계

*(+)는 세계화가 성장을 촉진할 수 있는 가능성을 보여 주며, (−)는 그 반대임.

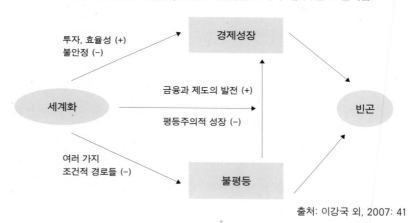

출처: 이강국 외, 2007: 41

4. 신자유주의와 그 효과

4.1. 양극화의 원인 논쟁: 기술 발전이냐, 세계화냐

그렇다면 21세기 후반 세계화 진행과 더불어 나타난 양극화의 원인은 무엇일까? 전통적인 연구에서는 기술혁신과 무역개방 및 금융개방이 양극화를 심화시키는 것으로 설명한다. 만약 기술혁신과 국제무역 및 금융 세계화가 양극화를 악화시킨다면 양극화는 세계화의 필연적 귀결이 되며, 피할 수 없는 추세가 된다.

기술 발전, 특히 로봇 기술의 발전과 같은 4차 산업혁명이 소득 불평등을 악화시킨다는 점은 잘 알려져 있다. 인공지능 기술이 장착된 로봇은 단순한 기계와 다르다. 통상의 생산과정은 노동자와 기계가 결합해서 이루어지는데, 로봇은 바로 이 노동자를 대체할 수 있기 때문이다. 즉 앞으로 로봇이 노동자의 자리를 대체해서 로봇이 기계와 일을 하는 상황이 창출될 것이다. 물론 그 결과는 생산성(생산량/총 노동량)의 증가일 것이다. 하지만 이는 임금을 압박하게 된다. 우선 로봇이 대체한 노동의 수요가 줄어들게 되고, 다른 한편으로는 로봇이 인간노동의 자리를 차지하므로 로봇과 인간노동을 합한 총 유효노동의 공급도 증가한다. 물론 이 영향은 숙련노동과 비숙련노동에 차별적 영향을 줄 것이다. 창의적·감성적 노동과 같이 로봇으로 쉽게 대체하기 어려운 노동은 여전히 독자적인 수요가 있어 상대적으로 영향을 덜 받는 반면, 저숙련, 단순노동은 로봇에 의해 급속히 대체되어 상대적 임금 수준이 떨어지게 되면 노동시장에서의 임금 양극화가 발생하게 된다.조너선 D. 오스트리 외, 2020: 149~151[4]

세계화의 추세가 각 나라에 미치는 영향은 기술 변화의 효과보다는 복잡하다. 즉 세계화 효과는 그 나라의 경제 정책을 통해 변형된다.

그 대표적 사례가 동일한 시기 미국과 프랑스의 소득 불평등 추이다. 지니계수가 높아질수록 불평등도가 증가하는 것인데, 지니계수는 시장소득 지니계수와 순소득 지니계수로 나누어 볼 수 있다. 전자의 경우 경제활동 참여의 결과로 받는 임금소득 등으로 계산하고, 후자의 경우 소득세와 보조금을 반영하여 계산한다.

[그림 7-5]를 보면 지니계수로 본 시장소득 불평등은 미국과 프랑스가 유사하지만, 순소득 불평등은 미국이 프랑스보다 훨씬 높고 시간이 지남에 따라 점차 증가했다. 이는 프랑스가 조세제도와 보조금을 통해 저소득층의 소득을 보완하고 고소득층의 소득을 이전시켰다는

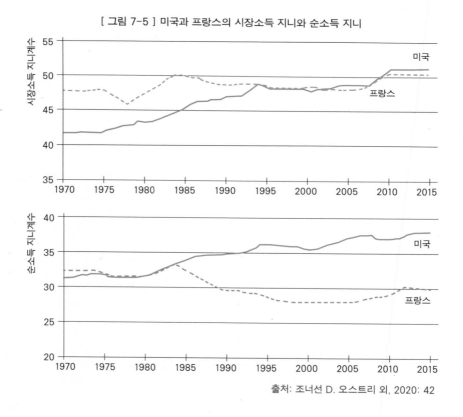

[그림 7-5] 미국과 프랑스의 시장소득 지니와 순소득 지니

출처: 조너선 D. 오스트리 외, 2020: 42

것을 보여 준다.^{조너선 D. 오스트리 외, 2020: 42} 따라서 세계화의 영향은 국내 정책에 의해 달라질 수 있다.

불평등에 영향을 주는 여러 요인을 모두 포괄하여 약 90여 개국의 1980~2013년간의 데이터를 통해 불균형 자료를 추정한 결과에 의하면 기술과 무역이 불평등을 악화시키지만, 그 외에도 기회의 불평등(여기서는 사망률로 추정했다)과 금융 세계화도 불평등을 악화시키는 것으로 나타난다. 반면 제조업 비율이 높거나 정부의 규모가 크다면 불평등도에 미치는 영향은 반대로 나타난다.

흥미로운 것은 [그림 7-6]에서 1) 금융개방의 확대, 2) 규제 완화에 기초한 국내의 금융 개혁, 3) 작은 정부 또는 균형재정 정책 등은 모두 신자유주의와 관련된다는 점이다. 워싱턴 컨센서스Washington Consensus라고 불리는 1990년대 IMF, 세계은행, 미국 재무부 등이 합의해서 추진한 각국의 구조 개혁 및 금융, 재정 정책은 안정화stabilization, 민영화privatization, 자유화liberalization로 요약된다.^{Williamson,}

[그림 7-6] 여러 요인이 소득 50분위에서 75분위에 속하는 사람들의 지니계수에 미치는 영향

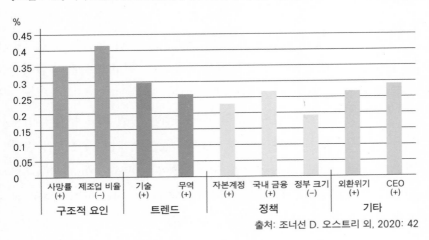

출처: 조너선 D. 오스트리 외, 2020: 42

1990; Rodrick, 2006 이 정책들은 물론 금융 세계화를 확대하기 위해 각국이 가진 독자적인 정책 수단을 무력화하는 과정이므로 세계화와 긴밀히 연관된 것은 맞지만, 정책이 수행되기 위해서는 각국의 정치적 과정을 거쳐야 한다는 점에서 일정 정도 상대적 독립성, 즉 국가에 따라 상이한 결과를 낳을 수도 있다.

4.2. 새로운 원인으로서의 정치적 이데올로기: 신자유주의=신소유자 자본주의

1990년대에 유행했던 신자유주의는 2000년대 들어오면서 퇴조하여 마침내 OECD가 2015년에 불평등 완화가 모두에게 유익하다는 선언을 하기에 이르렀다.OECD, 2015 조너선 오스트리 등 2020: 12-13은 불평등의 원인에 대해서는 기술과 무역이라는 전통적 분석 자체가 틀리지는 않았지만, IMF가 추진한 워싱턴 컨센서스(신자유주의)의 구조 개혁 및 거시경제 정책도 불평등을 확대한다고 결론 내렸다. 다른 한편 불평등의 심화는 결국 경제성장에 악영향을 미치며 적절한 소득재분배 정책은 성장을 훼손하지 않는다는 결론을 내린다.

신자유주의 정책이 세계적 차원으로 각 나라에서 발견되는 불평등 증가에 추가적인 영향을 준다면, 세계화로 인한 불평등의 증가는 정치적 문제와 연관된다. 불평등의 증가는 보통 최고 소득자의 급격한 소득 및 자산 증가에서 논란이 시작되었다.

[그림 7-7]에 의하면 미국, 러시아, 유럽의 상위 10% 부자의 소득 점유율은 1950~1970년대의 약 30% 수준에서 지속적으로 상승하여 2020년에는 45%(미국)를 넘기고 있다. 이는 99% 운동과 반세계화 운동의 동력이기도 했지만 신자유주의의 쇠퇴는 이러한 반세계화 운동의 성과에 의한 것이 아니라 신자유주의 자체의 자기모순에 의해 초

[그림 7-7] 미국, 러시아, 유럽의 상위 10% 부자의 소득 비율

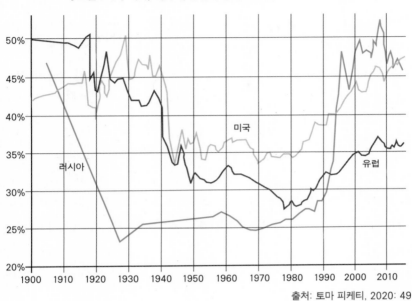

출처: 토마 피케티, 2020: 49

래된 면이 더 컸다.

이는 20세기 후반기 세계적으로 관찰되는 소득 불평등의 양상의 복잡성을 암시한다. 토마 피케티2020: 40-44에 의하면 20세기 후반기 (1980년대~2018년)에 실제로 발생한 것은 하위 60% 이하 소득자의 상대적 부의 개선과 상위 10% 이상에서의 상대적 부의 급격한 증가가 특징적인 코끼리곡선elephant curve으로 표현되는 모습이다. 결국 신자유주의가 60% 이상~90% 이하의 소득자들인 중간계급의 쇠퇴를 초래했다는 것이다.

중간계급의 쇠퇴는 미국 민주당, 영국 노동당, 유럽 사민당 등 전통적인 사회민주주의 정당의 쇠퇴와 일정 정도 연관이 있다. 피케티에 의하면 원래 20세기 초반의 사회민주주의는 평등주의 연합으로서 저

소득층이 지지하는 이데올로기였는 데 반해, 20세기 후반의 사회민주주의는 저소득층이 사회민주주의 이념과 정당 지지에서 탈퇴하고(학력도 자산도 소득도 높지 않은 사람들은 이런 정치적 갈등 구조에서 자신들이 버림받았다고 느낄 위험이 크다)^{토마 피케티, 2020: 58} 중간계급의 정당으로 변신해 갔다는 것이다. 이를테면 20세기 후반의 정치 지형은 어떤 정치 또는 연합(사회민주주의 계열)이 고학력자(지적이고 문화적인 엘리트)의 지지를 받을 때, 다른 정당 또는 연합(보수당 계열)은 고소득자들(상업적이고 금융적인 엘리트)의 지지를 받는 방식의 다중 엘리트 체제로 고착화되었다. 그리하여 저소득층은 기성의 정치정당과 이데올로기에서 자신의 대변자를 찾지 못해 점차 참여가 저조하게 되었다.^{토마 피케티, 2020: 58}

5. 신자유주의적 세계화의 문제점과 대안적 세계시민성

경제적 세계시민성 개념을 바르게 이해하기 위해서는 민족주의적 접근으로는 가능하지 않고, 세계화의 틀 내에서 접근할 필요가 있다. 물론 그 세계화는 양극화를 야기하는 세계화가 아니라, 양극화를 해소하는 세계화로 재구성해야 할 것이다.

그렇다면 대안적인 세계시민성은 어떻게 구체화할 수 있을까? 세계시민성을 "기아, 빈곤, 불평등, 인권, 환경 등 글로벌 이슈에 대해 참여적인 태도를 중시하는 변화지향적 관점"이라고 정의할 때, 경제적 세계화를 고려하지 않는다면 세계시민성교육은 위의 주제에 대한 도덕적·정치적 교육에 한정되기 쉽다. 이러한 형해화를 극복하려면 경제적 세계화의 동학을 이해하고 대안적 세계화 개념을 고안해야 한다.

첫째, 세계화 과정은 불가피하게 필연적이지만 동시에 세계화의 영향은 각 나라별로 다를 수 있다는 점, 특히 국내의 정치, 이데올로기적 지형의 영향을 받는다는 점이 분석되고 이해되어야 한다. 4절에서 우리는 필연적인 세계화 과정이 필연적으로 국내의 불평등 심화로 이어지지 않으려면 국내 경제 정책에서의 신자유주의 탈피가 필요하고, 이를 정치적으로 뒷받침할 수 있는 정치이념의 혁신이 필요하다는 점을 암시하였다.[5]

20세기 후반기에 발생한 세계화가 이전 시기의 세계화와 구분되는 이유는 20세기 후반기의 세계화가 1945년 이후 체제의 반작용으로 나타났기 때문이다. 1945년 이후의 체제는 자본주의의 세계화 본능이 야기한 세계전쟁(제1차 및 제2차 세계전쟁)의 반작용, 즉 "사회의 방어 protection of society"칼 폴라니, 2009로 해석된다. 이러한 순환적 흐름을 이해할 때 세계시민성을 둘러싼 쟁점을 이해하는 것이 도움이 될 것이다.

[표 7-2]에서 나타나는 칼 폴라니Karl Polanyi와 토마 피케티Thomas Piketty 해석의 공통점은 세계화가 각국에 미치는 영향은 여전히 (국민)국가의 매개를 거치지 않을 수 없다는 인식이다. 1980년대에 국민국가가 선택한 이념이 신자유주의 이데올로기였다면, 그 이데올로기의 수용 여부와 어떻게 수용하느냐는 각 나라 내의 정치적·계급적 역

[표 7-2] 자본주의 세계화의 순환적 흐름 속에 내재한 자본주의의 체제 변화

시기	~1945 고전적 자본주의	1945~ 자본주의 황금기	1980~ 정체된 성장기
폴라니(1944)의 해석	악마의 맷돌 (시장근본주의)	사회의 방어 (혼합경제)	새로운 시장근본주의 =신자유주의?
피케티(2020)의 해석	소유자 자본주의	소유자 자본주의의 붕괴	신소유자 자본주의

학관계와 관련되어 있다.

특히 사회민주주의로 대표되는 '평등주의적 연합'은 1950년대 이후 20년간 유효하게 작동하였지만, 1980년대부터는 평등주의적 연합을 구성하는 데 정치적으로 무능을 보였다. 사회민주주의가 세계화를 지지하는 세력 중 하나였기 때문에 반세계화 운동이 격화될수록 정치적 지지를 잃게 되고, 반세계화 운동은 극우적이고 극단적인 민족주의(인종주의, 국수주의)와 결합하게 되었다.

둘째, 대안적 세계화를 생각하기 위해서는 신자유주의적 경제인에서 탈피할 필요가 있다. 신자유주의 경제인이라 함은 호모 에코노미쿠스homo economicus를 의미한다. 호모 에코노미쿠스는 개인주의적 이기심에 기초하여 경제적 효율성을 추구하는 인간이다. 그런데 호모 에코노미쿠스의 문제는 인간이 이기적, 계산적, 합리적이라는 점에 있는 것이 아니라, 이러한 인간이 사실상 사회 전체의 복지를 극대화해 줄 수 있다고 주장하는 점에 있다. 인간 행동의 원리로서 이기심에 착목한 애덤 스미스A. Smith: 1723~1790조차도 이론의 최대 고민은 이기적 인간의 속성이 어떻게 사회복지와 조화되느냐였다. 이 메커니즘에 대한 고민이 《국부론》에 단 한 번 나오고 《도덕감성론》에 두 번 나오는 '보이지 않는 손'이라는 비유적 표현인 것이다. 그러나 신자유주의 경제학은 인간의 이러한 한 측면을 절대화한다.

따라서 이론적으로 볼 때 신자유주의 경제인, 즉 '호모 에코노미쿠스의 행동원리가 과연 그러한가'에 대한 비판(제한적 합리성Constraint Rationality)도 필요하지만, 그러한 행동원리가 사회적 복리 극대화에 실패할 수 있는 가능성(시장실패이론)에 항상 노출되어 있다는 점을 인식하는 것이 중요하다. 이론적으로 호모 에코노미쿠스가 사회적 복지 극대화에 성공하는 것은 매우 까다로운 조건하에서만 가능하다. 완전경쟁시장complete competition market이라는 모형이 그것이다.대니 로드릭, 2016:27

경제학의 표준적 모형에 의하면 완전경쟁시장은 무수한 생산자와 무수한 소비자가 불특정하게 N×M(복수의 수요자와 복수의 공급자)으로 만나는 장소이며, 무한대로 존재하는 각 개별 생산자와 소비자의 의사결정은 시장구조에 영향을 미치지 못한다. 따라서 소비자는 가격을 주어진 것으로 받아들이고 자신의 이익(효용)을 극대화할 뿐이며, 생산자 역시 가격을 주어진 것으로 받아들이고 자신의 이익(이윤)을 극대화하는 의사결정을 할 뿐이다. 완전경쟁시장이 이론적으로 가능하려면 독점이 없어야 하고, 재화는 사적 재화일 뿐 아니라 시장거래의 외부성이 없어야 한다. 경제학의 표준 모델이 고도화하면서 사실상 더 많은 완전경쟁시장의 조건들이 찾아졌다. 거래하는 상품에 관한 정보가 완전해야 하며, 시장의 행위자들의 수가 적어 전략적 행동을 해서는 안 된다는 것 등이 그러하다.

표준 경제학의 모형을 벗어난 현실에서는 호모 에코노미쿠스는 자본주의 체제의 결과물을 단순히 이론화한 것에 불과하다고 느껴진다. 그렇지만 이 체제 자체가 문제를 야기하면 체제 속의 주체는 혼란을 느낄 수밖에 없다. 대안적 세계시민성을 고민할 때 경제 주체는 회색의 이론 속에 존재하는 것이 아니라 생생한 현실 속에 존재한다피터 플레밍, 2018는 점을 무시해서는 안 된다.

6. 맺는말: 경제윤리와 세계시민성교육

오늘날 세계화된 경제체제가 이론의 비현실적 가정 속에 설명되

[그림 7-8] 대안 세계화에 기반한 비판적 세계시민성의 구성 요소

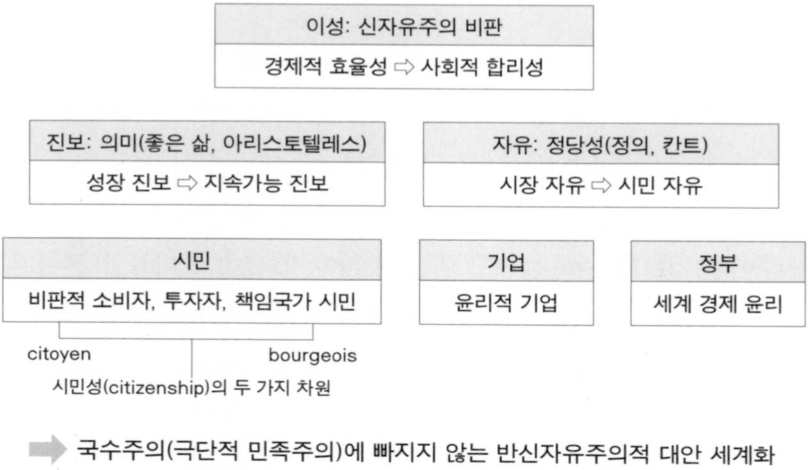

이성: 신자유주의 비판
경제적 효율성 ➪ 사회적 합리성

진보: 의미(좋은 삶, 아리스토텔레스)
성장 진보 ➪ 지속가능 진보

자유: 정당성(정의, 칸트)
시장 자유 ➪ 시민 자유

시민
비판적 소비자, 투자자, 책임국가 시민

citoyen   bourgeois
시민성(citizenship)의 두 가지 차원

기업
윤리적 기업

정부
세계 경제 윤리

➡ 국수주의(극단적 민족주의)에 빠지지 않는 반신자유주의적 대안 세계화

고 있는 것은 불행한 일이다. 페터 울리히Peter Ulrich[2010]는 대안적 이념으로서 "문명화된 시장경제Zivilisierte Marktwitschaft"를 제안한다. 그는 문명화된 시장경제 개념을 통해 [그림 7-8]에서 요약하듯이 이기심에 기초한 경제적 효율성이라는 단선적 설명 대신 사회적 합리성을 제안하고, 성장을 진보로 간주하는 전통 대신 환경을 고려하는 지속가능한 진보를 제안하며, 자본만이 자유로운 시장의 자유 대신 공화주의적인 정치적 타협에 기초한 시민적 자유를 제안한다.

여기에 기초하여 시민, 기업, 정부라는 세 경제주체가 취해야 할 경제윤리를 제안하는데, 이 중 시민이 갖춰야 할 경제윤리를 시민성으로 구체화한다. 여기서 시민성citizenship은 사회, 정치적 자유와 해방을 의미하는 시트와앵citoyen과 영리적 경제적 자유와 해방을 의미하는 부르주아bourgeois로 분화되고 양 개념의 병존과 긴장이 동시에 고려되어야 한다는 것이다.[페터 울리히, 2010: 52]

놀랍게도 경제적 세계시민성을 둘러싼 갈등과 대립은 시민성의 개념 자체에 내재하고 있다는 점을 발견할 수 있다. 즉 시민성이 추구하는 자유와 해방의 두 가지 차원 자체가 서로 갈등하면서 시민성 개념을 진화시키고 있다.

현재 한국에서 진행되는 경제교육의 양상은 세계화의 이러한 긴장을 고려하고 있지 못하다. 경제교육의 교육과정 설계는 완전경쟁시장이라는 이론적 모형하에서 구성된 개념적 시장경제를 쉽게 설명하는 데 주안점을 둔다. 물론 주류 경제학의 기본 개념을 이해하는 것도 중요하지만 핵심은 경제 현실의 복잡성과 모순성을 놓치지 않는 것이다.

현재 한국의 초·중·고등학교 경제교육의 내용은 대학교 경제원론의 표준 경제학적 개념을 전제하여 재구성되었기 때문에 경제교육은 항상 어렵고 문제적으로만 존재한다. 경제원론의 표준 경제학 모델이 가정하는 수많은 이론적 가정은 완전히 무시되고 결론만 제시하고 있기 때문에 경제 현상을 이해하는 것이 아니라 경제학을 배우는 것으로 한정된다.^{안현효, 2005}

세계시민성을 구현할 수 있는 경제교육을 위해서는 이념에 사로잡힌 경제교육이 아니라 경제 현상에서, 또 더 넓게는 사회 현상에서 출발하는 경제교육이 필요하다. 이러한 관점을 세계시민성교육에 적용해 보면 우리나라의 세계시민성의 현안으로 제기되는 인권교육, 평화교육, 성평등교육, 문화다양성교육 등이 경제적 세계화와 긴밀히 연관되어 있다는 전제하에 경제적 세계화 현상을 고려해야 한다. 또한 경제적 세계화를 이해할 때 우리는 세계화의 모순적 상황의 복잡성을 무시해서는 안 된다. 정답이 있다고 가정하고서 정답을 찾는 전통적 교육으로는 이 문제를 해결할 수가 없을 것이다.

따라서 경제적 세계시민성 개념을 단순히 주입식으로 교육할 수는 없을 것이다. 이때 우리는 경제적 세계시민성교육의 목표로서 단순한 주입식 소극적 사회화socialization 교육이 아니라, 적극적 비판적 사회화counter-socialization 교육을 지향해야 한다.Engle & Ochoa, 1988 이는 시민으로서의 경제인이라는 개념에 대해, 사회 구성원의 일원이 되도록 교육하는 것이 아니라 사회에 대한 비판적 이해를 기초로 이를 개선하려는 능력과 의지를 키우는 것을 목표로 하는 것을 의미한다. 이를 위해서는 지식 위주의 교육에서 문제 중심, 논쟁적 교육과 같이 교육 방법을 바꾸는 것도 고려해야 할 것이다. GCED

3부

세계시민교육의 중심 주제 (2)
문화다양성, 성평등,
지속가능한 발전

8장

세계시민성의 보편가치와 문화다양성

한건수

1. 머리말

세계시민의 정체성과 이상은 인류 역사에서 오랜 전통을 지니고 있다. 세계시민의 이상을 본인의 정체성으로 처음 제시한 사람은 그리스의 디오게네스Diogenes였다. 디오게네스는 그리스의 도시국가polis 체제에서 사람들이 일반적으로 받아들였던 시민적 정체성을 거부하고 스스로를 세계의 시민kosmopolitês이라 자처했다. 그는 도시국가 체제의 신분과 귀속 정체성을 거부하고 그리스인이나 비그리스인 모두를 포함하는 인류가 공유하는 세계시민cosmopolitan으로 자신의 정체성을 선언한 것이다.

디오게네스가 선언한 코즈모폴리테스(세계시민) 개념은 서구 철학 전통에서 다양하게 전승되었다. 키케로도 모든 인간이 속한 공통된 단일국가와 해당 국가의 시민 개념을 제안하며, 인류를 하나로 결속시키는 연대를 강조했다.김석수, 2004 이러한 사상적 전통은 키니코스학파, 스토아주의, 칸트, 계몽주의 등으로 이어지면서 세계시민주의cosmopolitanism로 확대되었다. 칸트는 인류의 자연법적 발전은 '세계시민의 상태'에 이르는 것으로 보았고, '세계시민법'의 지배를 통한 영구평화를 달성하고자 했다.김석수, 2004 칸트가 말하는 세계시민은 보편적이고 우호적인 조건에서 보장받는 권리를 강조한다.최두환, 2015: 23-25 세계시민주의는 특히 계몽주의와 결합되면서 인류의 이상적 가치를 구현하는 지향으로 발전했다.콰메 앤터니 애피아,[1] 2008

　코즈모폴리턴으로서의 세계시민 논의는 1990년대 이후 글로벌 시티즌global citizen이라는 새로운 이름으로 전환되고 있다. 이는 근대 국민국가 체제에서의 시민 개념을 차용하여 전 지구적 공동체의 구성원으로서 시민 정체성을 가상하는 개념이다. 다만 세계시민이 귀속하는 공동체가 사회과학적 실재로 다룰 수 있는 영속적 공동체corporate community로 존재하지는 않기 때문에 시민격citizenship 논의가 중심이 되지 못하고, 세계시민이 갖추어야 할 역량과 품성에 초점을 맞춘 세계시민성 논의만 강조되고 있다.

　세계시민을 뜻하는 코즈모폴리턴이나 글로벌 시티즌 개념 모두 인류의 보편성 관점에서 제안되었다는 공통점이 있다. 인류 역사에 출현했던 다양한 정치 공동체나 민족 공동체에 국한된 귀속 신분이 아니라 범인류적 공동체의 구성원으로서 보편적 신분으로 논의된 것이다. 더 나아가 세계시민을 규정하는 자격도 개별적이거나 고유한 특질보다는 인류가 보편적으로 공유하고 있는 특질에 근거한다. 또한 세계시민은 보편적 가치를 공유하는 지향적 존재로 설명된다. 자신이 속한 귀속적 신분에 고착되기보다는 인류 공동체의 구성원이라는 인식과 나와 연결된 세계의 관점에서 사고하고 행동하는 시민의식을 함양하는 목표를 지닌 존재이다.

　따라서 세계시민교육은 지향적 존재인 세계시민을 양성하고 확대하는 데 목표를 두고 있다. 다시 말해 세계시민교육은 국민국가 혹은 특정 문화 공동체(민족과 종교 등)의 구성원으로 존재하는 시민이 자신의 귀속 공동체를 넘어서는 인류 공동체의 존재와 의미를 자각하게 하고, 모든 사람이 개별적 존재가 아니라 전 세계적으로 서로 연결된

범인류 공동체의 성원이라는 것을 깨닫고, 이에 대한 책무를 다할 수 있는 시민의식을 갖게 하는 것을 목표로 한다.

이러한 교육 목표를 달성하기 위해 세계시민교육은 보편적 가치의 공유, 다양성에 대한 존중, 협력과 연대를 강조한다. 그러나 세계시민교육 논의에서 이러한 강조점의 상호작용에 대한 고민은 부족해 보인다. 즉 보편적 가치를 공유하면서 동시에 다양성을 존중할 방안이나 상호 충돌의 우려에 대한 논의가 부족하다. 목표를 추구하는 과정에서 발생하는 상충 문제가 결과적으로 협력과 연대를 어렵게 할 수 있다는 점이 간과되고 있는 것이다.

실제 세계시민교육의 문제의식에 일부 동의하면서도 이를 도입하고 보급하는 데 소극적인 국가들은 세계시민교육을 정치적으로나 문화적으로 매우 민감한 교육 의제로 인식하고 있다. 세계시민교육이 강조하는 보편적 가치가 자국의 정치적 현실이나 문화적 가치와 충돌할 수 있다고 판단하기 때문이다. 특히 문화적 가치와의 충돌은 정치적 의제와 달리 세계시민교육의 목적과 내용에 대한 의미 있는 문제 제기가 될 수 있다.

이 글에서는 세계시민교육에 내재된 보편성과 다양성의 문제를 문화다양성의 관점에서 분석하고자 한다. 먼저, 세계시민이 전제하는 보편적 가치의 형성과 합의 과정을 국제사회의 위계와 거버넌스를 통해 분석할 것이다. 둘째, 문화다양성 개념의 이해를 위해 문화 개념을 보편성과 다양성의 관점에서 분석하고 정의하고자 한다. 이를 토대로 보편적 가치의 공유를 강조하는 세계시민의 정체성과 세계시민교육이 문화다양성과 조우하는 방식과 관점을 제시하고자 한다.

2. 세계시민교육: 누구의 보편적 가치인가?

세계시민의 개념은 초창기부터 귀속 공동체를 인류의 보편적 범주로 전제한다. 따라서 개별 공동체에 고유한 상황이나 귀속 정체성보다는 범인류 공동체의 성원으로서 가져야 할 관점과 책무감을 우선시한다. 세계시민주의의 전통에서 세계시민은 인간의 존엄성을 해치는 상황에 대한 도덕적 책임감을 느껴야 하고, 이러한 책임감은 본인이 속한 공동체를 넘어서는 것이어야 한다. 따라서 세계시민주의 전통은 국제 관계 역시 인간성의 존중과 같은 보편적 가치의 실천 맥락에서 형성해야 한다는 믿음을 갖고 있었으나, 국제 관계의 위계적 질서나 차별과 불평등의 문제에 대한 직접적인 개입에서는 의미 있는 성과를 내지 못했다. 이런 점에서 마사 누스바움Martha Nussbaum은 세계시민주의 전통이 갖는 가장 큰 문제가 바로 '의무의 분지分枝'라고 분석한다. 세계시민을 지향하지만 귀속 공동체 밖에서 발생하는 문제에 대한 개입과 실천에 머뭇거림이 있다는 것이다. 정의의 의무와 물질적 원조의 의무는 세계시민주의 전통에서 서로 얽혀 있으며 상호의존적이지만 현실에서는 때로 구별되고 타협되고 있다는 것이다.

세계시민 전통의 이러한 한계는 세계시민교육에서도 나타나고 있다. 세계시민의 정체성이 자국 내에서 함양되고 실천되는 것에는 어려움이 없지만 국경을 넘어 타국의 맥락에서 어떻게 실천되어야 하는가는 이상적 선언만 있을 뿐 구체적 논의가 제시되지 못하고 있다. 이러한 이유는 어디에서 발생하는가?

세계시민교육은 세계시민으로서의 정체성 함양, 실천 의지와 역량 강화를 강조한다. 따라서 교육 내용에서 모든 개인이 자신이 속한 다양한 층위의 공동체를 매개로 전 세계와 연결되어 있음을 학습한다. 이를 통해 이전에는 자신과 상관없던 것으로 여겼던 다른 세계의 일들이 자신이 살고 있는 세계와, 궁극적으로는 자신에게도 연결된 문제임을 자각한다. 세계시민의 정체성은 이러한 자각을 바탕으로 시민의 책무성을 다할 수 있는 관점과 역량을 학습하면서 강화되고 실천된다.

나아가 세계시민교육은 지식을 전달하거나 학습하는 것을 주요 목표로 삼지 않는다. 세계시민의 책무성을 깨닫고 실천하는 것이 세계시민의 주요 정체성이기 때문이다. 특히 보편적 가치를 존중하는 것은 지구 환경, 인권, 평화, 문화다양성 등 모든 영역에서 실천되어야 한다. 그러나 세계시민의 실천이 자신이 속한 귀속 공동체를 넘어설 때, 국가 혹은 민족 간 경계를 넘어설 때 세계시민 정체성이 전제하는 보편적 가치의 공유와 실천은 복잡한 문제에 직면하게 된다. 바로 이런 점에서 일부 국가에서는 세계시민교육에 대해 매우 민감한 교육 의제로 반응한다. 해당 국가의 정치적 혹은 문화적 맥락에서 세계시민교육이 강조하는 보편적 가치에 동의할 수 없거나 해당 가치가 불온한 선동을 일으킬 수 있다는 우려가 있기 때문이다.

필자가 만난 일부 국가의 교육행정가나 전문가들은 세계시민의 개념 자체 그리고 세계시민교육이 강조하는 보편적 가치 중 일부가 자국에서는 소화해 내기 어려울 것이라는 의견을 제시하기도 했다. 이들은 세계시민교육의 문제의식은 공감하지만, 시민의식의 확산을 우려하는 자국의 정치적 상황에서 세계시민교육의 강화는 어려울 것이라고 걱정했다. 시민의식이나 시민 정체성의 강조가 자국의 정치적 상황에서 불온한 교육 의제로 비칠 수 있다는 것이다.

문화적 맥락에서 보편적 가치의 문제는 정치적 맥락보다 상황을 어렵게 하고 있다. 인류의 공동 가치에 해당하는 것이라고 판단되었던 기준이건만, 문화의 경계를 넘어서면 그 보편성이 도전받을 수 있기 때문이다. 세계시민교육이 함의하는 중요한 가치가 보편적으로 동의된 것인가라는 문제 제기는 가볍게 넘길 수 없는 비판이다. 이러한 문제를 제대로 토론하기 위해서는 세계시민교육이 당연하게 여기는 보편적 가치들을 그 형성 과정에서부터 성찰해 보아야 한다. 예를 들면 인간 존중의 사상이 세계시민주의의 전통에 자리 잡게 된 과정을 다시 돌아볼 필요가 있다. 세계시민주의가 서구의 철학적 전통에서 형성되어 온 점을 고려하면, 이는 서구의 기준에서 선별되었거나 비서구 사회의 사상적 전통이 처음부터 배제되었을 것이라는 비판이 가능하다.

세계시민주의의 전통이 구체화된 근대는 서구가 주도한 세계 질서와 함께 진행되었다. 이때는 국가와 민족, 인종 간 위계적 질서가 만들어진 시기이자 비서구인을 문명의 단계로 발전시켜야 하는 과업이 백인의 책무white men's burden로 정당화되던 시기이다.

제국주의 시기가 종식된 20세기 들어 만들어진 보편적 가치 기준 중 가장 대표적인 것은 인권의 개념이다. 인권 개념의 기원을 인류의 보편적 역사 경험에서 찾는 시도도 있지만, 대부분의 학자들은 인권 개념의 맹아는 서구의 철학 전통에서 비롯되었다고 동의한다. 그리스 시대에 논의된 시민의 권리는 오랜 시간이 흘러서야 모든 인간에게 적용할 수 있는 개념으로 발전했다. 자연법에 근거를 둔 인간의 권리 개념은 근대 이후에나 성립되기 시작했다. 미국의 〈독립선언문〉[1776]과 프랑스혁명의 〈인간과 시민의 권리 선언〉[1789]을 거치면서 자연법에 근거한 인간의 권리 개념이 구체화되었다.

제2차 세계대전의 종전과 함께 전쟁 기간에 벌어진 대량 살상과 홀로코스트 같은 학살의 비극을 목격한 국제사회는 인간의 존엄성을 강조하는 인권 논의를 시작했다. 유엔은 1948년 12월 10일 총회에

서 〈세계인권선언Universal Declaration of Human Rights〉을 결의하고 국제
사회에 선포하면서, 인권 개념을 인류의 보편적 가치로 선언했다. 유
엔은 결의문 초안 작업을 추진할 때, 인권 개념의 보편성을 확보하기
위해 캐나다, 미국, 프랑스, 레바논, 중국 등 다양한 지역의 대표를 작
성 위원으로 구성했다. 초대 위원장은 미국의 엘리너 루스벨트Eleanor
Roosevelt가 맡았고, 부위원장은 중국의 즈앙평춘張彭春, Peng Chun Chang
이 맡았다. 즈앙평춘 위원은 비서구 사회의 전통과 관점이 반영되어야
한다는 주장을 강하게 펼쳤는데, 특히 유교적 전통에 대한 연구와 논
의가 필요하다는 제안을 했다. 그는 제1조 "모든 사람은 이성과 양심
을 가지고 있으므로"라는 초안에 이성과 함께 '양심conscience' 개념을
추가할 것을 강력하게 주장했다고 알려졌다. 유교적 전통에서 인仁의
개념을 추가하려는 노력 과정에서 다른 위원들을 설득하는 방편으로
'양심'을 제안했다고 한다.Twiss, 2007: 60-61 이처럼 초안 작성 과정에 즈앙
평춘의 기여가 있었다 하더라도, 실제로 이슬람 사회나 아프리카, 남미
등 많은 지역의 관점 역시 충분하게 반영되었는가 하는 의문은 남아
있다.

　　미국인류학회는 1947년 6월 24일 〈세계인권선언〉 초안의 문제
점에 대해 공식적인 논평을 발표했다. 초안이 서유럽과 북미의 문화적
가치에서 형성된 권리의 개념을 보편적 가치로 제시하고 있음을 비판
한 것이다. 미국인류학회 집행부는 〈세계인권선언〉 초안이 보편적 가
치의 설정에서 개인의 권리에 초점을 맞추고 있음을 지적하며, 많은 사
회에서 개인은 그가 속한 사회와 문화로부터 분리될 수 없는 존재라는
것을 강조했다. 따라서 개인의 권리에 대한 존중은 반드시 문화적 차
이의 존중을 포함해야 하며, 인류 전체를 향한 〈세계인권선언〉이 특
정 문화의 기준과 가치만으로 적용되어서는 안 된다는 비판적 논평을

공식 발표한 것이다.Executive Bord of AAA, 1947

  미국인류학회의 논평은 인권 개념과 관련된 보편적 가치의 형성 자체가 서구와 북미의 백인 사회 전통에서 만들어졌고, 다른 사회에서는 천부적 인권의 주체인 개인이 문화와 분리될 수 없는 존재일 수 있다는 점을 지적한 것이다. 이러한 논의는 〈세계인권선언〉에 초안 작성 기간(1946년 6월부터 1948년 12월까지) 내내 계속되었고, 의결 과정에서도 다시 논쟁을 벌이게 되었다. 1948년 유엔 총회에서 〈세계인권선언〉에 대해 회원국 58개국 중 48개국이 찬성했고, 남아프리카공화국과 사우디아라비아와 동유럽 6개국(벨로루시, 소련, 우크라이나, 유고슬라비아, 체코, 폴란드)은 기권했다. 온두라스와 예멘은 투표에 참여하지 않았다. 남아프리카공화국은 자국의 아파르트헤이트Apartheid 체제 때문에 기권했으며, 사우디아라비아는 종교와 개종의 자유가 자국의 이슬람 교리와 충돌한다는 사유로 기권했다. 소련을 비롯한 동구 국가는 표면적 이유로는 나치즘에 대한 비판이 들어가지 않았음을 지적했으나 실질적으로는 거주 이전의 자유 문제로 기권했다고 한다.Glendon, 2002 기권을 소극적 반대로 해석한다면 인권 가치의 보편성에도 여전히 문제가 제기되고 있음을 알 수 있다.

  〈세계인권선언〉은 이후 보편성과 다양성의 문제를 진지하게 논의해 왔다. 특히 제30조 "어떤 권리와 자유도 다른 사람의 권리와 자유를 짓밟기 위해 사용될 수 없다"라는 조항을 두고서 보편성이 다양성을 훼손하지 않는다고 해석하기도 한다. 그러나 여전히 개인과 문화, 개인과 사회의 문제는 더욱 성찰해야 할 문제로 남아 있다.

  세계시민교육은 이러한 보편적 가치의 형성 과정을 성찰하면서 다양성의 문제를 고민해야 한다. 자신의 경계 밖에서 벌어지는 일들에 대한 세계시민의 참여와 실천이 단순한 문제가 아니기 때문이다.

3. 세계시민교육과 탈식민주의

세계시민교육의 현장은 무중력 공간이 아니라 국가와 진영 간 갈등과 경합이 벌어지는 곳이다. 근대의 제국주의와 식민주의가 쇠퇴하고 냉전 체제가 확립되었던 세계는 이제 냉전 체제의 붕괴 후 다양한 지역공동체의 경쟁이 강화되고 있다. 한편에서는 종교를 중심으로 경계를 나누고 갈등이 심화되고 있다. 경제 발전의 구조적 격차 문제를 남반구global south와 북반구global north의 문제로 정리했던 분석도 이제 해당 국가의 지리적 분포로 설명되지 못할 정도로 국제사회는 변화하고 있다. 남반구와 북반구에 속한 국가들이 새로운 경제 발전의 위계적 구도로 재편되고 있기 때문이다.

세계시민교육의 관점에서 주목할 만한 국제 질서의 재편은 탈식민주의 운동이다. 특히 제국주의와 식민주의가 종식되었으나 여전히 탈식민의 과제가 해결되지 않은 지역과 국가는 탈식민주의를 위한 다양한 의제를 실천하고 있다. 식민주의를 극복하는 것은 정치와 경제의 영역을 넘어서는 문제로, 문화의 영역 곳곳에서 탈식민의 노력이 진행되고 있다.

아프리카 대륙에서는 유럽의 식민 지배 유산이 문화의 영역에 여전히 잔존하고 있다는 문제의식 아래 탈식민 운동이 강조되고 있다. 아프리카는 기독교와 이슬람교가 지배 종교의 위치를 차지하고 있으며, 식민지 교육을 통해 이식된 식민 지배국의 언어가 아프리카 국가의 공용어로 채택되어 있다. 서구가 축적한 아프리카에 대한 지식체계가 아프리카의 역사와 문화를 설명하는 기준이 되었다. 아프리카 출신 학자들은 이러한 상황을 비판하며 아프리카의 탈식민주의 운동이 문화 전반의 영역에서 확산되어야 함을 주장한다. 일찍이 세네갈의 체칸타 디오프Cheikh Anta Diop는 아프리카의 역사와 문화를 아프리카인의 관점에서 새롭게 이해해야 한다는 '아프리카 중심주의Afrocentrism'를 주창하였다.Diop, 1974 유네스코에서 편찬한 《아프리카 통사General History of Africa》의 필자로도 참여했던 체칸타 디오프의 주장은 서구의 학자들로부터 많은 비판을 받으며 논쟁의 중심이 되었다. 체칸타 디오프의 문제 제기는 많은 아프리카 학자들에게 영감을 주었는데, 구벨기에령 콩고(현재의 콩고민주공화국)에서 태어난 무딤베V. Y. Mudimbe가 대표적이다. 무딤베는 아프리카 문화를 비롯한 모든 지식체계가 서구 학자들에 의해 서구의 관점에서 연구되고 기술되었다며 이러한 현상을 '아프리카의 발명invention of Africa'이라 명명하고, 서구의 지식체계 형성 과정을 비판적으로 분석했다.Mudimbe, 1988; 1994 무딤베의 이러한 접근은 에드워드 사이드Edward Said가 근동의 지식체계를 '오리엔탈리즘orientalism'으로 규정하고 이에 대해 비판적으로 분석한 것과 맥을 같이한다.

아프리카의 언어 정책 역시 탈식민 논의의 핵심 과제로 토론되어 왔다. 아프리카 국가의 경계는 유럽이 아프리카를 자의적으로 분할한 식민 행정 단위를 토대로 설정되었다. 독립 직후 아프리카 국가의 최대 과제는 유럽이 만들어 놓은 자의적 범주와 경계에 포함된 다양한 민족을 하나의 국민국가 성원으로 재탄생시키는 것이었다. 나이지리아는 270여 개의 민족이 하나의 국민으로 모여야 했다. 모든 민족이 각각 고유한 언어를 사용하고 있었기 때문에 국민국가의 언어를 채택하는 것부터가 난관이었다. 나이지리아의 모든 국민에게 가장 보편적으로 확산된 언어는 구식민지 지배국이었던 영국의 언어였다. 식민 지배 당국은 행정과 교육에서 영어를 사용했고, 서구의 선교사들 역시 기독교 전파 과정에서 영어를 확산시킨 결과였다. 나이지리아가 어쩔 수 없이 영어를 공용어로 채택한 것처럼 북아프리카를 제외한 사하라 이남

아프리카 국가들은 구식민지 지배국의 언어를 공용어로 사용할 수밖에 없었다.

이러한 언어의 문제는 아프리카 문학에서 탈식민주의의 문제의식을 강화했다. 아프리카 작가의 대부분이 구식민지 지배국의 언어로 작품 활동을 하기 때문에 식민유산을 벗어나지 못하는 것이라는 비판이 제기되면서 아프리카 문학계에서 탈식민주의 논쟁이 격화되었다. 가장 극단적인 주장은 케냐의 작가 응구기 와 티옹오Ngũgĩ wa Thiong'o의 입장이다. 그는 아프리카 문학이 식민유산을 극복하려면 기본적으로 창작 언어가 변화해야 한다고 주장했다. 그는 아프리카 작가가 구식민지 지배국의 언어가 아닌 자신의 모어로 창작하는 것이 아프리카인의 삶과 정신을 구현하는 진정한 길이라고 강조했다. 그는 자신의 주장을 실천하기 위해 더 이상 영어로 창작하지 않을 것이며 자신의 모어인 키쿠유Kikuyu어로 작품 활동을 한다고 선언했다. 탈식민 문학 논쟁이 격화되면서 그는 의사소통 언어도 더 이상 영어를 사용하지 않겠다고 주장했다.Thiong'o, 1986

이에 대해 나이지리아 작가인 치누아 아체베Chinua Achebe[1988]는 반대 의견을 제시했다. 첫째, 탈식민의 문제는 언어의 문제가 아니라 그 안에 담기는 정신과 내용의 문제라고 본다. 구식민지 지배국의 언어는 아프리카인의 정신을 소통시키는 훌륭한 통로일 뿐이라는 것이다. 치누아 아체베는 자신이 영어로 창작한 소설은 나이지리아 이보Igbo족의 역사적 경험을 통해 인류 사회에 공통의 질문을 제기하는 것이지 식민유산에 불과한 것이 아니라고 주장한다. 둘째, 아프리카인이 사용하는 구식민지 지배국의 언어가 누구의 언어인가라는 질문을 제기한다. 나이지리아인이 사용하는 영어나 세네갈인이 사용하는 불어는 영국과 미국의 언어, 프랑스의 언어가 아니라 이제 아프리카인의 언어가 되었다는 주장이다. 그의 주장과 관련해서 아프리카 문학 전문가들은 나이지리아 요루바족 작가인 아모스 투투올라Amos Tutuola의 《야자열매 술꾼Palm-Wine Drinkard》에 주목한다. 고등교육을 받지 못했던 아모스 투투올라는 소박한 자신의 영어로 BBC의 아프리카인 대상 작품 공모에 지원했고, 그의 소설은 영국의 문학평론가들을 흥분시켰다. 때로 문법에 어긋난 문장도 있으나 어휘 선택, 문장 구조 등이 영국인 작가의 문장에 비해 참신한 감동을 준다는 평가에서부터, 《야자열매 술꾼》의 영어는 영어의 발달 역사에서 아주 '젊은 영어'라는 평가도 받았다. 치누아 아체베가 말한 언어의 정체성을 보여 줄 수 있는 사례라는 것이다.

　문화의 영역에서 탈식민주의 의제는 아프리카를 비롯한 제3세계 국가의 핵심 의제로 부상되고 있다. 세계시민교육은 이러한 탈식민주의 의제를 수용해야 한다. 세계시민교육이 강조하는 보편적 가치나 지향이 국제사회의 권력구조 속에서 어떻게 해석될 수 있는지를 가늠해야 한다. 탈식민 의제로 여전히 고민하는 국가에서 세계시민교육의 내용이 어떻게 해석될지, 또 어떠한 예상치 못한 반응이 나올 것인지도 고민해야 한다. 유네스코를 비롯한 다양한 국제기구들이 세계시민의 보편적 가치를 국제사회에서 정립하고 확산하는 과정은 여전히 서구와 선진국이 주도하고 있다. 이러한 보편적 가치가 가장 먼저 충돌할 수 있는 영역은 문화다양성 부문이다.

4. 문화다양성 개념의 이해와 쟁점: 보편성과 다양성

　세계시민 전통에서 강조하는 인간 존중의 보편적 가치는 문화다양성 의제와 복합적인 상호작용을 하고 있다. 보편성과 다양성이 정면으로 만나는 장이기 때문이다. 앞서 〈세계인권선언〉 사례에서 보았듯이 인권 존중과 같은 보편적 가치가 문화의 경계를 넘어설 때 다양성의 문제로 충돌할 수 있기 때문이다. 많은 인권 전문가들이 문화의 다양성 의제가 보편적 인권 가치의 증진에 반대하기 위해 임의적으로 사용되는 전략일 수 있다고 비판하기도 한다. 반대로 서구 중심의 획일적인 보편가치의 적용이 지역 문화의 특성을 오도한다는 비판도 제기되고 있다.

4.1. 보편적 가치와 문화다양성의 조우: 히잡과 여성의 권리

이슬람 문화에서 여성의 의상 기준인 머리가리개 관습을 서구의 여성주의 운동가들은 무슬림 사회의 여성에 대한 차별의 상징으로 언급해 왔다. 무슬림 사회의 여성에 대한 차별은 명예살인, 성기절제 FGM, 순결의무와 같은 문화적 관습과 여성의 교육이나 사회생활 제약과 같은 사회적 관행으로 널리 알려졌다. 따라서 무슬림 사회의 여성의 권리는 세계시민주의 전통에서 강조하는 인간 존중의 보편적 가치의 관점에서 많은 관심을 받는 영역이다.

전 지구화의 진전과 함께 급증하는 국제 이주는 무슬림 사회의 문화적 관행에 대한 논쟁을 격화시키고 있다. 유럽 사회의 무슬림 인구 증가로 일상생활에서의 대면 접촉이 늘어났기 때문이다. 도시 경관의 조화와 일관성의 문제로 전통 양식의 이슬람 사원 건축에 반대하는 것부터 공공장소에서 무슬림 여성의 머리가리개 착용을 금지하는 경우도 있다. 무슬림 여성의 머리가리개 규정은 국가마다 차이가 있다. 히잡hijab, 니캅niqab, 부르카burqa는 머리, 얼굴, 전신 등을 가리는 방식이 다르다. 이 중 특히 전신을 가리는 부르카는 서구 사회에서 여성의 인권을 침해하는 대표적 규정으로 인식되고 있다. 일부 유럽 국가에서는 무슬림 이민자들이 부르카를 공공장소에서 착용하는 것을 금지하기도 한다. 서구 사회의 다수 국가에서는 무슬림 여성의 머리가리개 규정을 명예살인이나 여성 성기절제와 같은 차별적 관행의 상징으로 여기고 이를 반대한다. 이러한 의견은 성평등을 구현하는 세계시민의 실천으로 간주되기도 한다. 문화의 경계를 넘어서 인간 존중의 보편적 가치를 적용하고 구현하는 책무의 실천이라는 것이다.

한국 사회에서도 무슬림 여성의 성평등을 위한 일상에서의 연대와 실천이 강조되고 있다. 무슬림 이주민의 증가와 이에 대한 일부 한국인의 반발이 이슬람교와 무슬림 사회의 문화적 관행에 대한 관심을 증대시켰기 때문이다. 그러나 이슬람 문화에 대한 한국인의 지식과 정보 습득이 여전히 낮은 상황에서 이슬람교와 무슬림 사회의 문화적 관행에 대한 편견도 높아졌다.

무슬림 여성의 의상 규정에 대한 한국인의 일반적 인식은 성차별의 대표적 상징이다. 따라서 히잡과 같은 의상 규정은 시대에 뒤떨어진 그리고 세계시민의 보편적 가치에 반하는 관행이다. 이러한 관점은 이슬람 사회를 연구한 인류학자의 연구에 대한 공개적 비판으로 나타나기도 했다. 인도네시아의 이슬람 종교와 무슬림 청년의 삶을 연구한 국내 인류학자의 책 《히잡은 패션이다》[김형준, 2018]가 출판되자 일부 여성들이 이 책은 무슬림 여성의 성차별 현실을 무시하고 있다고 비판한 것이다. 이들은 이 연구를 지원한 재단을 화장품 회사가 설립한 것을 확인하고 해당 업체에 항의하기도 했다.

김형준[2018]의 연구는 인도네시아 20대 여성들의 히잡에 대한 생각과 일상에서의 실천을 현지 조사를 통해 규명한 것으로, 비무슬림 사회의 일반적 예상과 달리 히잡을 여성 억압의 문화적 관행으로 보지 않는 현실을 설명하고 있다. 연구자는 많은 여대생들과 심층 면접을 하고 이들이 안내하는 다양한 히잡 상점을 방문한 결과, 여성들이 자신의 미적 표현을 위해 주체적으로 히잡을 사용하고 있는 사례를 보여 준다. 히잡의 색상, 매는 방법, 그리고 본인의 몸매에 맞추어 가리거나 드러내는 다양한 전략을 통해 인도네시아 여성들이 미적 감각을 실천하는 방식을 민족지적 관찰과 기술을 통해 설명한다. 김형준[2018]이 현지 조사 과정에서 수집한 다양한 자료는 인도네시아의 청년들이 이슬람교의 문화적 관행을 자신들의 관점에서 주체적으로 선택하고 수용하는 사례를 보여 준다. 무슬림 사회의 문화적 역동성을 나타내는 참신한 연구인 것이다.

구기연[2017]의 이란 여성에 대한 연구 역시 무슬림 사회의 역동적 문화 변동을 보여 주는 인류학 연구이다. 무슬림 국가마다 종교적 의무와 실천을 통제하는 강도와 내용이 다른데, 이란의 종교혁명은 강력한 종교적 실천과 의무를 국민에게 부과하는 대표적 사례로 알려져 있다. 한국의 여성 인류학자인 이 책의 필자는 이란에서 현지 조사를 하는 동안 도시 청년들의 종교적 실천과 저항을 관찰했다. 연구자가 강조하는 것은 이란의 청년들이 국가의 통제 속에서도 사회적 네트워크 서비스SNS를 통해 서로 연대하며 새로운 가치를 확립해 나간다는 것이다. 즉 국가가 요구하는 신실한 무슬림으로서의 삶을 학습하고 이를 따르는 모습을 보이면서도, 이 과정에서 도시 청년들이 '여러 개의 가면'을 통해 국가의 통제에 실질적으로 저항하는 전략을 구사한다는 것이다. 국가의 강제에 저항하면서 역으로 국가의 논리, 즉 이슬람 교리와 의무를 전면에 내세우며 실질적으로는 국가의 통제가 갖는 모순을 지적하고 저항하는 모습을 드러낸다. 특히 도시 청년층 여성들은 머리가리개 규정을 다양한 방식으로 풍자하고 거부하는데, 이러한 실천을 사적 공간과 인터넷 공간에서 공유함으로써 서로 연대한다.

　김형준[2018]과 구기연[2017]의 연구는 무슬림 사회의 다양성과 세대 간 다양성을 잘 보여 주는 자료이다. 이러한 자료는 히잡이 무슬림 사회의 여성을 억압하는 상징적 관행인가라는 질문이 그리 단순하지 않다는 것을 나타낸다. 무슬림 국가마다 국가 혹은 종교의 강제와 억압의 차이가 있고, 이를 수용하는 국민 역시 세대마다 다르다는 것을 알 수 있다. 게다가 이러한 현상이 국경을 넘는 이주민과 수용국 주민 사회에서 나타나는 것은 또 다른 맥락이기도 하다.

　이것은 세계시민교육이 직면한 오늘날 국제사회의 단면이다. 이러한 구조 속에서 세계시민의 보편적 가치에 대한 질문이 제기된다. 보편적 가치는 어떤 맥락에서 누구에 의해 합의되는가? 그리고 보편성과 다양성의 조우를 어떻게 이해해야 하는가 하는 질문이다.

4.2 문화의 개념과 문화다양성 개념의 이해: 보편성과 다양성

　세계시민교육이 포함하고 있는 문화 관련 교육 의제는 문화다양성 분야이다. 이는 문화 간 이해를 촉진하는 기본적 관점을 문화다양성의 보호와 증진으로 구체화한 것이다. 문화다양성 관련 교육 내용은 세계시민교육의 보편성과 다양성 문제가 가장 많이 충돌하는 영역이기도 하다.

4.2.1 문화의 개념: 보편성, 다양성, 협의와 광의

　문화다양성과 관련해서 가장 먼저 정리되어야 할 것은 문화 개념이다. 세계시민교육의 문화다양성 논의에서 가장 문제가 되는 것도 문화 개념이다. 교육현장, 특히 유·초등교육에서 문화다양성 수업은 문화를 협의의 개념으로 이해하고 작성한 경우가 대부분이다. 문화 개념에 대한 깊이 있는 고민과 학습이 필요한 영역이다.

　문화는 인류가 공유하는 보편성 중 하나이다. 인류가 다른 생명체와 달리 오늘날 누리고 있는 성취의 근원은 문화에서 비롯된다. 문화라는 용어 자체가 '경작하다' 혹은 '재배하다'라는 라틴어에서 비롯된 것으로 무에서 유를 창조해 내는 인간의 역량과 관련되었음을 알 수 있다. 문화는 인류가 공유하는 보편적 역량을 전제로 하는 개념이다. 그러나 다른 한편에서 문화는 다양한 인류 집단이 각각 발전시키기도 했다. 집단마다 처한 환경과 역사적 경험이 달랐고, 그 과정에서 고유한 문화적 성취를 이뤄 낸 것이다. 오늘날 현상적으로 관찰되는 문화의 차이는 이러한 역사적 과정의 산물이다. 따라서 인류의 보편적 성취로서의 문화와 개별 집단의 고유한 성취로서의 문화가 공존하고 있다. 이를 단수로서의 문화와 복수로서의 문화라는 개념으로 설명하기도 한다. 인류는 문화를 가지고 있고 각각의 개별 집단은 고유한 문화를 가지고 있는 것이다. 문화 개념 자체가 보편성과 다양성을 동시에 포괄하고 있다. 세계시민교육은 문화의 보편성과 다양성이라는 관점에서 문화 간 이해의 역량과 관점을 교육해야 한다.

　둘째로 고민해야 할 문제는 문화의 정의와 개념을 제대로 이해하고 있는가이다. 실제 세계시민교육에서 문화의 개념은 흔히 말하는 협의의 문화로 이해되는 경향이 많다. 수업 내용에서 다루어지는 문화의 차이 학습은 대부분 물질문화나 예술 분야에 한정된 문화 개념에 근거해 있다. 가장 많이 사용되는 문화 개념은 예술로서의 문화이다. 물론 문화 개념의 발달 과정에서 문화라는 용어 자체가 '경작하다'라는 의미에서 인간 정신의 고상함을 배양하거나 그 결과물로서의 실천이라는 의미로 전환되기도 했다. 따라서 15세기 이후에 활용된 문화 개념은 현대적 의미의 예술과 유사했다. 문학, 공연, 음악, 미술 등이 문화의 대표적 실천이자 성취물인 것이다. 이러한 문화 개념은 18세기 이후 서구 사회 내부에서부터 도전받기 시작했다. 예술로 국한된 문화 개념은 귀족과 지배층에게 독점된 것이기 때문이다. 또한 프랑스를 비롯한 일부 왕정의 궁중문화로 치환되는 문제도 있었다. 따라서 독일을 중심으로 문화 개념의 확장이 시도되었다. 일반 백성과 농민의 삶에 문화의 개념을 적용하기 시작한 것이다.

이러한 논의는 서구를 넘어서 비서구 사회의 인류에게도 확장되었다. 대표적으로 인류학자인 에드워드 타일러Edward Tylor는 아프리카와 뉴기니 주민의 삶에 '문화'라는 용어를 사용했다. 그에 따르면 문화는 "인간이 한 사회의 구성원으로서 학습한 총체"이기 때문이다. 타일러는 당시의 시대적 맥락에서 '도덕, 관습, 신앙, 예술 등 다양한 사례'를 제시하며 특정 집단의 구성원들이 학습한 모든 것이 문화라고 정의했다.에드워드 버넷 타일러, 2018 타일러의 이 개념은 흔히 '생활양식으로서의 문화' 혹은 '총체적 문화' 개념으로 불린다. 타일러의 문화 개념이 강조하는 것은 문화는 특정 사회 내부에서 학습된 모든 것이라는 점이다. 타일러의 개념에 따르면 예술로 국한된 문화 개념, 또는 손에 잡히는 구체적 물질문화뿐만 아니라 특정 사회의 구성원이 공유하는 가치체계 전체가 문화이다.

유네스코도 창립 이래 문화의 개념에 대한 오랜 고민을 통해 문화의 정의를 발전시켜 왔다. 유네스코 본부의 전문연구관인 스테누Stenou는 유네스코가 이해한 문화의 개념을 1946년부터 2007년까지 5단계로 나누어 분석한 바 있다.한건수, 2015b 유네스코의 문화 개념 정의에서 가장 중요한 전환은 1982년 '멕시코시티 세계문화정책 회의'

를 통해서 이루어졌다. 당시 유네스코 가입국의 문화 정책 수반들이 모인 회의에서 문화 정책의 전환을 위한 문화 개념 토론이 있었는데, 이 회의는 문화를 "예술과 문학에 한정되지 않고 인간의 생활양식과 기본적인 권리들을 포함하여, 한 사회나 사회집단을 설명해 주는 독특한 정신적, 물질적, 지적, 정서적 특질들의 복합적 전체"라 정의했다.UNESCO, 1982 유네스코는 이러한 문화 개념을 이후 유네스코의 문화 분야 모든 사업과 정책의 근간으로 사용하고 있다.

유네스코의 문화 개념은 인류학에서 총체적 문화 개념으로 일컫는 타일러의 문화 개념과 내용적으로 일치한다. 따라서 세계시민교육의 문화다양성 관련 교육은 유네스코와 타일러의 문화 개념에서 시작되어야 한다.

4.2.2 문화의 경계

문화의 개념과 함께 중요하게 다루어야 하는 것은 문화의 단위 혹은 경계의 문제이다. 문화 간 이해나 문화다양성 논의에서 문화의 단위를 제대로 이해해야 한다. 근대 인류학은 문화의 단위를 매우 고정된 실체로 간주했다. 특정 사회가 동일한 문화를 공유하고 있다고 간주하며 집단 간 경계를 곧 문화의 경계로 설명한 것이다. 인류학자들은 20세기 중반까지 경계로 나뉘어 있고 고립된 문화 단위들이 실재한다는 확신에서 문화를 연구했다. 그러나 20세기 중반 이후 인류학자들은 곧 자신들이 설정한 문화의 경계와 단위가 현실이 아니며 오히려 문화의 이해에 장애가 되고 있음을 발견했다. 모든 개별 집단은 이웃하거나 원거리에 있는 집단과 교류하고 있으며, 문화 역시 상호작용하면서 변동하고 있음을 확인한 것이다. 따라서 문화의 경계는 고정된 것이 아니고 유동적이며, 사회 내부에서도 중층적 다양성을 내포하고 있다는 점을 강조하기 시작했다. 현대의 문화 개념에서 문화의 경계는 중층적이고 역동적이며 항상적으로 변동하는 것이다.

유네스코는 국민국가 체제에서 창립되었기 때문에 초기에 문화의 경계 역시 국민국가 단위로 이해한 경향이 있다. 전쟁을 예방하는 평화의 방벽을 인간의 마음에 구축하기 위해 유네스코가 국제이해교육 education for international understanding을 강조한 것도 국가 단위의 국제질서 체제에서 출발했기 때문이다. 그러나 국제사회는 국민국가 단위의 국제질서뿐만 아니라 다양한 진영별 국제질서를 경험했다. 냉전 체제와 이후의 종교 간 갈등 혹은 지역공동체의 출현 등 국제사회의 구조 자체가 변동하고 있다. 이런 상황을 반영하여 유네스코 역시 문화다양성 개념의 발전과 적용, 그리고 문화 개념의 해석과 실천에서 문화의 경계에 대한 인식을 전환하고 있다.

세계시민교육도 동일한 문제를 해결해야 한다. 따라서 문화의 경계를 새롭게 이해해야 한다. 한국 문화와 일본 문화처럼 국민국가를 문화의 단위로 설정하는 것은 맥락별로 적용되어야 한다. 한국 문화나 일본 문화 모두 내부적 다양성이 실체로 존재하기 때문이다. 일본 문화 연구자들이나 일본인들은 스스로 일본 내의 문화적 차이에 대한 논의를 많이 한다. 대표적으로 관서와 관동 지역의 문화는 확연히 다르다는 것이 일본인이 일상에서 체험하는 현실이다. 한국의 경우도 마찬가지다. 한국이라는 국민국가 단위가 내부의 문화적 동질성을 강요할 수 없는 현실이다.

이러한 문제는 다민족 국가에서는 더욱 확연하게 나타난다. 나이지리아의 270개 민족은 나이지리아라는 국민국가 단위로 문화 간 경계를 나눌 수 없게 한다. 나이지리아의 이웃인 베냉은 식민통치 이전에 나이지리아 남서부에 살고 있는 요루바족의 영토를 일부 포함하고 있다. 따라서 나이지리아 요루바인은 나이지리아 이보인에게서 문화적 차이를 느끼지만, 오히려 베냉에 거주하는 요루바인에게서는 문화적 차이를 별로 느끼지 못한다. 나이지리아는 문화의 단위와 경계가 될 수 없는 현실이다. 미국이나 중국 등 다민족 국가의 경우는 내부의 문화적 차이의 문제가 더욱 두드러진다. 세계시민교육은 문화의 경계에 대한 새로운 이해를 포용해야 한다. 그러지 않을 경우 문화 간 이해의 역량을 키우기보다는 문화에 대한 피상적 편견을 양산할 우려가 높다.

4.2.3 유네스코의 문화다양성 의제와 문화다양성 개념

유네스코는 창립 목적인 평화의 문화를 구축하기 위한 실천으로 다양한 문화 의제를 추진해 왔다. 문화 간 대화나 세계문화유산 사업 등은 모두 인류의 공동 자산으로서의 문화, 즉 보편적 가치로서의 문화를 함양하기 위한 프로그램이다. 유네스코는 평화를 이루는 궁극적 수단이 인류가 공동의 문화유산을 존중하고 발전시킴으로써 서로에 대한 이해뿐만 아니라 발전의 자원으로 활용할 수 있는 역량을 키우는 데 있다고 본다. 다양성은 바로 이러한 목적에서 가장 중요한 인류의 문화자산이다.

유네스코는 〈우리의 창의적 다양성〉[1995]이라는 정책보고서를 통해 문화다양성이야말로 인류의 생존과 발전을 위한 핵심 자원임을 천명했다. 이 책에서 저자들은 "한 문화의 진정한 공헌은 그 문화가 개별적으로 생산해 낸 발명 목록이 아니라 다른 문화와의 차이점에 있다"라는 레비스트로스의 글을 인용하며 특정 문화의 구성원들은 다른 문화가 셀 수 없는 차이를 만들어 낸 것에 대해 감사해야 한다고 정리한다.[UNESCO, 1995]

유네스코는 이러한 문제의식을 〈문화다양성 선언〉[2001]으로 정리했다. 정보통신의 발전을 축으로 하는 전 지구화가 문화다양성을 훼손할 수 있다는 우려와 2000년 유엔 총회에서 인권과 문화다양성 결의문이 채택되면서 후속 작업으로 〈문화다양성 선언〉이 발표된 것이다. 〈문화다양성 선언〉은 4개 영역 12개 조문으로 구성되었는데, 주요 내용으로 문화권은 인권의 기본적 요소이며 문화다양성은 인류의 공동 유산이자 발전의 핵심 자원이라는 것을 명시한다. 그리고 20개의 실행 계획을 제안하고 있다.UNESCO, 2001

유네스코의 〈문화다양성 선언〉은 문화의 개념을 1982년 멕시코 회의 규정에 따라 다음과 같이 정의하고 있다.

> 문화는 사회와 사회 구성원들의 특유한 정신적·물질적·지적·감성적 특징의 총체로 간주되어야 하며 문화는 예술 및 문학뿐 아니라 생활양식, 함께 사는 방식, 가치체계, 전통과 신념을 포함한다.UNESCO, 2001

즉 문화다양성에서 언급하고 있는 문화는 예술이나 물질문화의 영역을 넘어서는 것임을 분명히 밝히고 있다. 세계시민교육이 근거로 삼아야 하는 문화다양성의 개념과 의미, 교육 의제로서 갖는 함의는 〈문화다양성 선언〉에 기초해야 한다. 이는 유네스코 회원국의 만장일치로 결의된 것이기 때문이다.

문화다양성 개념이 한국 사회에서 혼란스럽고 어렵다는 평가를 받는 가장 큰 이유는 이러한 개념의 역사적 발전 과정을 간과하고 있기 때문이다. 특히 〈문화적 표현의 다양성 증진과 보호를 위한 협약〉2005으로 인해 문화다양성 개념이 축소되어 소개되고 있는 문제점도 있다.

〈문화적 표현의 다양성 증진과 보호를 위한 협약〉(이하 〈문화다양성 협약〉)은 문화다양성 선언이 제안한 실행 계획에 근거해서 유네스코가 만든 국제협약이다. 문화다양성 보호와 증진의 의무를 구체적으로 명시하기 위해, 당시 협약 제정 위원들은 〈문화다양성 선언〉의 가치를 의무적으로 실천하는 방안을 국제무역에서 '문화의 예외성'을 인정하는 협약으로 구체화한 것이다. 따라서 〈문화다양성 협약〉은 '문화적 표현'(국가마다 문화산업의 내용과 발전 정도가 다르기 때문에 문화적 표현이라는 광의의 용어를 사용함)의 다양성 증진과 보호를 위해 국제무역에서 회원국이 지녀야 할 의무를 명시하고자 했다. 〈문화다양성 협약〉의 체결 과정에서 영화산업이나 문화산업의 무역 규제에 대한 논의가 중심이 된 배경이다.

　한국 사회가 문화다양성 개념을 대중적으로 인식하게 된 계기는 바로 2005년의 〈문화다양성 협약〉이다. 당시 유네스코 본부에 모인 〈문화다양성 협약〉 지지자들이 주목한 사례가 한국 영화산업의 스크린 쿼터제였기 때문이다. 한국 사회에서 문화다양성 개념이 예술과 문화산업 중심으로 확산된 이유가 여기에 있다. 그러나 실제 〈문화다양성 협약〉은 전문에서 유네스코의 문화 개념을 준용하고 있다.한건수, 2019

　한국의 세계시민교육에서 문화다양성 의제를 교육할 때 문화의 개념과 문화다양성의 개념이 혼란스럽게 다루어지는 현실은 문화 개념과 문화다양성 개념의 전환으로 개선되어야 한다. 세계시민교육과 별개로 문화다양성 교육과정과 교육자료를 개발한 문화체육관광부는 문화다양성 교육의 절실함이 기존의 다문화교육에서 시행되고 있는 문화 간 이해, 문화다양성 교육의 한계에서 비롯된다고 주장한다. 문화체육관광부가 개발한 문화다양성 교육 프로그램은 문화의 개념과 경계의 문제 등을 유네스코와 인류학적 관점으로 재구성해야 함을 강조한다.한경구·한건수 외, 2015

　　한국 사회가 주목해야 할 문화다양성 의제는 국민국가 단위의 문화다양성 개념을 해체하는 것이다. 한국 사회의 문화다양성을 오로지 베트남계 이주민, 필리핀계 이주민, 중국계 이주민 등 외국인 이주민과의 문화 차이와 다양성으로 이해하는 틀을 벗어나야 한다. 〈문화다양성 협약〉도 특정 사회 '내부'의 다양성 문제를 강조하고 있다. 〈문화다양성 협약〉 전문에서 '소수자와 토착민'의 문화생명력을 강조하고 있는데, 이는 협약이 문화다양성의 경계를 국가 간 단위로 인식하지 않음을 보여 준다.

　　이런 점에서 대한민국 정부가 유네스코의 〈문화다양성 협약〉에 가입하고 국회의 비준을 거쳤음에도 별개의 법안으로 〈문화적 표현의 다양성 보호와 증진에 관한 법〉2014을 제정한 것에 주목해야 한다. 이 법안은 문화다양성의 영역에 한국 문화 내부의 다양성을 언급하고 있다. 한국 문화는 동질적 실체가 아니라 내부에 세대, 지역, 계층, 젠더, 장애 등 다양한 층위에서 다양성을 지니고 있으며, 이러한 다양성을 보호하고 증진하는 것이 문화다양성의 과제라고 명시한다.

　　세계시민교육은 이런 점에서 문화다양성의 문제에 대해 보편성의 토대 위에서 인류가 함께 대화하고 이해해 나가는 역량과 관점의 배양에 집중해야 한다. 보편성과 다양성은 고정된 구조 속에서 조우하는 것이 아니다. 권력과 위계적 질서 속에서 경합하는 문화적 주체의 실천으로 만들어져 나가는 과정이다. 따라서 세계시민교육의 문화다양성 의제는 보편성과 다양성이 끊임없이 상호작용하는 의미의 산출 과정으로 다루어져야 한다.

5. 맺는말: 세계시민성의 보편적 가치와
문화다양성 의제의 공존을 위한 세계시민교육

세계시민교육은 유네스코가 창립 이래 강조해 온 글로벌 교육 의제의 연장 속에서 이해해야 한다. 반인종주의 교육, 국제이해교육, 지속가능발전교육 등이 공유하고 있는 교육 의제가 새로운 맥락에서 재구성되고 있기 때문이다. 문화다양성의 수용과 문화 간 이해 및 대화를 위한 역량 강화는 유네스코의 모든 교육 의제에 포함되어 있다.임현묵, 2015; 한건수, 2015a; 2015b; 2019 그러나 많은 경우 문화다양성 의제가 갖는 보편성과 다양성의 복합적인 상호작용에 대한 분석과 이해에 관심을 두지 않는다. 이상적 가치를 교육하는 과정에서 갈등 요소가 적은 사례를 중심으로 교육하기 때문이다.

세계시민교육이 문화다양성 존중을 진지하게 교육하려면 다양성이라는 개념이 갖는 전복적 위험과 중층적 구조에 대한 이해와 고민이 선행되어야 한다. 보편성을 중시하는 세계시민의 관점에서 문화다양성의 존중은 그리 간단한 문제가 아니다. 한편에서는 너무나 안일하게 문화상대주의를 근거로 다양성의 존중이 필요하다고 주장하고, 반대편에서는 문화상대주의를 기계적 상대주의로 치환하여 비판한다. 문화다양성을 보호하는 것에 대해 현재의 다양한 문화를 박제된 형태로 사라지지 않게 보존하는 것으로 오해하기도 한다. 레비스트로스는 우리가 보호하고 증진해야 할 문화의 다양성이란 다양성 그 자체라고 주장했다. 즉 각 시대가 다양성에 덧씌운 외형이나 가시적 표현 혹은 현상태의 문화가 아니라 그 안에서 생명력 있게 변화하는 문화의 흐름이라는 것이다.Lévi-Strauss, 1952

세계시민교육은 지향적 존재로서의 세계시민을 육성하는 교육이다. 지향적 존재는 늘 이상적 가치의 학습과 실천을 전제한다. 문제는 그러한 이상적 가치 자체에 대한 지속적인 성찰이 필요하다는 점이다. 세계시민성을 규정하는 주체가 누구인지에 대한 질문, 세계시민성이 강조하는 보편적 가치가 고정된 것이 아니라는 점, 세계시민성의 보편성을 자신의 관점에서 재해석하려는 시도가 세계시민교육의 핵심 의제로 강조되어야 한다. GCED

9장

페미니즘과 세계시민교육은
어떻게 만날까?

김보명

1. 머리말

페미니스트들은 언제나 세계시민일까? 여성과 소수자 인권을 존중하지 않는 세계시민은 가능할까? 페미니즘은 세계시민교육과 어떤 공통점을 가질까? 세계시민교육은 성평등을 그 내재적 가치로 포함하고 있을까? 페미니즘 없는 세계시민성은 가능할까? 혹은 반대로 세계시민성 없는 페미니즘은 괜찮을까?

글의 시작에서부터 질문이 많아지는 이유는 페미니즘도 세계시민교육도 하나의 절대적 관점이나 방법론으로 환원되지 않는 다양한 입장들과 실천의 계보들을 갖고 있기 때문이다. 뿐만 아니라 페미니즘과 세계시민교육의 접점과 만남에 대한 질문이 규범적 진단과 처방만으로 해소될 수 없는 복잡하고 때로는 모순적인 현실의 상황들, 관계들, 정체성들을 포함하고 있기 때문이다. 세계화의 흐름 속에서 우리의 삶은 점점 더 복잡하고 다양해지고 있지만 이러한 변화들이 그 자체로 세계시민성을 높이거나 문화적 다양성과 포용성을 가져오지 않는다. 나아가 여성, 아동, 소수자들의 이름으로 난민과 이주민에 대한 혐오나 반대가 정당화되기도 하는 구도는 오늘날 세계시민교육과 페미니즘의 관계, 그리고 소수자 정치학의 미래에 대한 중요한 질문들을 제기한다. 여성과 난민, 성소수자와 무슬림, 저학력 노동자와 이주민 간의 관계가 종종 혐오와 갈등으로 나타나기도 한다. 이는 특정 집단의 무지함이나 편견, 혹은 정치적 보수성의 문제만으로 환원될 수 없는 소수자 집단들 간의 복잡하고 모순적인 관계들을 형성하고 매개하는 현대 사회의 다양한 경제적, 정치적, 군사적, 문화적, 지정학적 힘들의 작용이 있다. 국민국가의 경계는 안팎을 나누는 선이나 장벽으로만 기능하기보다는 이질적인 집단들 간의 끝없는 접촉과 교류와 혼종성의 경계지대borderland로 공간화되고 있다. 이러한 오늘날, 페미니즘과 세계시민교육의 만남은 어느 때보다 긴급한 응답이자 책임의 문제가 되었다.

잠시 2018년 여름 한국 사회에서 일어났던 제주도 예멘 난민 입국을 둘러싼 갈등을 살펴보자. 이 사례는 오늘날 한국 사회에서 페미니즘과 세계시민교육의 관계를 질문하는 것이 왜 중요한지, 그리고 왜 준비된 정답을 쉽게 내밀 수 없는지를 잘 보여 준다. 제주도에 도착한 예멘 난민들의 소식이 뉴스를 통해 전해지자, 이들에 대한 반대와 환대의 입장으로 양분되어 치열한 논쟁과 갈등의 구도가 전개되었다. 난민을 반대하는 이들은 '국민이 먼저'와 '여성 안전'을 외치며 거리와 광장에서 시위를 벌였으며[1], 또한 각종 포털 커뮤니티에는 난민의 위험성을 알리는 글들이 확산되었다. 언론 또한 난민의 도착과 여성 여행객 실종 사건 사이의 연관성을 암시하는 기사들을 보도하거나 난민들의 다수가 '건장한 남성'들임을 강조하며 난민과 범죄의 연관성을 암시하는 기사들을 연일 보도하였다. 검증되지 않은 공포와 불안 속에서 청와대 국민청원 사이트에서 난민 반대 청원은 순식간에 20만 명을 넘어섰으며, 예멘 난민들은 '일자리를 노리고 온 가짜 난민', '잠재적 범죄자', '세금 부담', '무슬림 근본주의자', '여성 혐오가' 등으로 낙인찍혔다.

이러한 일련의 흐름들은 한국 사회가 타자들에 대한 환대의 준비가 전혀 이루어지지 않은 공동체임을 여실히 보여 주었다. 특히 '여성 안전'과 난민인권 간의 갈등 구도는 페미니즘 리부트와 더불어 고양된 젠더 평등 의식이 어떻게 다른 소수자 인권과 갈등할 수 있는지를 보여 주었다. 마찬가지로 '국민이 먼저'라는 구호의 등장은 촛불광장 이후 시민들의 높아진 주권의식이 어떻게 새로운 배타적 국민국가의 경계를 만들어 내면서 인종주의를 강화할 수 있는지를 날카롭게 보여 주었다. 2018년 여름, 날카로운 논쟁과 갈등 속에서 우리는 여성과 난민, 젠더와 인종, 페미니즘과 세계시민성이 언제나 조화로운 관계에 있는 것은 아니며, 때로는 갈등적이고 반목하는 관계에 놓일 수도 있다는 현실을 다시 한 번 날카롭게 인식하게 되었다. 국민주권과 여성 안전과 난민인권이 서로 배타적이고 갈등적인 관계로 배치된 현실 속에서 세계시민교육의 현재와 미래에서 페미니즘의 역할이 무엇인지, 동시에 페미니즘에 있어서 세계시민성과 초국적 연대의 가능성이 무엇인지를 질문하게 된다. 페미니즘 리부트와 더불어 여성들의 성적 시민권과 젠더 민주주의에 대한 요구가 어느 때보다 높아진 오늘날, 여성 안전과 여성인권, 그리고 난민의 인권은 어떻게 서로 공존적 관계를 만들어 갈 수 있을 것인가?

2. 페미니즘과 국민국가, 그리고 세계화

2.1. 세계화, 세계시민주의, 그리고 소수자 정치학

한때는 새롭거나 미래적 도달점이었던 세계화 혹은 국제화는 이제 현재적 일상이 되었다. 해마다 국외로 떠나는 이들의 숫자는 늘어나고, 유학이나 여행을 통해 혹은 취업을 위해 국경을 넘나들며 살아가는 삶은 이미 친숙해졌다. 개인의 선택이나 의지와 별개로, 세계화와 이주는 이미 현실로 일어나고 있으며 점점 더 다양한 인종적, 문화적, 종교적 타자들과 세계를 공유하고 있다. 이주노동자들은 한국 경제에서 필수적인 부분이 되었고, TV와 영화에서 이주노동자들은 대중적인 관심과 흥행 코드로 자리 잡았다. 초·중·고등학교의 교육에서는 물론 대학교육과 지자체에서 실시하는 대중교양 강좌에서 다문화와 소수자 인권은 정규 커리큘럼이 되고 있다.

한편으로 다문화주의와 세계시민성이라는 정책적 선언과 지향에도 불구하고, 혹은 그것에 오히려 반발하며 새롭게 부상하는 국민국가의 특권과 배타성을 목격하고 있다. 영국의 브렉시트, 미국의 트럼프 정권 당선, 유럽 각국의 난민 반대 집회, 팬데믹 시대의 국경 봉쇄 등의 사례들이 보여 주듯 세계화와 더불어 진행된 이주와 난민의 증가, 테러리즘의 공포와 경제위기의 반복, 팬데믹과 환경위기의 확산 등은 한때 그 유효 기간이 끝난 것으로 선언되기도 했던 국민국가와 그 경계들을 새롭게 강화하는 결과로 이어지고 있다. 재난과 불확실성의 시대에 국민국가와 그것이 제공하는 배타적 경계와 특권은 개인이 기댈 수 있는 마지막 피난처로 되살아나고 있다.

2018년 여름 제주도 예멘 난민의 입국을 둘러싸고 일어났던 난민 인권과 여성인권 간의 대립 구도는 한편으로는 극우 포퓰리즘populism의 혐오와 선동의 효과였지만, 다른 한편으로는 이주의 증가와 더불어 나타나는 서로 다른 소수자 집단 간에 존재하는 긴장, 갈등, 충돌의 가능성과 현실을 반영하기도 하였다. 특히 오늘날의 한국 사회 여성들은 여성 혐오와 성차별, 젠더폭력에 대한 날카로운 문제의식과 더불어 페미니즘을 통해 젠더 평등을 이루어 내고자 하는 인식과 의지가 높다. 이들에게 여성의 안전을 잠재적으로나마 위협할 수 있는 존재로 인식되는 난민이나 이주민에 대한 지지나 연대는 규범적, 당위적, 이상적 차원에서 설득되기 어려운 문제로 나타났다. 한국 여성들은 선주민이자 시민권자로서 특권을 갖지만 젠더 관계에서는 약자의 위치를 갖는다. 반면 예멘 남성들은 난민이자 국가 없는 자로서 취약한 위치에 있지만 젠더 관계에서는 남성으로서의 특권을 누릴 수 있다. 이들 사이에 존재하는 긴장, 갈등, 충돌은 세계화globalization 이후의 세계 속에서 우리가 마주하는 소수자 정치학의 새로운 과제들과 세계시민주의의 보다 현실적인 좌표를 보여 주었다.

예멘 난민 사례에서 나타나듯 오늘날의 소수자에 대한 혐오나 배제는 인종, 계층, 성별 등을 비롯한 다중적인 차이와 불평등의 범주들 사이에서 복합적으로 전개된다. 최근 유럽과 서구 등에서 나타나는 이주민과 난민을 반대하는 극우 보수주의의 부상과 국경 강화를 지지하는 대중들의 목소리는 '세계화'의 이름 아래 이루어진 전 지구적 자본주의의 확산이 만들어 낸 불평등과 취약성의 다중적이고 복합적인 지형을 나타낸다. 미국의 백인 남성 노동자 계층들은 이주민과 난민에 반대하며 '미국이 먼저'를 외쳤던 트럼프 정권의 탄생에 중요한 지지 세력이 되었다. 그들은 그간 시민권자이자 백인 남성으로서의 특권을 누려 왔지만, 동시에 전 지구적 자본주의의 확장과 고용의 유연화 과정에서 삶의 안정성과 중산층으로의 도약 가능성을 상실하기도 하였다. 이들이 보여 주는 난민과 이주민에 대한 혐오는 한편으로는 인종주의와 제국주의의 폭력을 반복하지만 다른 한편으로는 저학력 노동자 계층 남성들이 세계화 시대에 새롭게 경험하게 된 소외나 불안을 날카롭게 표출한다. 마찬가지 이유와 맥락에서 이들은 여성들과 엘리트 이주민들을 자신들의 일자리와 지위를 빼앗아 가고 생계 부양자로서의 남성의 역할과 특권을 위협하는 존재로 인식하여 여성 혐오나 인종차별의 대상으로 선택하기도 한다. 이러한 인식의 구도 속에서 사회적 약자이자 구조적 폭력의 피해자인 여성과 이주민과 난민은 오히려 위험하거나 약탈적인 침입자로 규정되며, 성차별과 인종차별은 소수자에 대한 폭력이 아닌 정당한 권리 행사나 약자의 자기방어로 오인된다. 그리고 세계화의 시대에도 국민국가는 여전히 이러한 젠더, 인종, 계층 간의 갈등과 협상이 일어나고 봉합되는 정치적 장이나 매개로서의 역할을 수행하게 된다.

이러한 사례들과 맥락에서 볼 때 세계시민주의cosmopolitanism는 이미 그 자체로 논쟁적인 주제이지만, 특히 여성이나 소수자의 관점에서 볼 때 그것에 내포되거나 그것이 지향하는 보편성universalism의 정치학이 갖는 어려움이나 한계들이 드러나게 된다. 세계시민global citizen이 인종, 성별, 문화, 종교, 장애, 성 정체성 등과 같은 차이나 다양성이 없는 추상화된 존재들이 아니라 각자의 구체적인 지정학적, 정치경제적, 문화적 차이와 위치성을 갖는 사회적 집단이자 개인들이라면, 세계시민주의라는 이상향은 실제로 이러한 차이와 위치성이 무시되거나 삭제되는 것이 아니라 그 다름과 갈등의 가능성에도 불구하고 여전히 상호 공존할 수 있는지에 대한 구체적인 모색과 응답 없이는 구현될 수 없기 때문이다. 정치적 이상이나 도덕적 규범으로서의 세계시민주의가 지향하고 상상하는 다양한 집단 간의 조화로운 공존은 현실 세계에서 나타나는 소수자 간의 갈등이나 혐오를 설명하거나 해결하기에는 한계가 있다. 세계시민교육에는 세계화에 동반되는 다양한 갈등의 면모들을 구체적으로 이해하고 다룰 수 있는 관점과 방법론이 요구된다.

2.2. 페미니스트 국제연대의 역사와 현재

페미니즘의 역사에서 세계시민성은 우리에게 친숙한 개념이다. 버지니아 울프의 "여성으로서 나에게 국가는 없다. 여성으로서 나는 어떤 국가도 원하지 않는다. 여성으로서, 나의 국가는 세계 전체다"라는 선언에서도 잘 드러나듯, 페미니즘은 그 시작에서부터 국제주의적 지향을 담고 있었기 때문이다.Wolf, 1938 근대 시민사회를 만들어 낸 보편적 자유와 평등으로부터 배제되었던 여성들의 참정권 투쟁, 국제주의적 사회주의 운동의 흐름 속에 등장한 여성노동자운동, 두 번의 세계대전을 경험하며 더욱 확고해진 여성평화운동, 그리고 전후 등장한 제2물결 페미니즘과 더불어 시작된 국제여성인권운동 등 페미니즘의 역사적 계보들에는 국제주의적internationalist, 전 지구적global, 세계시민적cosmopolitan, 초국가적transnational 활동과 연대의 장면들이 있다.Ferree & Mueller, 2004; Rupp, 1997

또한 여성들 사이의 차이와 불평등에 대한 문제의식이 더욱 날카롭게 표출되기 시작한 1980년대 중반 이후로부터 페미니스트 국제연대는 다양한 이론적, 실천적 도전에 직면하면서 그 문제의식과 전략이 새롭게 구성되었다. 서구 백인 중산층 여성들을 그 표준으로 삼는 '여성'운동에 대한 탈식민, 유색인종 여성, 후기구조주의 페미니즘의 비판과 해체가 시도되면서 국경을 초월한 '여성' 정체성과 '자매애'에 기반을 둔 페미니스트 연대의 가능성에 대한 보다 조심스러운 접근들이 모색되기 시작하였다. 이러한 변화들과 더불어 1990년대 이후의 페미니스트 국제주의는 세계화에 내포된 불평등과 차별은 물론 여성들 사이의 서로 다른 정치경제적, 역사적, 문화적, 지정학적 위치성들과 그것들 간의 상호연결성과 대안적 관계들을 모색하고 만들어 가는 초국적 페미니즘transnational feminism의 등장과 확장으로 이어지고 있

273

다. Moghadam, 2000

페미니즘의 역사에서 발견되는 국제주의와 초국적 연대의 전통은 여성과 젠더화된 시민권과 그것의 지정학적 경계이자 정치적 기원으로서의 국민국가 간의 복잡하고 때로는 모순적인 관계들을 반영한다. 서구 근대 국민국가는 여성을 공적 영역에서 배제하고 이들을 남성 시민의 아내와 어머니로 배치하는 성별 분리separate sphere와 성적 계약sexual contract을 필수적 요소로 삼는 젠더화된 시민권과 더불어 성립되었으며, 페미니즘은 서구 근대 국민국가의 표면적인 보편주의 universalism에 숨겨진 성적 차별의 모순을 폭로하고 저항하는 개인적, 집단적 움직임으로부터 시작되었다. Pateman, 1988; Scott, 1996; Yuval-Davis, 1993 남성과 대등한, 그리고 온전한 수준의 시민적 권리를 쟁취하기 위한 여성들의 저항은 참정권 운동을 비롯한 페미니스트 실천의 핵심적인 동력이 되었다.

이런 맥락에서 볼 때 "여성으로서 나에게 국가는 없다"라는 울프의 선언은 한편으로는 국민국가의 경계에 정박되는 애국주의와 민족주의의 덫으로부터 자유롭고자 하는 국제주의적 지향을 담고 있지만, 다른 한편으로는 여성을 온전한 시민으로 대접하지 않는 국민국가와 시민권의 배타적이고 차별적인 속성에 대한 페미니스트들의 저항적 인식을 보여 준다. 애초에 국민국가의 경계에 온전히 포함되거나 정박되지 않은 혹은 그러지 못한 주변적 존재로서의 경험과 위치성은 여성들이 '시민'에 내포된 포함과 차별의 기제를 비판적으로 이해하고 국민국가의 경계를 가로질러 다른 여성들과, 그리고 다른 소수자들과 연대할 수 있는 인식론적, 실천적 가능성을 제공한다. 또 한편으로 20세기 페미니즘의 주류적 실천이었던 자유주의 페미니즘의 정치적 기획은 근대 국민국가와 그것의 배타적 경계 짓기를 전제로 하는 시민권을 비판적으로 해체하고 확장하기보다는 그것에 포함 혹은 동화되고자 하는 목표와 지향을 보여 주면서 시민권에 내포된 또 다른 차이와 차별의 기제들, 즉 인종, 계층, 성 정체성, 문화, 종교, 국가 등의 범주에 무관심하거나 그것들을 재생산하게 된다는 비판을 받게 된다.Lister, 1996; 1997

'여성'의 이름으로 가부장제, 자본주의, 군사주의, 제국주의 등의 억압에 맞서는 초국가적 연대를 모색하고 실천한 페미니스트 국제주의는 그 성과에도 불구하고 안팎으로부터 다양한 도전과 비판에 직면하였다. 백인 중산층 여성들의 자유주의 정치학을 주된 이론적, 실천적 동력으로 삼았던 여성 참정권 운동은 흑인, 이주민, 노동자 등 참정권으로부터 소외된 다른 소수자 집단들과 때로는 협력적 관계를 맺었지만 때로는 갈등하거나 반목하면서 우생학적 인종주의나 엘리트주의적 태도를 보였다.Newman, 1999 세계대전의 한가운데에서 조직된 반전평화운동은 외적으로는 국가주의, 애국주의, 민족주의의 도전에 직면했으며, 내적으로는 '평화'를 여성의 타고난 본성이나 경향성으로 자연화하면서 가부장적 젠더 관념을 재생산한다는 비판을 받았다.

두 번의 전쟁과 여성해방운동의 물결 이후 시작된 국제여성인권운동의 시발점이라 할 수 있는 1975년 멕시코에서 개최된 세계여성회의World Conference on Women1975, Mexico City에서는 국제여성인권운동의 방향과 방법을 두고 북반구와 남반구, 개발국과 저개발국, 1세계와 3세계 여성들 간의 팽팽한 입장 대립이 표출되었다.Ferree & Mueller, 2004: 585 저개발국가 여성들에게는 식민주의와 제국주의가 남긴 역사적 상흔은 물론 전 지구적 자본주의의 분업체계로 인한 빈곤과 착취에서 해방되는 것이 우선인 반면, 개발국가 여성들은 여성에 대한 폭력violence against women을 비롯한 젠더 불평등에 도전하는 일에 집중하였다. 이들 간에는 정치경제적, 지정학적, 역사적으로 구성된 서로 다른 위치성과 입장, 경험, 의식, 이해관계, 전략 등이 존재하였다. 마찬가지로 1995년 베이징에서 개최된 제4차 세계여성대회the Fourth World Conference on Women에서는 저개발국가들의 구조조정과 부채 탕감 문제로부터 성적 권리, 성적 지향, 재생산 권리에 대한 입장의 차이와 '젠더' 개념 사용에 대한 가톨릭 및 무슬림 국가들의 반대에 이르기까지 다양한 지정학적, 정치경제적, 문화적 차이와 갈등이 표출되었다.Moghadam, 2000

달리 말해, 페미니즘의 역사에서 발견되는 국제주의적 연대는 여성들이 단일한 경험, 의식, 입장, 정체성, 이해관계 등을 공유하기 때문에 자동적으로 발현된 결과물이 아니라, 오히려 반대로 여성들 간의 다양한 차이와 갈등에도 불구하고 치열한 논쟁과 합의의 과정 속에서 만들어진 실천적 산물로 이해될 수 있다. 페미니즘의 이론적, 실천적 토대로서의 '여성'은 여성들의 타고난 생물학적 동질성으로 보장되는 것도, 젠더폭력이나 노동시장 차별 등과 같은 피해의 경험만으로 구성되는 것도 아니다. 다양한 집단의 여성들이 갖는 서로 다른 고유한 경험들과 의식들과 입장들과 정체성들과 이해관계들 사이에서 일어나는 논쟁과 갈등과 협상의 과정 속에서 출현하는 실천적 구성물이자, 언제나 재구성과 해체의 가능성에 열려 있는 담론적 영역이기 때문이다.Riley, 1988

실제로 국제여성인권운동의 역사는 여성연대나 '자매애'를 페미니즘의 당연한 전제나 필연적 목표로 설정하면서 여성들 사이의 차이나 위계를 삭제하는 규범적, 이상적, 당위적 접근보다는, 오히려 이러한 차이와 위계를 적극적으로 드러내고 논쟁하면서 각자의 위치와 상황에 따른 페미니즘 실천의 현실적 차이를 인정하고 보다 구체적인 맥락과 상황에 따른 연대를 모색하는 상황적, 성찰적, 대화적 접근이 더욱 생산적인 논의와 구체적인 실천으로 이어질 수 있음을 보여 주었다.Çağatay et al., 1986 서로 다른 위치의 여성들이 공유한 것은 경험, 정체성, 의식, 이해관계 자체라기보다는 좀 더 정의롭고 평등하고 안전한 세계와 미래를 향한 바람, 그리고 이를 지역적, 국가적, 초국적 차원을 가로지르는 실천적 연대를 통해 만들어 내고자 한 정치적 열망이었기 때문이다.Pardy, 2018

2.3. 젠더기반폭력과 국제여성인권운동

1960년대의 서구 여성해방운동은 성sex, gender, sexuality을 여성에 대한 차별과 억압의 근본적이고 보편적인 원인이자 뿌리로 이론화하면서 이후에 도래한 국제여성인권운동과 글로벌 페미니즘 정치학의 이론적, 실천적 프레임을 마련하였다. 여성해방운동이 그 전성기를 지나 소강상태로 접어들기 시작한 1975년, 멕시코시티에서 개최된 세계여성회의는 그 내부의 입장 차이에도 불구하고 성평등gender equality이 국민국가의 경계를 가로질러 적용되는 전 지구적 의제가 될 수 있음을 확인하면서 국제여성인권운동의 시작을 알렸다.

여성에 대한 차별과 억압이 서구와 비서구, 1세계와 3세계, 북반구와 남반구 모두에서 나타나는 '보편적' 현상이라는 '발견'은 페미니즘이 인종, 문화, 계층, 성 정체성, 국가 등의 차이를 초월하는 여성연대와 '자매애'를 구현할 수 있다는 신념으로 이어졌다. 1984년에 출판된 '자매애는 세계적이다Sisterhood is Global'라는 제목의 페미니스트 전집은 그보다 앞선 1970년에 나왔던 《자매애는 강하다Sisterhood is Powerful》의 뒤를 이으면서, 서구 여성해방운동의 급진주의 및 문화주의 페미니즘 정치학의 전 지구적 차원으로의 확장을 보여 주었다. 국민국가의 경계를 넘어서 여성들이 공통으로 경험하는 억압과 그로부

터 형성되는 정체성, 의식, 이해관계, 그리고 저항이 가능하다는 확신
과 전망은 국제여성인권운동의 확고한 동력이 되었다.

영미와 유럽 국가들은 물론 아시아, 아랍, 아프리카 국가들에 이
르기까지 여성에 대한 차별과 폭력을 근절하고자 하는 제도적, 문화
적 노력들이 전개되었다. 특정한 집단의 문화적, 종교적 관습으로 간
주되거나 가부장의 정당한 권리로 인정되었던 여아낙태, 성폭력, 가
정폭력, 아동결혼, 과부살해, 여성 성기절제술, 부르카, 인신매매와 성
노예제 등 다양한 배경과 양상을 지닌 차별과 폭력이 여성에 대한 차
별violence against women, 젠더기반폭력gender based violence, 여성인권침해
violation against women's human rights 등으로 명명되면서 전 지구적 차원에
서 작동하는 연속적이고 체계적인 억압으로 재정의되었다.Rich, 1980 '여
성의 권리는 인권women's rights are human rights'이라는 구호에서 나타나
는 것처럼 여성인권이 국제인권운동의 중심 의제로 부상하면서 중요하
지 않거나 사적인 자유와 책임의 문제로 간주되던 여성의 안전과 건강
과 권리에 대한 법적, 국가적, 국제적 책임을 제도화하였다.Bunch, 1990

국제여성인권운동은 그 이론적 프레임에서 국민국가의 경계를 초
월하는 여성들의 공통된 억압과 저항적 연대를 강조하였지만, 그 구체
적 실천에서는 지역 여성 운동들의 활동은 물론 국민국가의 법제도와
자원을 활용하면서 각 지역과 국가의 구체적이고 고유한 상황과 상호
작용하였다.Roggeband & VeTloo, 1999 즉, 국제여성인권운동의 사례에서 나
타나는 페미니스트 국제주의는 국민국가의 경계를 무시하거나 삭제하
는 방식이라기보다는 지역적, 국가적, 초국적 차원의 활동들이 서로 겹
치고 상호작용하면서, 때로는 충돌하거나 모순되기도 하면서 일어나
는 복합적이고 입체적인 양상을 보여 주었다. 유엔을 비롯한 국제인권
기구의 위상이나 자원은 종종 지역 여성 운동이 지역과 국가 차원에

서 뿌리 깊게 작동하는 가부장제와 군사주의에 대항하여 여성인권과 성평등을 의제화할 수 있는 지원군이 되기도 하였으며, 반대로 페미니즘이 서구에서 수입된 제국주의적 기획으로 의심받는 지역이나 국가에서는 국제여성인권운동의 서구 중심적 관점과 지향을 지역적 맥락에 맞게 재해석하거나 전략적으로 변주하는 방식을 선택하기도 하였다. 달리 말해 국제여성인권운동의 성장과 확산은 서구 페미니즘의 일방적 지배나 수동적 수용의 과정이 아니라 글로벌 페미니즘과 로컬 페미니즘 간의 비판적, 저항적, 능동적 상호 관계 속에서 번역되고 재구성되면서 일어났으며, 이러한 과정은 특히 종교적, 문화적으로 보수적인 국가에서 여성과 성소수자의 성적 권리를 의제화할 때 두드러졌다.Davis, 2007

국제여성인권운동의 성공은 구체적이고 특정한 문화와 역사 속에서 뿌리내리고 성장해 온 지역 여성 운동 활동가 및 조직들과 그들이 국민국가를 상대로 만들어 낸 저항과 협상의 노력 없이는 불가능했다. 국제여성인권운동의 이론적 프레임에 내포된 서구 백인 중심주의와 제국주의적 헤게모니는 일방적으로 지역 여성 운동을 지배했다기보다는 지역적, 국가적 맥락에 따라 다양한 방식으로 작용하고 또 도전을 받았다. 국제여성인권운동은 그 이론적 배경이나 프레임에서 국민국가의 경계를 초월하는 글로벌 페미니즘global feminism의 양상을 보이지만, 그 실천적 과정과 방식에서는 국민국가의 경계를 협상하고 통과하며 새로 쓰는 초국적 페미니즘의 특징을 포함한다. 따라서 1990년대 들어 국제여성인권운동의 이론과 실천에서 본격적으로 가속화된 글로벌 페미니즘에서 초국적 페미니즘으로의 이행은 갑작스러운 단절이나 전환이 아니라 운동의 시작과 전개에서 꾸준히 제기되어 온 여성들 간의 차이에 대한 문제의식과 내적 논쟁의 결과로 볼 수 있다.[2]

3. 세계화와 여성들, 그리고 세계시민교육

3.1. 세계화와 생존회로 속의 여성들

세계화는 단일한 개념이나 현상이 아니라 복잡하고 때로는 모순적이며, 여전히 현재 진행형인 과정들이다. 한편으로는 국경을 자유롭게 가로지르면서 초국적 기업transnational corporation에 복무하는 소수의 특권적인 엘리트 집단이 등장하였지만, 다수의 노동자들은 복지 체제의 해체와 사유화, 그리고 노동 유연화의 과정 속에서 삶의 안정성과 재생산의 가능성을 상실하였다. 금융자본주의의 폭주와 위기의 반복 속에서 빈곤과 저고용 상태를 오가는 프레카리아트the precariat 집단이 등장하였으며, 이들 중 일부는 반강제적으로 이주의 행렬에 동참하면서 전 지구적 자본주의가 만들어 내는 생존회로에 들어가게 된다.[3] 세계화가 초래하는 변화와 위기는 모두에게 동일한 방식으로 영향을 미치기보다는 젠더, 계층, 인종, 성 정체성, 장애, 나이, 종교 등 이미 존재하는 차이와 차별의 구조들과 상호적으로 맞물리면서 작동한다. 세계화의 이러한 양면성과 복잡성과 더불어, 우리는 또한 세계화가 개인의 선택이나 의지의 문제를 넘어서는 불가역적이고 거시적인 변화로 경험되면서 세계시민주의의 (불)가능성이 새롭게 제기되고 있음을 본다.Beck & Sznaider, 2006: 9

세계화와 이주의 증가는 여성들에게도 예외가 아니다. 역사상 유례없는 숫자의 여성들이 이주의 대열에 참여하면서 '이주의 여성화 feminization of migration'와 '생존의 여성화feminization of survival'라는 새로운 현상을 만들어 내고 있다. 교통통신의 발달로 인한 이동의 용이함 이외에도 서구 개발국가에서 경제구조 및 가족관계의 변동과 더불어 나타나는 돌봄노동의 공백, 그리고 전 지구적 자본주의와 신자유주의가 초래하는 빈곤과 위기는 여성들을 전 지구적 이주의 행렬에 참여하게 만드는 다중적 요인들로 나타난다. 여성이주 혹은 이주여성의 증가는 세계화의 흐름 속에서 심화되는 구조적 폭력과 삶의 위기들은 물론 이러한 위기의 심화 속에서도 여성들이 가부장제와 자본주의의 수동적 피해자로 남기보다는 그것들에도 불구하고 새로운 삶의 가능성과 미래를 적극적으로 모색하는, 취약하지만 여전히 능동적일 수 있는 행위자임을 보여 준다.김현미, 2006; 정현주, 2012

세계화의 생존회로 속에서 살아가는 여성들의 이주에서 취약성과 행위성은 상호 배타적이라기보다는 뫼비우스의 띠처럼 얽혀 있다. 여성들은 때로는 빈곤이나 전쟁 때문에, 때로는 가부장적 가족 규범이 요구하는 '헌신적인 딸'과 '강한 어머니'라는 문화적 이상 때문에, 때로는 대중문화가 투사하는 성공과 행복의 이미지 때문에, 그렇게 다양하고 때로는 상호 모순적인 이유들로 이주를 결심하고 수행한다. 여성들의 이주에는 국가 간의 정치적, 경제적, 문화적 격차와 국가 내의 젠더, 계층, 지역, 인종 격차들이 중층적으로 작용한다. 예를 들어 한국 사회에서 나타나는 지방과 서울의 경제적 격차가 만들어 내는 '농촌 남성'들의 주변성과, 그럼에도 불구하고 여전히 굳건하게 작동하는 가부장적 가족주의와 부계 혈통주의는 결혼이주 산업에 대한 수요를 만들어 내며, 한국과 동남아시아 국가들 간의 정치경제적 격차는 후자의 지역 및 국가들에 거주하는 여성들에게 결혼을 통한 이주를 새로운 삶의 기회나 선택지로 만들어 낸다.

다양한 사례와 연구들이 보여 주듯 여성들의 이주는 남성들의 이주와 구별되는 이유와 방식으로 이루어지며, 여성들 각자가 가진 자원과 정보와 네트워크 등에 따라 이들이 이주의 지리학에서 차지하거나 거처하는 위치와 경로들은 다르게 나타난다.Mahler & Pessar, 2001 여러 개의 여권을 소지하고 합법적이고 자유롭게 국경을 넘나들며 금융자본주의에 복무하는 엘리트 여성이 있다면, 선택의 여지조차 없이 가진 모든 것을 걸고 사막과 바다를 건너 미등록 이주노동자가 되거나 난민이 되는 하위주체적 위치의 여성들이 있고, 그 중간의 넓은 스펙트럼에는 남성 이주민의 피부양자 자격으로 비자를 발급받는 여성 이주민들과 개발국가의 돌봄 공백을 해소하기 위해 이주하는 '세계화의 하인들'이나 결혼이주여성들, 사회주의 붕괴와 신자유주의적 위기 속에서 비공식 경제로 유입되는 성매매 여성들 등이 있다.Ehrenreich & Hochschild, 2004; Ong, 2006; Parreñas, 2001; Wright, 2006 국경을 넘어 새로운 삶의 터전을 찾아가는 여성들의 여정에는 젠더화된 폭력을 비롯해 이민법, 국적법, 난민협정 등 겹겹의 제도적 장벽들이 놓여 있으며, 이주 이후의 여성들의 삶 또한 성별, 인종, 문화, 계층, 국가 등의 차이에서 비롯되는 다중적인 차이와 차별의 기제들을 협상하고 거스르며 살아가는 저항과 정착의 과정들이 이어진다. 세계화가 만들어 내는 새로운 경로들, 공간들, 연결성은 여성들의 삶에 새로운 가능성과 장벽들을 동시에 만들어 내고 있으며, 이러한 변화들은 페미니즘의 지형 또한 새롭게 만들어 내고 있다.

3.2. 세계화와 이주, 그리고 시민권의 정치학

세계화에 따른 이주의 증가와 초국적 자본주의의 성장은 국민국가 간 경계를 약화시키는 한편 시민권의 범주 또한 모호하게 만드는 효과를 가져온다. 하나의 국민국가와 그것의 영토적 경계 안에 살면서 정치적, 경제적, 사회적 권리와 보호를 누리는 시민권의 전통적 개념과 범주는 새로운 정의를 필요로 하게 되었다. 세계화와 더불어 이동의 자유를 얻은 초국적 자본주의 기업들은 국민국가의 법이나 규제를 자유롭게 넘나들며 저개발국가의 여성노동력을 착취하면서 일종의 초법적 특권을 누린다.Ong, 2006; Wright, 2006 또한 과거처럼 일방향적이고 일회적인 이주 후 정착과 동화의 경로를 밟아 가기보다는 이주 후에도 출신 국가와 이주 국가의 연결고리를 유지하거나 여러 개의 국가와 지역을 오가며 살아가는 이주민들이 증가하고 있고, 대규모의 난민들이 급작스럽게 유입된 유럽 국가들에서는 시민이 아니거나 시민이 되고자 하지 않지만 상당 기간 동안 거주하며 일정 수준의 정치적, 경제적, 문화적 권리를 행사하는 거주민들residents과 함께 살아가고 있다.

이주의 증가와 초국적 자본주의의 성장은 보편적 시민권과 인권의 정치학의 필요성을 보여 주지만, 현실은 이주의 범죄화criminalization of migration나 국경 강화securitization of border, 그리고 시민권의 사유화 privatization of citizenship와 같은 불평등과 차별의 강화로 나타나고 있다.Benhabib, 2007 초국적 자본주의 기업들이 국민국가의 경계와 규제를 자유롭게 넘나들며 이윤을 추구하는 반면 윤리적, 정치적, 제도적 규범으로서의 세계시민성이나 국제인권 규정들은 여전히 개별 국민국가들의 의지와 집행력에 따라 서로 다른 수준의 영향력을 행사하거나 유명무실하게 남아 있기도 하다. 하나의 국민국가 안에 서로 다른 수준과 종류의 권리들을 갖는 거주민들이 늘어나고 국민국가의 주권과 법의 힘 아래 온전히 종속되지 않는 경제적, 정치적, 문화적 활동이 늘어가는 오늘날 변화의 방향과 경향성은 국민국가의 주권과 그것에 근거하여 구성된 시민권의 정치학에 새로운 모색이 필요함을 보여 준다.

기존의 시민권 개념과 실천에서 이미 배제되거나 주변적 위치에 있어 온 여성들과 소수자들의 관점에서 이러한 탈근대적, 초국가적 시민권 정치학의 등장은 이중적인 질문과 고민을 던져 준다. 여성들과 소수자들의 정치학이 국민국가의 경계 안에서 기존의 (백인 중산층) 남성 중심적으로 구성된 시민권을 동등하게 누리는 것(만)을 궁극적 목표로 삼을 수 없다면, 변화하는 시대적 조건과 경험들 속에서 페미니즘과 소수자 정치학은 어떤 시민권의 정치학을 요구하고 실천해야 할 것인가? 그리고 이렇게 변화하는 시민권의 지형들 속에서 다양한 소수자들의 정체성과 권리들을 상호 호혜적 관계들로 구성해 나가는 과정에서 페미니스트 세계시민교육은 어떻게 기여할 것인가? 여전히 기본적인 노동의 권리와 성적 자기결정권조차 적절히 보호받지 못하는 현실에 분노하며 거리와 광장으로 나서는 오늘날 한국 사회의 청년세대 여성들에게 세계시민성과 난민인권이 규범적 선언이나 요구가 아닌 삶의 윤리와 가능성으로 다가갈 수 있으려면 페미니즘과 세계시민교육은 어떤 내용과 방법을 지향해야 할까?

4. 페미니스트 세계시민교육의 방향과 가능성

4.1. 비판적 세계시민교육과 책임성의 문제

글의 시작에서 잠시 언급한 것처럼 오늘날 세계화의 흐름은 개인들의 의지적, 자발적, 선택적 문제를 넘어서는 불가역적 흐름이며, 세계시민주의 또한 이러한 역사적 조건과 현실에 대한 현실적 응답이자 비판적 대안으로 나타난다.Beck & Sznaider, 2006 시공간적 거리가 압축적으로 줄어들고 국민국가의 경계에 제한되는 않는 전 지구적 수준의 위험과 위기가 증가하는 후기 근대 사회에서 우리는 원하든 그렇지 않든 자민족중심주의와 국민국가의 배타적 주권성에 대한 애착은 물론 차이와 다양성에 대한 고려 없는 일원적 보편주의 또한 넘어서는 새로운 정치경제적, 문화적, 윤리적 규범과 관계를 고민하고 만들어 가야 하는 시점에 있다.

전 지구적 자본주의와 신자유주의의 물결이 만들어 내는 양극화와 빈곤, 이주의 증가와 인종 갈등, 기후위기와 질병 등은 개인은 물론 특정 국가가 선택하거나 통제할 수 없는 전 지구적 차원의 문제로 나타난다. 이러한 문제들은 구조적, 거시적, 복합적이며 때로는 모순적이기도 하다. 세계화는 이미 우리의 일상에 들어와서 매일매일의 경험을 규정하고 매개하고 있지만, 한 명의 개별적 행위자로서 우리가 세계화의 복잡한 구조와 과정을 모두 파악하거나 이해하면서 책임감 있는 삶을 기획하기란 가능하지도, 바람직하지도 않다. 개인의 도덕성이나 행위에 대한 강조는 오히려 복잡하고 구조적인 문제들에 대한 책임을 감당하기 어려운 수준으로 만들면서 대다수의 시민들을 오히려 탈정치화하거나 고립된 혐오의 수행자로 만들기도 한다. 세계화 시대가 요구하는 서로에 대한, 그리고 세계에 대한 책임은 바로 그 복잡함과 감당하기 어려운 속성 때문에 오히려 모두가 나누어야 하는 문제가 되지만Young, 2004, 이러한 책임을 구체적으로 어떻게 인식하고 실천할 것인지는 여전히 어려운 문제로 남아 있다.

세계화의 과정에서 우리는 하나의 국민국가nation-state 경계 안에서 정의되고 실천되어 온 시민권, 시민성, 시민됨에 대한 새로운 질문과 대안적 정의를 찾게 된다. 세계시민global citizen은 국민국가에 뿌리를 둔 시민의 개념을 단순히 양적으로, 혹은 공간적으로 확대하여 전 지구적 차원에 동일하게 적용함으로써 구현될 수 없기 때문이다.Bakhru & Rogers, 2016 특히 미등록 이주민, 난민, 미등록 아동 등 국내법은 물론 국제법상으로도 모호하고 논쟁적인 지위를 갖는 비시민들의 존재는 국민국가의 경계를 가로지르고 새로 쓰는 권리와 환대의 정치학이 필요하다는 사실을 보여 준다.

전 지구적 자본주의가 만들어 내는 이동성은 물론 내전과 테러리즘 및 근본주의 정치세력의 등장이 초래하는 혼란으로 인해 이주민과 난민의 규모가 지속적으로 증가하는 오늘날의 세계에서 국민국가의 배타적 경계와 주권은 더 이상 권리와 환대의 절대적 준거점이 되기 어렵다. 따라서 세계시민 혹은 세계화 시대의 시민권citizenship in the time of globalization에 대한 논의들은 근대 국민국가의 배타적 주권과 경계를 전제로 구성된 시민성과 권리의 개념에 대한 급진적이고 대안적인 상상력을 필요로 한다. 국가, 시민, 권리에 대한 재구성 없는 세계시민 개념은 결과적으로 세계화의 과정에서 상대적 주도권을 갖는 서구 개발국가들의 입장이나 이해관계가 세계시민성의 표준으로 일반화되면서 문화적, 종교적, 인종적 차이와 다양성은 물론 이를 매개로 작동하는 정치경제적이고 지정학적인 권력관계들이 무비판적으로 재생산되는 결과로 이어질 수 있다.Pashby, 2015

세계화와 그것이 초래하는 삶의 변화들, 그리고 대안적 시민성에 대한 인식은 세계시민교육의 필요성과 성장으로 이어졌다. 현대 사회의 민주주의는 필연적으로 다원적이며 국가의 시민들로서 우리는 인종적, 문화적, 종교적 차이들이나 여성 및 성소수자들의 소수자적 상황을 이해해야 할 뿐만 아니라 인권문제와 환경위기, 나아가 글로벌 자본주의 체제와 경제위기에 대한 판단을 내려야 하는 상황에 놓인다.Nussbaum, 2002: 291

따라서 세계시민교육은 세계화의 과정에서 일어나는 변화들과 더불어 살아갈 수 있는 태도와 역량을 키우는 것을 목적으로 하며, 주로 세계화의 테마들과 구조들과 체계들, '세계적 관점의' 정체성과 멤버십, 전 지구적 맥락에서의 권리들과 책임들, 신념과 가치의 다양성, 비판적인 시민적 문해력critical civic literary capacities, 갈등에 대한 이해와 관리, 특권과 권력과 평등과 사회정의에 대한 고려들, 그리고 사회적 행동social action 등을 주요 주제로 포함한다.Toukan, 2018 재인용 국민국가의 경계가 유연해지고 삶의 풍경이 다원화함과 동시에 사회문제나 위기의 양상이 점점 더 복잡해지는 현대 사회 혹은 후기 근대를 살아가는 이들에게 민주주의는 고립된 개인들이 만드는 합리적이고 자율적인 선택의 문제를 넘어서는 관계적이고 맥락적인 성찰의 역량을 필요로 하는 문제가 된다.Beck, 2016; Beck & Sznaider, 2006

4.2. 페미니스트 세계시민교육의 지향

앞서 살펴본 바와 같이 페미니즘과 세계시민교육은 공통적으로 국민국가의 배타적 경계들과 그것들이 만들어 내는 근대적 통치체계에 대한 비판적, 성찰적, 저항적 태도를 견지하며 국민국가의 경계들을 넘어서고 새로 쓰는 연대와 연결성과 공동체를 상상하고 실천한다. 페미니즘과 세계시민교육의 국제주의적, 초국적, 보편주의적 지향은 세계화와 신자유주의의 시대에 날로 증가하는 경계 넘기border crossing의 실천과 그것이 불러오는 변화, 갈등, 위기, 협상의 양상들이 더욱 복잡하고 첨예한 모습으로 전개되는 오늘날 새로운 도전과 질문들에 직면하게 된다. 페미니즘에서 지향하는 여성연대와 저항이 차이와 다양성에 대한 삭제나 초월이 아닌 끝없는 갈등, 논쟁, 경합, 협상의 산물이라면, 그리고 세계시민성이 서구 백인 중산층 남성의 합법적이고 자유로운 이동성과 세계 확장의 움직임이 아니라 가난한 여성들과 아이들과 난민들과 미등록노동자들이 만들어 내는 생존과 저항의 운동이라면, 페미니스트 세계시민교육은 어떤 내용과 방법을 지향해야 할 것인가?

첫째, 페미니스트 세계시민교육은 개인과 집단 간의 차이와 불평등의 존재를 무시하거나 삭제하는 자유주의적 보편주의나 세계시민성이 아닌 세계화와 신자유주의, 초국적 자본주의가 만들어 내는 개인 간, 집단 간, 지역 간, 국가 간의 권력 관계와 지배의 역학을 그 지정학적, 정치경제적, 문화적 과정들 속에서 이해하고 독해하는 비판적 관점을 견지해야 한다. 세계화의 복잡한 경로들을 헤쳐 나가며 삶을 모색하는 다양한 주체들 사이에 존재하는 인종, 계층, 젠더, 장애, 연령, 국적 등의 차이와 다양성에 대한 고려 없는 세계시민성교육은 서구 백인들의 세계를 향한 동화의 열망이나 신자유주의적 자기계발로 소비될 수 있기 때문이다.de Jong, 2013

초국적 자본주의, 테러리즘, 환경 변화 등이 초래하는 위기나 갈등은 국민국가의 경계를 초월하여 전 지구적 차원에서 영향을 미치지만 그것이 초래하는 삶의 취약성과 불안은 모두에게 동일하거나 평등한 방식으로 나타나지 않는다.Harvey, 2000 근대 국민국가의 체계에서 이미 시민권의 차등적 분배와 배치의 기제로 작용해 온 성별, 인종, 계층, 성 정체성, 장애, 연령, 문화, 종교 등은 세계화의 과정에서 새로운 방식으로 취약성의 원인이 되거나 저항적 연대의 원천이 되기도 한다. 세계시민교육은 불평등과 차별에 정박되지 않은 추상화되거나 이상화된 자유로운 개인들이 아닌, 현실의 불평등한 세계에서 서로 다른 경제적, 지리적, 문화적 위치들에서 살아가는 구체적인 개인들과 집단들의 실증적 경험과 의식과 행위성을 전제로 하는 페다고지적 실천이 되어야 한다.Reilly, 2007; Yuval-Davis, 2006

둘째, 페미니스트 세계시민교육은 차이나 불평등만을 강조하여 공동체의 파편화나 서로 다른 집단 간의 갈등을 당연시하기보다는 차이나 불평등에도 불구하고, 그리고 차이와 불평등과 더불어 일어날 수 있는 상호의존성interdependency과 상호연결성interconnectedness은 물론 이러한 상호적 관계성에 대한 인식과 성찰을 통한 연대의 정치학을 지향한다. 예를 들어 국제여성인권운동의 대안적 프레임으로 등장한 초국적 페미니즘은 여성들 사이의 차이를 삭제하거나 무시하지도, 그렇다고 이러한 차이를 필연적으로 분열과 파편화와 고립의 원인으로 취급하지만은 않으면서 차이와 경계들 사이를 연결하고 가로지르면서 변혁하는 연대의 가능성을 긍정하고 추구한다.Mohanty, 2003; Yuval-Davis, 2006 세계화는 서구 중산층 여성들과 비서구의 빈곤한 여성 노동자 사이의 경제적, 지리적, 문화적 간극을 더욱 크게 만들기도 하지만 동시에 이들 사이의 연결됨과 의존성을 강화하는 효과도 낳기 때문이다.

세계화의 과정 속에서 일어나는 서구와 비서구 사이의 돌봄노동의 연쇄와 여성이주의 증가가 그 한 가지 사례를 보여 준다.[4] 대학을 졸업하고 결혼 및 출산 후에도 임금노동을 지속하는 현대 서구 중산층 가족과 이들이 필요로 하는 육아, 가사, 간호 등의 돌봄노동을 제공하는 이주여성 노동자 사이에는 깊은 경제적, 지리적, 문화적 간극과 상호연결성이 공존한다. 서구 사회와 비서구 사회의 임금 수준 차이와 경제적 위계는 서구 여성들과 비서구 여성들 간의 불평등을 만들어 내는 원인인 동시에 비서구 여성들의 이주를 촉진하면서 이들의 노동이 서구 여성들의 삶에서 필수 불가결한 요인이 되도록 만드는 힘으로 작용하기도 한다. 달리 말해 이들은 서로 다른, 그리고 불평등한 위치와 이해관계를 담지하고 때로는 갈등하지만, 이들 간의 격차와 갈등은 둘의 분리하기보다는 둘의 불평등한 관계를 매개하고 규정하면서 상호 간의 연결성과 의존성을 만들어 낸다. 세계시민교육은 자본주의, 인종주의, 가부장제, 제국주의, 신자유주의 등으로 매개되는 불평등의 구조들 속에서 다양한 개인들과 집단들이 어떻게 연결되고 만나고 의존하게 되는지, 그리고 이러한 연결됨과 교류와 의존성이 요구하는 관계의 윤리와 정치학이 무엇인지를 질문해야 한다.

셋째, 페미니스트 세계시민교육에서 지향하는 연대나 관계의 정치학은 소수자나 타자에 대한 시혜나 관용이 아닌 상호연결성과 의존성에 대한 인정을 전제로 하는 상호책임성mutual responsibility에 바탕을 두어야 한다. 세계화와 전 지구적 자본주의는 시공간의 압축성, 디지털 연결성, 이동성 등을 증가시키면서 과거에는 서로 접촉할 일이 없었던 집단이나 개인들이 서로 연결되고 의존하고 또 갈등하는 변화들을 만들어 낸다. 덧붙여 이러한 연결, 의존, 갈등은 직접적이거나 대면적이기도 하지만 상품, 자본, 대중문화, 노동, 환경 문제 등을 통해 두텁게 매개되기도 한다. 점점 더 복잡해지고 두터워지는 연결성은 후기 근대 사회의 개인들에게 보다 성찰적인 태도와 세계시민적 책임성을 요구한다.Beck, 2016 단적인 예를 들어, 개인들은 일상적 소비나 정치적 선택 등을 통해서 세계 곳곳에서 일어나는 노동 착취, 환경 파괴, 여성에 대한 폭력, 난민화 등과 같은 위기와 문제들에 연루되게 된다. 매일 매일 우리가 사고 쓰고 버리는 물건들과 우리의 삶의 양식에는 전 지구적 자본주의와 그것에 포함된 불평등이 작동하고 있기 때문이다. 세계화 시대의 시민성은 국민국가의 경계를 넘어서는 지구적 차원의 윤리적 감각과 성찰성, 그리고 책임성을 요구하고 있다.

넷째, 페미니스트 세계시민교육은 사실에 대한 지식들factual knowledge이나 정보information에 대한 전달이 아니라 비판적 관점을 포함하는 서사적 상상력narrative imagination을 키우는 것을 지향한다.Nussbaum, 2002 나와 다른 세계로부터 온 사람들의 경험과 관점을 이해하기 위해서는 이들의 이야기를 독해할 수 있는 서사적 상상력이 필요하다. 이는 특히 최근 유럽과 아시아 등에서 정치적 갈등의 쟁점으로 부상한 난민 문제에서 나타나듯 가짜 뉴스를 비롯한 단편적이면서도 왜곡된 방식의 정보 유통을 통해 극우 보수주의의 대중 선동이 확산되는 오늘날 매우 중요한 문제가 된다. 성범죄의 원인을 해당 사회의 젠더 불평등이나 가부장적 질서가 아닌 난민이나 이주민의 증가에서 찾거나, 난민과 이주민, 특히 무슬림 남성들을 가학적이고 폭력적인 가부장으로 정형화하는 재현 등은 모두 탈맥락화된 '사실'을 절대적 진실로 치환하는 탈진실적 사유 방식을 보여 준다. 아동결혼, 부르카, 퍼다, 여성성기절제술 등과 같은 젠더기반폭력의 사례들은 그것이 발생하거나 실천되는 복잡한 문화적, 사회적, 역사적 맥락이나 배경에 대한 정교한 설명이나 비판적 분석 없이 특정 문화나 종교의 가부장성을 본질화하는 증거로 전시된다. 비판적 페미니스트 세계시민교육은 다른 문화와 역사를 갖는 여성들의 경험, 역사, 정체성, 의식, 이해관계를 자민족 중심주의적 관점에서 단순화하거나 타자화하지 않는 서사적 상상력과 비판적 독해력을 함양하는 것을 지향해야 한다.

다섯째, 페미니스트 세계시민교육은 신자유주의가 초래하는 불안과 취약성이 우리 모두의 삶의 조건임을 이해하고 공통의 연대를 통한 새로운 세계 만들기를 모색하는 페다고지적 실천이다.McRobbie, 2006 오늘날 신자유주의적 세계화는 경쟁과 위기를 심화하면서 다양성과 차이를 갈등의 요인으로 만들며, 소수의 엘리트를 제외한 대다수의 삶을 불안하고 위험하게 만든다. 이주민과 난민은 물론 여성, 장애인, 성소수자, 노인 등 국민국가 경계 내의 약자들과 소수자들에 대한 혐오와 차별, 그리고 그로 인한 갈등이 증가하는 오늘날 한국 사회의 현실은 한편으로는 사회의 다원화와 그로 인한 갈등을, 다른 한편으로는 불안한 삶의 풍경 속에서 자라나는 혐오와 배제의 정서를 드러낸다. 앞서 이야기한 것처럼, 세계시민은 아무런 제약 없이 자유롭게 세계를 누리며 자신의 이익을 추구하는 자유주의적 개인이 아니라 다중층적 차별의 구조와 취약성 속에서도 타자에 대한 연결성과 책임성을 버리지 않고 저항과 협상 속에서 자신의 삶을 만들어 가는 이들이다. 페미니스트 세계시민교육은 차별과 폭력의 가능성이나 위험으로부터 스스로를 봉쇄하는 고립된 자기완결성을 추구하기보다는 불안하고 취약할 수밖에 없는 삶의 조건을 인식하고 그럼에도 불구하고 (때로는 내가 선택하지 않은) 타자들과의 관계들 속에서 상호연결성과 의존성과 책임성을 상상하고 실천할 수 있는 페다고지적 공간과 경험이 되어야 할 것이다.

5. 맺는말

이 글에서는 페미니즘과 세계시민교육의 만남의 가능성에 대해 살펴보았다. 페미니즘과 세계시민교육은 다양성과 차이에 대한 비판적 문제의식은 물론 국민국가의 경계를 넘어서는 새로운 연결성과 책임성에 대한 대안적 상상력을 공유한다. 세계시민교육에는 페미니즘과 젠더 관점의 도입이 요구되며, 마찬가지로 페미니즘 교육은 내용과 실천에서 세계시민적 관점을 포함해야 한다.

페미니즘과 세계시민교육의 관계는 그 구체적인 맥락과 상황에 따라 다양하게 나타날 수 있다. 1970년대 이후의 서구 페미니즘과 국제여성인권운동은 여성들의 공통된 경험, 정체성, 의식, 이해관계 등을 전제로 하는 단일한 '여성' 범주를 이론적, 실천적 토대로 삼아 성장해 왔으며, 1990년대 이후에 새로운 도전과 비판에 직면하고 있다. 1990년 무렵, 신자유주의와 초국적 자본주의의 성장에 따라 여성이주가 증가하고 여성들 사이에 존재하는 인종적, 문화적, 종교적, 국가적 차이에 따른 차별과 위계가 부각되기 시작했다. 여성들과 소수자들의 삶이 국민국가 배타적 경계 안에 오롯이 정박되지 않는 오늘날, 페미니즘의 도전은 국민국가에 대해 여성의 정당한 몫을 요구하는 것에만 머무를 수 없게 되었다. 여성인권은 이미 난민인권과 만나 교차하고 있으며, 젠더 정치학은 언제나 계층, 인종, 종교, 문화, 장애, 성 정체성 등 다양한 차별의 기제들과 상호작용 속에서 일어나고 있기 때문이다. 특히 이주민과 난민의 존재가 점점 더 가시화되고 중요한 사회적, 정치적, 윤리적 문제로 부상하는 오늘날 한국 사회에서 우리는 이주여성 인권과 난민인권에 대한 페미니즘의 응답에서부터 서로 다른 경험, 정체성, 의식, 이해관계 등을 갖는 여성들 사이의 연대에 대한 고민에 이르기까지 많은 도전들과 질문들을 마주하고 있다. 페미니즘과 세계시민교육 간의 상호적 관계에 대한 비판적 탐색은 이러한 도전과 질문에 대한 논의를 시작하는 유의미한 출발점이 될 수 있을 것이다.

시민권은 자체로 완결된 개념이나 실체가 아닌 역사적으로 진화하고 확장되어 온 가변적 범주이며 페미니즘을 비롯한 다양한 소수자 정치학은 바로 그러한 시민권의 역사적 변화와 성장을 만들어 낸 담론적 실천이었다. 또한 페미니즘과 소수자 정치학은 (백인)남성 중산층 중심의 시민권 개념과 범주에 담긴 한계와 모순을 폭로하고 이를 확장하면서 시민의 정의 자체를 변화시켜 오기도 하였다. 페미니즘과 소수자 정치학의 이러한 실천은 또한 시민됨이 권리의 문제일 뿐만 아니라 관계와 돌봄과 연대와 공동체의 문제임을 보여 주었다. 세계시민성과 페미니즘의 만남이 그 시작에서 마주하는 갈등과 충돌에도 불구하고 결국 시민권의 지평을 확장하고 세계의 연결성과 서로 간의 책임성과 연대를 높이는 방향으로 나갈 수 있는 가능성은 이러한 시민권의 실천적 속성과 페미니즘의 역사적 성찰성에서 발견될 것이다. GCED

10장

지속가능한 발전과 미래를 위한 세계시민교육

이선경

1. 머리말

국제사회는 생물다양성의 감소, 기후변화, 빈부격차 등과 관련하여 지속가능하지 않을지도 모르는 미래에 대해 끊임없이 경고해 왔다. 그러나 이를 심각하게 고려한 사회와 국가는 거의 없었다. 하지만 2020년 코로나19로 인해 우리나라는 물론 전 세계에서 개인과 사회는 지속가능성을 현저히 위협받게 되었다. 코로나바이러스가 인간에게 전해진 이유로 환경 전문가들은 환경에 대한 인간의 간섭과 영향을 우선적으로 제시한다. 코로나바이러스의 숙주라고 할 수 있는 박쥐와 같은 야생동물을 식용이나 약용으로 판매하기 위해 야생동물의 서식지가 되는 생태계를 파괴하거나, 인간의 사회 속으로 데려오는 과정을 통해 코로나바이러스가 인간에게 전해졌을 수 있다는 것이다. 특히 제러미 리프킨Jeremy Rifkin은 코로나19와 같은 병의 발생을 기후변화와 긴밀히 연계하고 있다. 기후변화로 인해 수생태계가 변화하고 있어 미국의 캘리포니아나 호주 등에서 산불이 빈번히 발생하는 등 전 세계적으로 이미 그 영향이 나타나고 있으며, 박쥐와 같은 야생동물의 이주도 시작되었고, 따라서 코로나바이러스 같은 야생동물의 바이러스가 사람에게 전해질 기회가 증가하게 되었다는 것이다. 기후변화의 영향은 단순히 기온이 올라가는 데에서 그치지 않을 수 있다.

오늘의 사회는 예전보다 더욱더 현명한 시민을 필요로 한다. 기후변화나 코로나19로 인한 팬데믹으로 전 세계가 고통을 받고 있는 지금 시민들의 현명한 의사결정과 연대, 공동체 의식은 필수적이다. 특히 이러한 쟁점들을 포함한 실제 세상의 쟁점은 복잡성complexity에 기반을 두고 얽혀 있어 환경, 사회, 경제, 문화 등 어느 한 가지 원인이나 측면만으로 설명되기 어려우며, 쉽게 해결되지 않는 난해한wicked 문제들인 경우가 많다. 실제로 코로나19는 건강과 관련된 보건의 문제인 동시에 환경 문제이고, 일자리와 관련된 경제 문제이면서 형평성과 관련된 사회의 문제이며, 개인의 행동과 관련된 문화적 문제인 동시에 사회의 시스템과 연계된 복잡한 문제이다. 또한 이들 문제들은 개인적이면서도 지역적이며, 때로는 전 지구적으로 확장되어 영향을 주고받는 경우가 대부분이다. 이를 해결하기 위해서는 이 복잡성에 대한 이해와 쟁점과 관련하여 시스템 전체를 고려하는 시민들의 사고가 필수적이다. 또한 그간 환경교육이나 지속가능발전교육에서 강조해 왔던 기후변화, 생물다양성, 재난방지교육 등의 주제UNESCO, 2014a와 상호연결성, 구조와 패턴, 역동성 등Hollweg et al., 2011의 측면들에 새로이 주목해야 한다. 지역적 사고에서 출발해서 이에 국한되지 않고 세계 전체를 고려하는 세계시민성은 그 출발점이 될 수 있다.

세계시민성의 증진과 이를 통한 지속가능한 발전에의 기여를 강조하는 세계시민교육은 종종 지속가능발전교육과 그 지위를 공유하고, 차별화되기도 한다. 세계시민교육은 다양하게 이해되고 있지만, 유네스코에서는 "교육이 어떻게 하면 더 정의롭고, 평화로우며, 관용적이고, 포용적이며, 안전하고, 지속가능한 세상을 만드는 데 필요한 학습자의 지식과 기술, 가치와 태도를 계발할 수 있는지를 요약한 패러다임"유네스코 아태교육원, 2014: 16이라고 정의한다. 유엔이 제안한 지속가능발전목표 중 4.7에서는 지속가능발전을 증진하기 위한 교육 요소 중 하나로 세계시민성을 강조하고 있다.

> 2030년까지 모든 학습자들이, 지속가능발전 및 지속가능 생활 방식, 인권, 성평등gender equality, 평화와 비폭력 문화 증진, 세계시민성, 문화다양성 및 지속가능발전을 위한 문화의 기여에 대한 교육을 통해, 지속가능발전을 증진하기 위해 필요한 지식 및 기술 습득을 할 수 있도록 한다.United Nations, 2015

이 장에서는 지속가능발전 및 지속가능발전교육을 둘러싼 여러 논의와 사례들을 고찰하고 이로부터 지속가능발전과 미래를 위한 세계시민교육의 방향과 전략을 탐색하고자 한다. 이를 위해 먼저 복잡성에 기반하고 해결이 어려운 문제들로 가득한 현대 사회에서 이를 해결하기 위한 역량과 통합적 접근의 중요성 및 지속가능한 미래를 위한 지속가능발전교육과 세계시민교육의 필요성을 맥락과 배경, 국제적 논의를 바탕으로 소개한다. 이어 지속가능발전, 지속가능발전목표 및 지속가능발전교육과 관련된 개념과 논의의 발전을 기술하고, 관련된 비판과 쟁점을 제기한 후 이를 기반으로 지속가능한 발전과 미래를 위한 세계시민교육의 방향을 탐색, 제안하고자 한다.

2. 복잡한 쟁점과 난해한 문제들[1]

2.1. 플라스틱 폐기물: 지속가능성과 형평성

2018년 3월, 서울과 다른 도시에서는 플라스틱 폐기물 처리 문제로 심각한 갈등이 유발되었다. 비닐 종류를 수거해 가던 업체들이 이를 중단하였기 때문이다. 그 결과 여러 지역에서는 재활용품 특히 플라스틱 제품의 폐기 문제로 심각한 어려움을 겪었고, 이는 우리 사회의 지속가능성에 대해 깊은 고민을 안겨 주었다.

　　업체들이 비닐 폐기물을 수거하지 않기로 한 데에는 여러 가지 요인이 있었다. 그중 가장 직접적인 것은 그간 재활용품 폐기물을 주로 수입하던 중국에서 2017년 7월 더 이상 24개 품목의 쓰레기를 수입하지 않기로 결정하고, 2018년 1월부터 시행에 들어갔기 때문이다. 모 방송의 뉴스에서는 중국이 이러한 결정을 하게 된 배경에 왕 지우량 王久良, Jiuliang Wang 감독이 만든 〈플라스틱 차이나Plastic China〉라는 영화가 있으며, 이 영화를 통해 사람들이 플라스틱 문제의 심각성과 이를 수입하여 처리하는 장소가 중국이라는 점을 부끄럽게 생각하게 되었기 때문이라고 보도하였다. 이에 더하여 시진핑 주석이 몇 년 전부터 강조하고 있는 '생태-문명화Eco-Civilization'에 대한 선포와 지향도 영향을 미쳤을 것이라고 짐작할 수 있다. 국내의 간접적인 요인으로는 갈수록 많아지는 비닐 폐기물의 발생, 국내의 재활용품 폐기물 처리 사업체의 경영난, 내용물이 제대로 세척되지 않은 재활용품 폐기물의 투기 등이 있을 것이다. 다행히 2018년 봄의 쓰레기 대란은 환경부 장관을 힐책하고, 정부와 서울시 등 지방자치단체가 나서서 이들 업체에게 다시 비닐 제품을 수거해 가도록 명령하고 지원하면서 일단락되었다. 이 업체들은 중국 대신 동남아의 다른 나라들을 찾아 이 비닐과 다른 플라스틱 제품을 수출할 수 있었다. 그러나 문제는 여전히 남아 있다. 동남아의 다른 나라들에서도 앞으로 플라스틱 폐기물을 수입하지 않겠다고 선포할 수도 있고, 그렇게 되면 문제는 다시 원점으로 돌아갈 것이다.

이런 과정을 겪으면서 플라스틱을 둘러싼 쟁점에 대한 사람들의 환경적 감수성도 높아졌다. TV 등 대중매체에서는 플라스틱 사용과 관련된 특별 기획물 등[2]이 방영되었으며, 많은 사람들이 비닐을 사용하기 전에 이걸 안 쓰는 방법은 없을지 한 번 더 생각하게 되었다. 가정과 지자체에서의 폐기물 처리와 같은 환경 문제는 물론 카페 운영 같은 경제적인 측면, 매장 내 1회용 컵 사용 규제 같은 제도적인 측면, 텀블러를 들고 다니거나 종이 빨대를 사용하거나 또는 빨대를 사용하지 않는 등 개인적인 수준의 소비 행태에도 영향을 주게 되었다.

비닐 폐기물의 사용과 처리는 상당히 복잡한 맥락 속에 여러 수준의 이해관계가 관련된 문제이다. 환경적 지속가능성과 환경정의, 즉 형평성equity의 측면을 모두 포함하고 있으며, 우리는 어떤 생산과 소비를 하며 살아야 하고, 폐기물 처리는 어떻게 해야 우리 사회가 지속가능할 수 있는지 등을 포괄하는 지속가능한 삶의 방식에 대한 깊은 논의와 통찰, 나아가 의사결정을 필요로 한다. 지속가능발전교육이나 세계시민교육에서 다루어야 할 영역은 단순히 공기, 물, 쓰레기 등의 요소에 대한 환경과학적 이해에만 그치지 않는다.

2.2. 원자력발전소 재개 공론화위원회: 현명한 시민의 의사결정

쟁점의 복잡성과 이를 둘러싼 시민의 의사결정의 중요성은 2017년 원자력발전소 재개 공론화위원회 사례에서도 볼 수 있다. 우리나라에는 2017년 현재 24기의 원자력발전소가 있었고, 6기의 발전소가 건설 중이었으며, 4기의 신규 발전소가 계획되어 있었다. 건설 중인 발전소 6기 중 4기는 거의 완공된 상태였으며, 2기는 건설 중이었지만, 정부의 탈원전 정책으로 진행이 중단된 상태였다. 그러나 여러 형태의 문제가 제기되자, 2017년 10월 정부는 건설 중 중단된 원자력발전소의 재개와 관련된 공론화위원회를 발족시켰다. 공론화위원회에서는 약 500명의 평범한 시민으로 꾸려진 시민 참여단을 구성하였다. 2박 3일에 걸친 집중 학습과 토론 끝에, 건설이 중단되었던 2기의 원자력발전소는 건설을 재개하여 완성하지만, 계획 중이던 새로운 원자력발전소는 더 짓지 않기로 결정하게 된 것이다.

물론 시민들의 최종 결정에 대해서는 또 다른 논의가 필요하다. 원자력 발전을 반대하는 사람들은 핵폐기물 처리와 관련해 인류는 미래 세대의 위험도 보장할 수 없으며, 또 이것은 마치 언제 터질지 모르는 폭탄을 들고 기차를 탄 젊은이가 머리 위 짐칸에 이를 올려놓는 것과 마찬가지라고 종종 비유되곤 한다.^{Des Jardins, 2005} 반면 화석연료에 의한 기후변화가 극심해지는 시급성을 고려한다면 원자력 발전이 또 다른 대안이 될 수 있을 것이라고 주장하는 사람도 있다. 기후변화는 이미 우리 삶에 큰 영향을 미치기 시작했고 핵폐기물 처리 문제는 다소 잠정적으로 보이기 때문이다. 그러나 최종 결정에 대한 논의는 접어 두고, 무엇보다 여기서 약 500명, 정확히 말하자면 471명의 '평범한' 시민들이 집중 학습과 치열한 논의를 통해 숙의한 결과 의사결정이 이루어졌다는 점에 주목해 보자. 아마도 여기에 참여한 '평범한' 시민들은 2박 3일이라는 긴 시간 동안 서로의 입장이 옳다고 주장하는 전문가들 사이에서 누구의 말이 믿을 만한지, 주장을 뒷받침하는 증거가 적절한지 생각하고 토론했을 것이다. 그리고 그런 증거를 바탕으로 전 국민의 미래와 관련된 중요한 의사결정을 하게 된 것이다.

우리 사회는 이제 '평범한' 시민들이 평생학습을 통해 우리의 미래에 중대한 영향을 미치는 중요한 결정을 해야 하는 시기가 되었다. 이에 대비하려면 쟁점이 가지고 있는 복잡성과 연계성을 읽어 낼 수 있는 능력과 문제해결 전략을 학습하고 실천해야 한다. 개인적 선택이 지역적, 지구적 차원에 어떻게 영향을 미치는지에 관련된 통합적 이해가 필요하며, 쟁점을 전체적으로 조망할 수 있는 시스템 사고, 행간을 읽어 낼 수 있는 문해력 등이 필요하다. 또한 평생학습을 할 수 있는 능력을 기르고 그리고 이를 기반으로 의사결정 역량을 길러야 한다. 이러한 역량들은 학교와 학교 밖 교육 모두를 통해 우선적으로 길러져야 할 것이다.

2.3. 기후 비상사태와 기후파업: 미래 세대의 주인 청소년의 참여

에너지 사용 문제는 기후변화와도 밀접히 관련된다. 이제 얼음 조각 위에 서 있는 북극곰의 사례나 남태평양 투발루의 기후난민을 언급하지 않더라도 기후변화가 더는 남의 문제가 아님을 모두가 절감하고 있다. 유엔은 2019년 7월이 역사상 최고로 더웠던 달이었으며, 2020년 5월은 역사상 최고로 더웠던 5월이라고 발표하였다. 안토니우 구테흐스Antonio Guterres 유엔사무총장은 "범세계적인 대책이 없다면 이런 고온 현상은 빙산의 일각에 불과하며 더욱 엄청난 재앙이 다가올 것"이라고 경고했다. 2018년에 채택된 정부 간 기후변화 협의체 Intergovernmental Panel on Climate Change, IPCC의 〈1.5℃ 특별 보고서〉는 지구 전체의 연평균 기온이 산업혁명 이전에 비해 이미 약 1℃ 정도 높아졌으며, 1.5℃를 넘을 경우 생태계와 인류가 돌이킬 수 없는 위험에 직면할 것이라고 전망하면서 '지금, 당장' 전례 없는 규모의 전환 정책을 추진하라고 촉구하였다. 2019년 11월 영국의 신문 《가디언》은 영국 《옥스퍼드 사전》이 2019년의 단어로 'climate emergency(기후 비상사태)'를 선정했다고 보도했다. 기후변화가 기후위기climate crisis를 거쳐, 급기야 기후 비상사태로 지칭된 것이다. 기후 비상사태는 "기후변화를 줄이거나 중지시켜 비가역적인 환경적 피해를 막을 수 있도록 해 줄 수 있는 긴급한 실행이 요구되는 상황"으로 정의된다. 이는 기후변화가 이제 즉각적인 행동을 요구할 정도로 긴박한 비상사태가 되었다는 인식이 확산되고 있음을 보여 준다.

기후 비상사태가 화두가 된 2019년 내내 전 세계 청소년들을 중심으로 기후파업climate strike도 이루어졌다. 2018년 스웨덴의 그레타 툰베리Greta Thunberg의 '미래를 위한 금요일' 시위에 영향을 받은 청소년들은 기성세대가 자신들의 미래를 망치고 있다며 학교 밖으로 나와 정부와 기업에게 기후가 아니라 시스템을 변화시키라고 요구하였다. 나아가 기후변화를 줄이고 환경 재난에 대비하기 위한 교육을 받을 수 있는 기회를 제공해 달라고 호소하였다. 한국의 청소년들도 2019년 9월 27일에 기후파업, 즉 학교 출석을 거부하고 광장에 모여 정부와 기업의 노력을 촉구하고 기후변화 학습을 할 수 있기를 요구하였다. 한국의 청소년들은 2018년 기후변화소송단을 결성하고[3] 어른들을 대상으로 소송을 준비하면서 기후변화 관련 쟁점을 학습하고 2020년 3월 실제로 국회와 정부를 상대로 헌법 소원을 제기하였다.

이러한 일련의 사건들과 사태를 보면서 사람들은 자연스럽게 기후변화가 왜 일어나는지, 누가 책임을 져야 하는지, 또 누구를 고려해야 하는지, 그래서 어떻게 행동해야 하는지, 즉 기후변화가 더 일어나지 않게 하려면 개인, 사회, 국가, 전 지구적인 수준에서는 어떻게 해야 하는지, 기후변화가 일어난 이 지구에 적응해서 살아가려면 어떻게 해야 하는지 등 여러 가지 질문을 던지게 된다. 이러한 질문들은 특정 지역이나 국가에 국한된 측면뿐만 아니라 지구적인 수준의 원인, 결과, 영향 등과 관련되어 있으며, 여러 측면의 복잡성에 기반을 두고 있다. 가치나 형평성과 같은 윤리적인 쟁점과도 긴밀히 관련된다.

그렇다면 기후 비상사태 또는 기후위기를 극복하기 위한 교육은 어떻게 이루어져야 할까? 이 교육은 앞서 제기된 기후변화 또는 기후위기와 관련된 여러 가지 질문들에 대한 답을 찾는 과정이 되어야 한다. 또 실제로 이러한 답을 실행으로 옮기는 것이어야 할 것이다. 즉, 기후변화를 완화시키고 변화된 기후변화에 적응하려면, 나아가 기후비상사태를 극복하기 위해서는, 현재 이루어지고 있는 기후변화의 과학적 과정에 대한 이해를 넘어서는 교육, 사회 전반을 변화시킬 수 있는 변혁적인 접근이 필요하다. 결국 기후변화가 일어나는 과정에 대한 이해도, 또 이를 해결하기 위한 접근도, 기후변화 쟁점이 가지고 있는 복잡성과 상호관련성, (지구)시스템 전체에 대한 시스템적인 사고에 대한 이해와 기후변화를 둘러싼 다양한 주체의 형평성에 대한 고려, 나아가 지구생태계와 세계에 대한 주인의식이 없이는 불가능하기 때문이다. 이 문제들에 공통적이고 반복적으로 제기되는 지속가능성과 형평성에 대한 관점은 지속가능한 발전 개념에서 가장 핵심적인 두 축이며, 지속가능발전교육은 이를 구현하기 위한 노력을 반영한다.

3. 지속가능발전과 지속가능발전목표

3.1. 지속가능발전

앞에서 고찰한 플라스틱 폐기물을 둘러싼 쟁점과 관련 복잡성을 이해하고 지속가능성 및 형평성을 고려하는 것은 지속가능한 발전에서 반복적으로 발견되는 핵심적인 측면이다. 또한 미래 에너지와 관련된 현명한 시민의 비판적 사고, 기후위기와 관련된 시스템적 사고와 청소년의 참여, 세계에 대한 주인의식 등은 지속가능발전교육, 세계시민교육 등에서 강조되는 내용들이다. 지속가능발전, 지속가능발전교육 및 세계시민교육과 관련된 국제적 논의를 고찰하면 다음과 같다.

'지속가능한 발전Sustainable Development, SD(이하 '지속가능발전'과 병용)'이라는 개념은 국제기구인 유엔이 인류가 당면한 문제를 제기하고 그 해결을 제시하는 과정에서 생겼다. 즉, 자연과 공존하면서도 인구 증가와 경제성장 속에 파생되는 전 지구적인 문제를 해결하여 풍요로운 삶을 누리고자 하는 의지를 강조한 것이다. 이 개념의 뿌리는 1972년 유엔인간환경회의UN Conference on Human and Environment, UNCHE[4]로 거슬러 올라간다. 스톡홀름 회의라고도 지칭되는 이 회의는 환경보전과 경제개발의 문제를 연계시킨 최초의 국제회의이다. 그러나 그에 앞서 1962년 레이첼 카슨Rachel L. Carson의《침묵의 봄Silent Spring》이나 1972년 로마 클럽의 〈성장의 한계Limit of Growth〉 보고서를 통해 이미 환경 문제의 심각성이나 자원 고갈의 문제가 인류의 지속가능성을 위협할 수 있다는 경고들이 제기되기도 하였다.

환경보전과 발전 사이의 긴장을 완화하고자 하는 시도는 1980년에 있었던 국제자연보전연맹회의International Union of the Conservation of Nature, IUCN에서도 이어졌으며, 이 회의에서 〈세계보전전략World Conservation Strategy〉이 채택되었다. 〈세계보전전략〉에서는 "우리의 생존, 그리고 다음 세대를 위한 자연자원의 수탁자 임무 수행을 위해서 개발과 보전은 동등하게 필요하다"라고 하면서 경제개발과 환경보전의 조화가 강조되었다. 여기서 세계보전전략의 핵심적인 목적으로 생물종과 생태계의 지속가능한 이용의 보장, 유전자 다양성의 보전, 필수적인 생태 과정과 생명지원체계의 보전 등을 제시하면서 '지속가능한 발전sustainable development'이라는 용어를 사용하였다. 환경보전과 경제개발에 대한 선진국과 개발도상국 간의 견해 차이를 좁혀 보려는 최초의 노력은 1982년 케냐에서 개최된 유엔환경계획United Nations Environmental Programme, UNEP 회의에서 채택된 〈나이로비 선언〉이었다. 이 회의에서 '세계환경개발위원회World Commission on Environment and Development, WCED'를 설치하기로 결의하였다.

　　지속가능한 발전이라는 개념이 전 세계적으로 알려진 것은 이 '세계환경개발위원회WCED'가 1987년 발간한 〈우리 공동의 미래Our Common Future〉를 통해서였다. 당시 의장을 맡았던 노르웨이 전 수상의 이름을 따서 일명 〈브룬트란트 보고서〉라고 불리는 이 문서에서는, "인간의 생산과 소비를 유지하는 지구 자연계의 능력에는 한계가 있기 때문에 현재의 경제 정책이 지속된다면 머지않은 장래에 돌이킬 수 없는 대재앙을 가져올 위험이 있다"라고 주장하면서, 우리 인류 전체의 장래를 위협하는 주요 요소로 대중적인 빈곤, 인구 성장, 지구온난화와 기후변화, 환경 파괴 등을 들었다. 이와 같은 위협에 대한 대안으로 '미래 세대가 자신들의 필요를 충족시킬 수 있는 능력을 저해하지 않으면서 현세대의 필요를 충족시키는 발전', 즉 '지속가능한 발전'이라는 새로운 패러다임을 제시하였다.WCED, 1987 환경보전과 개발을 동시에 추구하는 새로운 개발 개념으로 정립된 이 개념은 여전히 추상적이고 어렵다는 비판을 받고는 있지만, 현재 폭넓게 사용되고 있으며 해석 주체에 따라 다양하게 해석되곤 한다.

　　일반적으로 지속가능한 발전은 '미래 세대를 고려한 발전'으로 쉽게 생각되곤 하지만, '환경 쟁점과 사회경제적 쟁점에 대한 고려를 연결'하려는 시도로도 볼 수 있다. 실제로 〈브룬트란트 보고서〉에서는 불평등의 문제가 지구의 중요한 '환경' 문제인 동시에 '발전' 문제이기도 하다는 점을 강조하고 있으며, 지속가능한 발전에 대한 정의뿐만 아니라 두 가지 중요한 개념, 즉 필요needs와 한계limit에 주목하고 있다. 여기서 "필요는 미래 세대뿐만 아니라 세계 가난한 사람들의 필수적인 욕구를 의미하며, 여기에 일차적인 우선권이 부여되어야 한다는 것이다. 또한 한계는 절대적인 한계가 아니라, 환경 자원을 다루는 기술과 사회 조직의 현재 상태, 인간의 활동이 끼치는 영향을 흡수할 수 있는 생물권이 가진 한계와 관련"되어 있다.^{조우진, 2012 재인용} 또한 이 문서에서 인류의 지속을 불가능하게 만드는 문제로는 환경 문제뿐만 아니라 저개발국가에서 최소한의 욕구 충족을 불가능하게 하는 빈곤, 문제해결을 위한 의사소통을 불가능하게 하는 문맹 등도 들고 있다.

지속가능발전의 개념은 이후 논의를 거듭하며 진화하였다. 1991년 국제자연보전연맹IUCN, 국제연합환경계획UNEP, 세계야생동물기금WWF에서 공동으로 출간한 《지구 돌보기: 지속가능한 삶을 위한 전략Caring for the Earth Called a New World Ethic of Sustainability》에서는 '지속가능발전' 개념에 대해 '생태계를 부양하는 수용 능력carrying capacity 안에서 삶의 질 개선'이라는 정의를 제시하여, 〈우리 공동의 미래〉에서의 '지속가능발전' 개념에 생태계 부양이라는 측면과 수용 능력을 강조함으로써 이 개념이 인간과 생태계 모두를 고려해야 함을 확인하고 있다. 즉, 〈브룬트란트 보고서〉의 정의는 세대 간 책임을 존중하는 방식으로 인간 필요를 충족하는 것을 강조했으며, IUCN의 정의는 지구의 재생 역량을 보호하는 속에서의 인간 삶의 질 개선을 강조하고 있다.

이와 같이 지속가능발전이라는 개념은 여러 회의와 논의를 거치면서 끊임없이 변화하였음에도 불구하고, 중요한 두 개의 축은 여러 주체 간의 형평성equity과 지구의 한계를 고려한 지속가능성sustainability이라고 할 수 있다. 특히 여러 주체 간의 형평성은 선진국과 후진국, 현재 세대와 미래 세대, 인간과 자연/생물 사이의 형평성이며, 이 두 가지 축을 고려하는 과정에서 사회경제적이고 환경적인 쟁점이 연결되는 것은 지극히 당연한 일이 된다.

　　그러나 단순히 '사회, 경제, 환경의 조화=지속가능한 발전'이라는 공식으로 모든 것이 정리될 수는 없으며, 지속가능한 발전 개념은 형평성에 기반을 둔 사회 변혁을 지향한다. 즉, 지속가능한 발전에서는 사회, 환경, 경제의 세 핵심 분야가 지속적으로 상호작용과 변화의 과정을 거치고 있으며, 현 상태의 유지가 아니라 변화의 방향을 설정하고 실행하는 과정이 중시된다. 지속가능한 발전에서 빈곤의 극복과 사회정의의 실현도 중요한 부분이다. 인류의 미래와 관련해 가난과 무력감을 해소하는 것이 환경보호만큼이나 중요할 수 있으므로, 이들 사이에 균형을 맞추는 것이 지속가능한 발전의 핵심 과제이기도 하다. 또한 지속가능한 발전에서는 문화적 관점을 강조한다. 사회, 환경, 경제 세 분야를 연결하고 이를 지속가능한 발전과 연계할 수 있는 토대와 기초를 제공하는 것이 바로 '문화'이기 때문이다. 문화를 지속가능한 발전의 토대로 보면 인간 발전의 소프트웨어라고 할 수 있는 관습, 정체성, 가치 등이 공동 노력의 방향을 제시하고 이를 발전시키는 데 중요한 역할을 할 수 있다.

3.2. 지속가능발전목표

　　지속가능발전에 대한 개념이 제안된 후 이를 구체적으로 실행하기 위한 방안이 논의되었다. 1992년 6월 브라질 리우데자네이루에서는 114개국 국가 정상이 참여하는 유엔환경개발회의UNCED가 개최되었다. 이 회의에서는 지구의 환경 문제와 지속가능발전을 위한 〈리우선언〉과 이를 실행하기 위한 세부적 실행 프로그램인 〈의제21〉이 채택되었다. 이 리우회의에서는 1987년 〈우리 공동의 미래〉에서 환경 문제를 넘어서 포괄적으로 제시된 지속가능발전을 인류의 미래를 위한 이념으로 공인하였고, 구체적인 실천 지침까지 발표하게 된 것이다.

〈의제21〉은 지속가능한 발전을 실행하기 위한 구체적 프로그램을 담고 있으며, 지속가능발전의 중점 사항이 40장에 나뉘어 정의되고 있다. 전문1장을 비롯해 사회·경제 부문2-8장, 자원의 보전 및 관리 부문9장-22장과 주요 그룹의 역할 강화 부문23-32장이 제시되어 있으며, 마지막으로 이행수단 부문33장-40장이 제시되어 있다. 〈의제21〉과 유엔지속가능발전위원회 등과 같은 주요 사항에 대한 합의를 포함한 리우회의는 제도적 수준에서 결정적인 전환점을 제공하였으며, 정부, NGO와 기업 등이 협력하여 거버넌스를 창출할 수 있는 새로운 장을 제공하게 되었다.

2000년 9월 제55차 유엔 총회에서는 새천년개발목표Millennium Development Goals, MDGs를 의제로 채택하여 2015년까지 빈곤 감소, 보건, 보편 교육의 개선, 환경보호와 관련하여 지정된 여덟 가지 목표를 실천하는 것에 동의하였다. 2002년 남아프리카공화국 요하네스버그에서 열린 지속가능발전세계정상회의World Summit on Sustainable Development, WSSD는 1992년 리우회의 이후 전 세계가 실천해 온 환경과 지속가능발전의 성과를 평가하고 이후 이행과제를 구체화하였다. 이 회의에서는 지속가능한 발전을 위한 〈요하네스버그 선언〉이 채택되었다.

2012년 브라질 리우데자네이루에서는 리우+20 정상회의라고도 잘 알려진 유엔지속가능발전회의United Nations Conference on Sustainable Development, UNCSD가 다시 개최되었다. 이 회의에서 〈우리가 원하는 미래The Future We Want〉라는 제목의 선언을 채택하여 지속가능발전에 대한 의지를 재확인하고 경제위기, 사회적 불안정, 기후변화, 빈곤퇴치 등 범지구적 문제 해결의 책임을 다시 강조하였으며, 각국의 행동을 촉구하였다.

2015년 9월 제70차 유엔 총회에서는 새천년개발목표의 뒤를 잇는 지속가능발전목표를 2016년부터 2030년까지 이행하기로 결의하였다. '2030 지속가능발전 의제'라고도 하는 지속가능발전목표는 '단한 사람도 소외되지 않는다leave no one behind'라는 슬로건과 함께 인간 people, 지구planet, 번영prosperity, 평화peace, 파트너십partnerships이라는 5개 영역에서 인류가 나아가야 할 방향성을 17개 목표와 169개 세부 목표로 제시하였다. 지속가능발전목표는 새천년개발목표가 추구하던 빈곤, 의료, 교육 등에 대한 강조에서 한 걸음 더 나아가 사회적 불평등, 사회 발전, 경제 발전, 환경, 이행수단 등을 포함하고 있다.

3.3. 비판과 쟁점

3.3.1. 지속가능발전에 대한 비판과 쟁점

〈우리 공동의 미래〉WCED, 1987에서 정의해 제시한 '지속가능한 발전'에 대해서는 국제적으로 중요한 화두가 되었음에도 불구하고, 추상적인 정의와 개념상의 모호함으로 인해 다양하게 해석되었으며, 많은 비판도 제기되었다. 한계를 가진 지구와 자원의 '지속가능성'과 '발전'은 양립하기 어려우며 종종 어느 쪽에 강조점이 주어지는가에 따라 그 양상이 지극히 다를 수밖에 없기 때문이다. 따라서 '다양한 이해, 다중성, 복수의 해석plural understanding, plurality, multiple interpretation' 등과 같은 용어는 지속가능발전 개념의 특징을 설명할 때 자주 등장하는 용어이다.

문순홍[1999: 268-270]은 지속가능한 발전은 사용되는 맥락에 따라 누구를 위한 지속가능성인지, 즉 세계인들 모두의 지속가능성인지, 미래 세대의 지속가능성인지 등이 달라질 수 있다고 보았으며, 발전의 의미도 역시 맥락에 따라 경제적 복지 증진을 위한 경제성장인지, 경제와 사회의 점진적 변화도 포함된 성장인지 등으로 다르게 사용되고 해석될 수 있다고 주장하였다. 피엔Fien과 틸버리Tilbury[2002]는 지속가능한 발전의 이러한 다의적 특성을 '시간의 지속성 정도, 발전의 종류, 필요한 변화의 종류와 가능성, 경제성장에 주는 암시' 등 네 가지 차원에 기반하여 설명하기도 한다.[주형선·이선경, 2013]

지속가능성: 약한 지속가능성 vs 강한 지속가능성[5]

지속가능발전을 설명하는 다수의 논의에서 '지속가능성 sustainability'과 '형평성equity'은 중요한 개념 요소로 등장하는데[김태경, 2006; 윤순진, 2003; Dobson, 1998; Fien & Tilbury, 2002; WCED, 1987], 이 '지속가능성'과 '형평성'을 어떻게 정의하느냐에 따라 지속가능한 발전에 대한 설명이 달라질 수 있다. 먼저 지속가능성에 대한 논의는 피어스Pearce[1993]와 돕슨Dobson[1998]의 연구를 중심으로 접근될 수 있다. 피어스는 지속가능성을 약한 지속가능성weak sustainability과 강한 지속가능성 strong sustainability으로 구분하고, 돕슨은 이를 환경적 지속가능성 environmental sustainability이라고 지칭하며 개념 A, B, C로 구분한다. 피어스와 돕슨의 주장과 논의에는 다소 차별적인 측면이 있기도 하지만, 이들 논의의 공통된 핵심은 자연자본, 즉 환경/자연/생태계가 지속적인 경제성장을 통한 인류의 웰빙을 이루기 위한 자원이나 자본으로 간주되는지, 또는 인류의 활동을 떠받치고 있는, 다시 말해 인간의 복지를 가능하게 하는 생태계의 건강/생태적 과정의 지속성 자체가 목적인지에 있다. 그리고 전자는 약한 지속가능성으로, 후자는 강한 지속가능성으로 구별된다.

피어스Pearce[1993]와 돕슨Dobson[1998]의 논의를 보면 약한 지속가능성 지지자들은 환경 관리의 목적은 지속적인 이윤 창출에 있으며 생태계 가치의 보존 역시 그 자체가 목적이라기보다 경제성장의 자원이라는 점에서 의미가 있다고 생각한다. 이 입장에서는 자연이 파괴되어도 그만큼의 도로와 기계, 건물과 같은 인공자본이 확충되면 자본 총량에는 변화가 없기 때문에 지속가능성이 실현된다고 본다. 인류의 복지를 위한 지속적인 경제성장 또한 당연시된다. 이와 달리 강한 지속가능성의 입장에서는 생태계의 건강과 생태적 과정의 지속성 자체가 목표이며 자연자본과 인공자본의 대체가능성에 반대한다. 또, 경제 규모의 축소를 통해서 지속가능성을 실현할 수 있다는 입장을 지지한다.

즉 '무엇을 지속시킬 것인가'라는 질문에 대해 그 목적이 환경 또는 생태계의 관리를 통한 지속적인 경제성장인지, 생태계 가치의 지속성인지에 따라, 그리고 자연자본과 인공자본의 대체가능성의 인정 여부에 따라 약한 지속가능성과 강한 지속가능성의 두 입장으로 구분된다. 이때 지속가능성에 대한 입장은 약한 지속가능성과 강한 지속가능성을 양극으로 하여 그 사이에 다양한 스펙트럼이 존재한다고 보는 것이 일반적이다.주형선·이선경, 2013

형평성: 세대 간, 세대 내, 절차적, 종간 형평성

지속가능성 개념의 또 다른 중요한 구성 요소인 '형평성equity'은 '모든 사람들의 기본 필요'를 충족시키고 더 나은 삶에 대한 열망을 달성할 수 있는 기회를 전 세계 모든 사람들에게로 확장해야 한다는 의미를 담고 있다.[WCED, 1987] 형평성은 학자들에 따라 세대 간 형평성intergenerational equity, 세대 내 형평성intragenerational equity, 지리적 형평성geographical equity, 절차적 형평성procedural equity, 종간 형평성interspecies equity 등 다양하게 구분된다.[토다 기요시, 1996; Dobson, 1998; Haughton, 1999] 이들 개념은 서로 관련되어 있지만, 각각이 지향하는 목적을 달성하는 과정에서 서로 충돌할 수도 있다. 또한 모두가 인식할 수 있을 정도로 이들 형평성이 모두 실현되는 것은 어려움이 있지만, 이러한 지향점을 두고 인류가 실천해 나가는 것이 중요하다고 여겨진다.[Haughton, 1999]

'세대 간 형평성' 개념은 "미래 세대가 자신의 필요를 충족시킬 능력을 위태롭게 하지 않으면서 현세대의 필요를 충족시키는 발전"[WCED, 1987: 43]이라는 지속가능발전에 대한 고전적 정의에 잘 나타나 있다. 기후위기와 관련된 청소년들의 행동은 이 세대 간 형평성을 고려한 행위라고 할 수 있다. '세대 내 형평성'은 한 세대 내에서 환경 편익과 비용의 공평한 분배를 의미한다. '지리적 형평성'은 지역(또는 한 국가)의 정책이 해당 지역(국가)의 환경 문제뿐만 아니라 전 지구적 문제 해결에도 기여해야 한다는 것이다. 허튼[Haughton, 1999]은 '지리적 형평성'에 저개발 지역 또는 저개발국가에 대한 환경 폐기물 투하나 환경 인종주의뿐만 아니라 열대 우림의 파괴 문제도 해당될 수 있다고 본다. 이 장의 초반에서 제시된 플라스틱 폐기물을 통해 지속가능성과 형평성을 논했던 2절에서도 관련 쟁점이 부각된 바 있다. '절차적 형평성'은 모든 사람이 정당하게 대우받을 수 있는 규제 및 참여 시스템이 고안되고 적용되어야 한다는 점을 지적한다.[토다 기요시, 1996; Haughton, 1999] 이는 지속가능한 미래를 위한 에너지 선택과 관련된 공론화위원회의 시민 참여와 관련된다. 다른 국가에 공해 물질을 폐기해 그 지역민이 피해를 받을 경우 자국민과 동등한 권리가 주어져야 한다는 점에서 이 개념은

'지리적 형평성'과도 연결될 수 있다. '종간 형평성'은 다른 종의 생존을 인류의 생존과 동등한 기초에 두는 것이다. 허튼Haughton, 1999은 '종간 형평성'이 도덕적 판단을 하는 데 있어 인간과 다른 생명체가 동일하다는 주장이라기보다는 생태계 보전과 생물다양성 유지의 중요성을 강조하는 것이라고 본다. 돕슨Dobson, 1998: 33-61은 지속가능성을 추구할 때 고려 대상을 현세대의 필요, 미래 세대의 필요, 현세대의 욕구, 미래 세대의 욕구, 현세대 비인간종의 필요, 미래 세대 비인간종의 필요 등 여섯 가지로 구분한다. '필요'와 '욕구'를 구분했을 뿐만 아니라 고려 대상에 현재와 미래의 인류에 인간 이외의 생물까지 포함한 것이 특징이다.

지속가능발전의 중요한 개념 요소인 형평성과 지속가능성의 관계에 대해 피엔Fien과 틸버리Tilbury 2002, 윤순진2003은 이 두 원칙이 함께 고려되어야만 지속가능발전이 가능하다고 주장한다. 이 두 원칙 사이에서 균형을 잃어 형평성을 강조하게 되면 부양 능력을 넘어서는 성장을 추구함으로써 지속가능성이 위협받게 될 수 있고, 지속가능성에만 관심을 둘 경우 발전과 보전의 조화가 이루어진다 하더라도 상당히 권위적이고 차별적인 발전 방식을 취할 수 있기 때문이다. 돕슨Dobson, 1998도 환경적 지속가능성과 사회정의가 종종 갈등을 일으킬 수 있다는 점을 인정한다. 환경적 지속가능성은 사회정의가 실현되기 위한 전제 조건이고 사회정의는 환경적 지속가능성을 실현하는 데 일정한 기능을 할 수 있지만 이 둘이 양립 가능한 목표인가는 경험적으로만 해결될 수 있다는 것이다. 또 다른 측면에서 두 개념 모두 논쟁적이기 때문에, 이 둘의 관계를 논의할 때 각각이 어떤 의미로 사용되는가에 대해 질문을 던질 수밖에 없다는 점을 지적한다. Dobson, 1998: 4-5 이와 같이 지속가능발전을 설명하는 데 지속가능성과 형평성이 중요한 개념 요소이지만 이 두 개념 모두 다의적으로 사용되고 있으며 이 둘이 양립가능한가에 대한 이론적, 현실적 의문이 존재하는 것으로 보인다.

3.3.2. 지속가능발전목표에 대한 비판과 쟁점

8개의 목표, 21개의 세부목표로 구성된 새천년개발목표MDGs에 비교해 17개의 목표, 169개의 세부목표를 가진 지속가능발전목표는 보다 포괄적으로 사회, 환경, 경제 분야의 요소들을 포함하고 있다. 전자가 정부 주도의 빈곤 퇴치, 위생 및 보건 개선, 보편 교육 달성 등 '개발도상국'의 '사람들의 삶 개선'에 강조점이 있다면, 후자의 경우는 정부, 시민사회, 민간, 기업 등 다양한 이해관계자들의 참여를 기반으로 하여 '개발도상국뿐만 아니라 선진국'에도 적용될 수 있는 '사회, 환경, 경제 분야의 발전'을 지향한다.허학영, 2017 그러나 지속가능발전목표와 관련해서도 다양한 비판과 쟁점이 존재한다.

지속가능발전목표와 관련된 쟁점은 강하니[2015] 등 일부 학자들을 중심으로 제기되고 있다. 이 중 첫 번째 쟁점은 지속가능발전목표의 통합성과 관련된 것이다. 많은 사람들은 지속가능발전목표가 사회-환경-경제를 아우르는 종합적이고 통합적인 의제이며, 인류 사회의 지속가능발전을 위해 필요한 가장 중요한 쟁점들이 상당 부분 모두 포함된 것으로 본다. 그러나 비판적인 시각으로는 17개의 목표로 분절된 지속가능발전목표들이 각 쟁점을 단편적으로 접근하도록 유도할 가능성이 있으며, 각 목표들 사이의 유기적 관계에 대한 고려 부족으로 오히려 통합적인 접근을 저해한다고 주장한다.Gore, 2015 즉, 각 행위자나 프로그램은 해당된 하나의 주제나 목표에만 집중할 수 있으므로 오히려 전체적인 시스템을 보지 못하게 할 수도 있다는 것이다. 따라서 각 목표들 사이의 연계와 통합이 특별히 강조될 필요가 있다.

두 번째 쟁점은 실질적 이행 가능성에 관한 것이다. 국제사회에서는 지속가능발전목표가 '야심찬' 목표가 되어야 한다고 거듭 주장해왔지만, 이를 실행할 방법은 충분히 고안되지 않고 있어 그저 비현실적인 목표에 머무는 한계를 보일 수 있기 때문이다. 또한 이를 모니터링하고 측정하는 지표와 도구를 마련하고, 이에 근거하여 데이터를 얻는 것도 큰 문제가 될 수 있다. 지속가능발전목표가 국가별, 지역별, 전 지구적인 수준에서 실현되기 위해서는 이행 차원에서 지속가능성을 지향하는 일관적인 정책 기조 아래서 구체적인 정책을 마련할 필요가 있다. 더불어 각 목표 관련 지표들을 모니터링 및 측정할 수 있는 시스템에 대한 고민이 필요하다.

세 번째는 지속가능발전목표 이행을 위해 필요한 재원에 관한 것이다. 전 세계가 17개의 목표, 169개의 세부목표를 달성하는 데 전문가들은 매년 약 3조 달러, 원화로 약 3,600조 원이 필요하다고 하며, 이는 상상을 초월하는 매우 큰 금액으로, 이 재원을 충당하는 방법에 대한 고민과 논의가 필요하다. 국제사회는 공적 재원 이외에 민간 재원 투입을 장려하고 있는데, 이윤을 창출하는 것이 목적인 민간 재원이 투입될 경우의 부작용과 쟁점에 대해서도 엄밀한 검토가 필요할 수 있다.

네 번째 쟁점은 〈공동의, 그러나 차별화된 책임Common but Differentiated Responsibilities〉에 관한 것이다. 이는 1992년 브라질 리우데자네이루에서 개최된 유엔환경개발회의에서 합의된 원칙으로, 선진국이 지속가능하지 않은 방식으로 급속한 성장을 추구한 과정에서 초래된 환경적 손실에 대해 그 책무를 인정한다는 내용이다. 결과적으로 1997년 채택된 〈교토 의정서〉는 선진국에게 지구온난화에 대한 책임을 부과하고 1인당 온실가스 배출량이 많은 선진국에게 온실가스 감축을 의무화하였다. 지속가능발전목표 달성과 관련하여 개발도상국은 선진국에게 지속가능발전목표 이행을 위해 더 많은 재원을 지원해 줄 것을 요구하였다. 이들은 지속가능발전목표 이행이 전 세계 모든 국가에 해당되지만 각 나라마다 역량과 경제적 여건 등에 따라 더 많은 책임을 져야 한다는 것이다. 그러나 선진국에서는 환경 분야에만 이를 적용할 것임을 주장하고 있다.

　　마지막 쟁점은 지속가능발전목표의 지역화에 관한 것이다. 보편적 목표를 사회, 환경, 경제, 문화적 맥락이 다른 여러 나라들에 적용하는 것은 문제가 된다. 우리나라의 경우에도 2018년 전문가와 이해관계자 약 400여 명의 작업을 통해 한국형 지속가능발전목표K-SDGs를 만들고 공포하였다. 그러나 한국에 적합한 지속가능발전목표를 만드는 것도, 이를 모니터링하고 평가할 수 있는 지표를 만들어 지속가능발전목표의 달성을 측정하는 것도 매우 어려운 일이다. 실제로 2020년 수행된 지속가능발전 모니터링과 평가에는 수립된 K-SDGs 지표 중 약 1/3 수준에 해당하는 지표만 데이터를 얻을 수 있었다.

　　지속가능발전목표와 관련해서는 다른 비판들도 존재한다. 지속가능발전목표에서 제시되는 목표의 수준이 충분하지 않아 2030년 이전에 우리 사회와 지구가 회복 불가능한 비가역적인 상태가 될 수도 있다는 비판, 국제사회 시스템 내에 존재하는 불평등을 고려하지 않고 있어 전체 시스템의 구조적 변화가 필요하다는 비판, 지역의 맥락을 고려하지 않은 관료적·하향적 방식이라는 등의 비판이 그것이다. 지속가능발전목표의 이행과 지역화, 모니터링 및 평가 등에서 이러한 비판과 쟁점들이 충분히 논의될 필요가 있을 것이다.

4. 지속가능발전교육의 발전 과정 및
세계시민교육과의 관계

4.1. 지속가능발전교육10년, GAP, ESD for 2030

지속가능발전을 성취하기 위한 교육의 역할에 대한 강조는 1972년 유엔인간환경회의UNCHE[1972]에서 환경 문제 해결을 위해 교육의 역할이 중요함을 인식한 이래 여러 국제회의를 통해 이루어졌다. 그중 지속가능발전을 위한 교육적 노력의 중요성이 전면으로 부각된 것은 1992년 유엔환경개발회의UNCED이다. 이 회의에서 채택한 〈의제 21〉의 36장 '교육, 대중의 인식 및 훈련'에서는 지속가능한 발전을 위해 교육 전반에 걸쳐 검토와 조정 작업이 시급히 요청된다고 지적하면서 지속가능발전에서 교육의 핵심적 역할을 강조한 바 있다. 그러나 이 회의 이후 10년 동안 지속가능발전교육의 활성화를 위한 시도들이 진행되었으나 기대한 성과를 얻는 데 실패한 것으로 평가되었다. 이에 따라 2002년 요하네스버그 세계지속가능발전정상회의WSSD에서 교육의 중요성을 재차 강조하면서 2005-2014년을 지속가능발전교육을 위한 10년으로 제정하자는 권고가 있었고, 당해 12월 제57차 유엔 총회에서 이를 채택하게 되었다. 또한 유네스코를 지속가능발전교육10년을 알리고 실행하는 선도기구leading agency로 지정하였다. 유엔지속가능발전교육10년UNDESD은 새천년개발목표MDGs, 모두를위한교육EFA, 유엔문해력10년UNLD 등과 밀접하게 연관되어 있다.

지속가능발전교육은 지속가능발전의 이념, 가치, 실제를 교육과 학습의 모든 측면과 통합하고자 하는 것으로, "모든 사람들이 질 높은 교육의 혜택을 받을 수 있으며, 이를 통해 지속가능한 미래와 사회 변혁을 위해 필요한 가치, 행동, 삶의 방식을 배울 수 있는 사회를 지향하는 교육"이라고 할 수 있다.UNESCO, 2005 지속가능발전교육은 어떤 맥락에서든 간학문적이고 총체적인 접근 방식으로 비판적 사고와 창의적 사고 능력을 증진하고 미래에 대한 비전을 가질 수 있게 한다.이선경외, 2005 지속가능발전교육의 네 가지 주안점thrusts은 질 높은 교육을 받을 기회 증진, 지속가능성 쟁점에 대처하기 위한 기존 교육의 재정향, 대중의 인식과 이해 증진, 특정 사회적·환경적·경제적 지속가능성 쟁점에 대처하게 해 주는 연수를 포함한다.이선경, 2015

유엔지속가능발전교육10년 동안 전 세계 국가에서는 크게 네 가지의 성과를 얻게 되었다.UNESCO, 2014b 먼저 지속가능발전교육을 교육시스템에 통합하고자 한 노력이 지속가능발전을 가능하게 하는 효과가 있었으며, 지속가능발전교육의 이해관계자들이 다양한 방식으로 교육의 과정이나 파트너십과 협력의 형태로 참여할 수 있었다. 그리고 지속가능발전교육이 여러 수준에서 교육의 혁신을 가능하게 하였으며, 모든 수준과 모든 영역의 교육에 걸쳐 확산되었다는 점이다. 이후 유엔지속가능발전교육10년은 지속가능발전교육 국제실천프로그램Global Action Programme on ESD의 형태로 이어지게 된다.

지속가능발전교육 국제실천프로그램Global Action Programme on ESD, 2015-2019(이하 'GAP')에서는 지속가능발전에서 중요한 내용 영역, 즉 생물다양성, 기후변화, 재난 감소, 지속가능한 생산과 소비 등이 핵심 영역이 되고, 지속가능발전교육에서 내용, 교수학습적 접근, 학습 성과, 사회적 변혁 등이 중요한 차원임을 확인한다. 그러면서 GAP의 우선순위 실천 영역은 지속가능한 사회를 위한 정책 반영, 학습환경과 기관 전체적 접근, 교육자의 역량 구축, 청소년의 참여 기회 확대, 지역사회에서의 지속가능한 문제 해결 촉진 등의 5개 영역을 포괄한다UNESCO, 2014a는 점을 강조한다.

유네스코 차원에서 GAP는 2019년 이후 지속가능발전목표 달성을 위한 지속가능발전교육, ESD for 2030으로 이어진다. ESD for 2030의 목적은 지속가능발전교육을 강화하고, 17개의 지속가능발전목표에의 기여를 통해 보다 정의롭고 지속가능한 세계를 구축하는 것이다.UNESCO, 2020 이는 지속가능성과 쟁점에 대한 학습 내용 강화, 교수 학습 접근의 변화, 학습 성과(역량) 증진, 사회 변혁 등의 지향을 통해 추구하고자 한다. ESD for 2030의 특징은 GAP의 다섯 가지 우선 실천 영역에 대한 강조와 더불어 회원 국가의 역할을 강조하고, 17개의 지속가능발전목표를 위한 교육의 역할을 강조하는 것이다. 그러나 가장 큰 핵심 사항은 지속가능발전교육을 통해 사회와 미래의 큰 변혁 big transformation에 다가가야 한다는 것이며, 이는 교육을 통한 개인과 사회의 변혁적 실천transformative action의 수행과 지속가능하지 않은 사회의 구조적 변화structural changes, 첨단 기술에 대한 비판적 이용을 통해 새로운 기술적 미래technological future에 접근하는 것이다. 이를 위해서는 지속가능발전목표를 달성하는 데 기여할 수 있는 역량들UNESCO, 2017을 취득하는 것이 중요한데, 시스템 사고 역량, 미래 예측 역량, 규범 역량, 협력 역량, 비판적 사고 역량, 자기인식 역량, 통합적 문제해결 역량 등이 이에 해당된다.

4.2. 지속가능발전교육과 세계시민교육

지속가능발전교육10년이 막바지에 이른 2012년 9월 반기문 당시 유엔사무총장 주도로 출범한 〈글로벌교육우선구상Global Education First Initiative, GEFI〉에서 세계시민교육의 중요성을 주요 의제 중 하나로 천명한 이래 세계시민교육 담론은 급속히 확산되어 왔다.박순용, 2020: 황세영·최정원, 2017 이후 2015년 인천에서 개최된 세계교육포럼WEF을 통해

2015년 이후 국제사회의 주요 교육 의제로 선언되었다.조대훈, 2016 이 가운데 세계시민교육은 "교육의 핵심 책무는 사람들로 하여금 지금보다 더 포용적이고, 정의롭고, 평화적이고, 관용적인 사회를 만드는 데 있으며, 이를 위해서는 사람들에게 21세기의 글로벌한 문제들을 함께 고민하고 해결하는 데 필요한 이해력, 기능, 그리고 가치관을 가르쳐야 한다United Nations Secretary-General, 2014: 20"라는 점에서 그 필요성이 역설되었다. 유네스코에서는 "교육이 어떻게 하면 더 정의롭고, 평화로우며, 관용적이고, 포용적이며, 안전하고, 지속가능한 세상을 만드는 데 필요한 학습자의 지식과 기술, 가치와 태도를 계발할 수 있는지를 요약한 패러다임"유네스코 아태교육원, 2014: 16으로 정의되었던 세계시민교육은 지속가능발전교육과의 차별성과 연계성을 두고 많은 논의가 있어 왔다.

2020년 발간된 유네스코 연구는 지속가능발전교육과 세계시민교육의 학습 영역이 교육과정에서 어떻게 구현되고 있는지를 탐색하였는데UNESCO, 2019, 여기서 지속가능발전교육과 세계시민교육은 다음과 같이 정의되고 있다.

- 지속가능발전교육ESD은 모든 사람이 문화다양성을 존중하면서, 현세대와 미래 세대를 위해 환경적으로 온전하고, 경제적으로 생존 가능하며, 정의로운 사회를 이루기 위한 정보에 기반한 의사결정을 할 수 있도록 역량을 강화한다.UNESCO, 2014b: 20
- 세계시민교육GCED은 모든 연령의 학습자가 더 평화롭고 관용적이며 포용적이고 안전한 사회를 건설하는 데 있어 지역적으로나 전 세계적으로 적극적인 역할을 수행하는 것을 목표로 하고 있다.UNESCO, 2015: 14 이것은 "정치적, 경제적, 사회적, 문화적 상호의존성과 지역, 국가, 세계 사이의 상호연결성을 강조하는 더 넓

은 지역사회와 인류에 대한 소속감"을 증진하고자 한다.UNESCO, 2015: 14

이들 두 가지 교육적 접근은 모두 지속가능한 사회를 지향한다는 점에서는 유사성을 가지지만, 제시된 정의에 따르면 지속가능발전교육에서는 '미래 세대에 대한 고려, 환경, 경제, 사회에 대한 강조, 의사결정에 대한 강조' 등을 발견할 수 있으며, 세계시민교육에서는 '적극적인 역할의 수행, 상호의존성과 상호연결성, 소속감에 대한 강조' 등을 발견할 수 있다. 지속가능발전교육과 세계시민교육을 엄밀히 구분하기보다는 이들이 함께 지속가능발전목표를 달성하는 데 기여해야하며, 효과적인 교수학습을 위해서는 [표 10-1]의 세 가지 학습 영역이 모두 연계되고 발전될 필요가 있다.

[표 10-1] 지속가능발전교육과 세계시민교육의 핵심 학습 영역

학습 영역	내용
인지적 영역 (Cognitive dimension)	전 세계, 권역, 국가, 지역사회의 이슈, 다양한 국가 및 국민들 간의 상호연결성과 상호의존성을 비롯해, 지속가능발전의 사회적·경제적·환경적 측면 등에 대한 지식과 이해, 비판적 사고를 습득한다.
사회·정서적 영역 (Social and emotional dimension)	보편적인 인류에 대한 소속감을 가지며, 가치와 책임, 공감, 연대, 차이와 다양성에 대한 존중을 공유하고, 미래에 대한 책임감을 느끼고 감당한다.
행동적 영역 (Behavioral dimension)	보다 평화롭고 지속가능한 세계를 위해 지역적, 국가적, 세계적 수준에서 효과적이고 책임감 있게 행동한다.

출처: UNESCO, 2019

그러나 엄밀히 구분하면 세계시민교육은 지속가능발전교육뿐만 아니라 국제이해교육과도 유사성과 차별성을 가진다. 따라서 기존에 이들 교육적 접근을 구분하여 파악하고자 노력한 유네스코2015, 한경구2017, 유네스코 아태교육원2017, 황세영2019 등의 논의에 기초하여 지

속가능발전교육, 세계시민교육, 국제이해교육 등을 비교하여 정리하면 [표 10-2]와 같다.

[표 10-2] 지속가능발전교육, 세계시민교육 및 다른 교육적 접근의 비교

	목적	특징	쟁점/비판
지속가능 발전교육	(개인, 사회, 지역, 국가, 지구 수준에서의) 지속 가능한 미래와 사회를 위 한 변혁 추구	지속가능발전을 위한 (양 질의) 교육의 역할 강조. 지속가능발전 원칙의 적 용과 실천 강조	글로벌 공동체의 구성원 으로서의 정체성 부각 뚜 렷하지 않음.
세계시민 교육	비판적 사고와 책임의식, 행동을 통해 지속가능발 전목표 달성에 기여	세계시민성과 비판적 사 고 강조, 다름과 존중에 대한 이해를 넘어 실천과 책임 강조	세계시민성 개념 다소 모 호. 지속가능발전교육의 연장선
국제이해 교육	교육을 통해 국제이해 및 협력, 평화 증진	문화 간 이해, 세계화, 지 속가능발전, 평화, 인권 (민주주의) 강조	정치외교적 관점 존재, 피상적 차원의 문화 이해 나 경험에 국한되기도 함.

출처: 유네스코 2015, 유네스코 아태교육원 2017, 한경구 2017, 황세영 2019에서
제시한 내용을 정리, 재구성

5. 맺는말: 지속가능발전교육과 세계시민교육의 상호 연계 강화

이상에서 지속가능발전, 지속가능발전목표, 지속가능발전교육 및 세계시민교육 등에 대해 고찰하였다. 그렇다면 우리는 지속가능한 발전과 지속가능한 미래를 위한 세계시민교육에 어떻게 접근해야 할까? 지속가능발전교육과 세계시민교육의 상호 연계 강화를 위한 방안은 다음과 같다.

첫 번째는 세계시민으로서의 정체성과 성찰적 사고에 대한 강조이다. 세계시민교육에서는 교육의 상황에서 또는 교육 외적인 상황이나 수행의 맥락에서 스스로의 정체성을 개인, 지역, 국가, 세계 등 여

러 수준에서 성찰적으로 사고하고, 재해석할 기회를 부여할 필요가 있다. 현재 국내외적으로 실시되고 있는 지속가능발전교육의 사례에서는 이러한 세계시민으로서의 정체성을 성찰하는 과정이 뚜렷이 부각되지는 않는다. 환경교육과 세계시민교육과의 관련성과 연계 가능성을 탐색한 황세영2019은 이를 '성찰적 세계시민 정체성'으로 지칭하였는데, 세계시민교육에서는 당위가 아닌 성찰성을 바탕으로 한 사고나 학습의 기회가 필요함을 강조하였다. 고등학교 학생들과 지속가능발전교육과 관련된 다양한 실천을 수행한 윤신원은 이를 '다중적 정체성의 연계'라는 표현을 사용하였다.[6] 개인적, 지역적, 국가적, 세계적으로 다소 다른 쟁점이 부각되는 경우, 학생들의 정체성에 대한 인식이 달라지는 경우 때로는 불편한 느낌을 가질 수도 있는데, 이를 인식하는 것은 중요하다는 것이다. 이를 통해 개인적·지역적·국가적·지구적 차원의 연계와 통합적 이해가 가능하게 될 것이며, 세계시민으로서의 정체성도 함양할 수 있을 것으로 보인다.

2017년 청소년들을 대상으로 세계시민의식 조사 연구를 수행한 황세영과 최정원2017에 따르면, 청소년들은 스스로를 '세계 여러 나라 사람들과 함께 살아가는 세계시민이라고 생각한다'는 진술문에 대해 긍정적으로 응답한 비율이, 63.9%였으며, 부정적으로 응답한 비율은 6.5%로 나타났다. 즉, 응답자 중 63.9%에 해당하는 청소년들이 스스로를 세계시민으로 인식하고 있었으며, 스스로를 세계시민으로 인지하는 집단이 그렇지 않은 집단에 비해 세계시민에 부합하는 지식과 이해, 가치와 태도, 기능, 그리고 행동과 실천 역량을 더 많이 보유하고 있는 것으로 나타났다. 이는 세계시민의식이 정체성과 긴밀히 연계됨을 보여 주는 것이며, 이는 유네스코 문서에서도 언급되었다.

세계시민의식의 개념을 둘러싼 다양한 해석이 존재하지만 한 가지 공통분모는 세계시민의식이 결코 법적 지위legal status를 의미하지는 않는다는 것이다. 세계시민의식은 자신을 보다 큰 공동체의 일부로 느끼며 이들과 공통된 인간성을 공유하는 것에 더 가깝다. 이를 통해 개인은 글로벌한 시각global gaze, 즉 지역을 세계와, 국가를 국제사회와 연계시킬 줄 아는 능력을 갖게 된다. 또한 세계시민의식은 다름과 다양성에 대한 존중 그리고 보편적 가치관을 바탕으로 다른 시공간에 존재하는 타인과 환경을 이해하고 자신을 그들과 연계시킬 줄 아는 능력이다. 이런 맥락에서 우리 모두의 삶이 세계와 지역을 하나로 이어 주는 매일의 결정들에 영향을 미치게 된다.황세영·최정원, 2017 재인용

이러한 성찰적 정체성의 중요성은 추후 역량에 대한 강조에서 다시 언급되겠지만, 성찰성에 기반한 역량은 사회 변혁을 가져올 수 있는 중요한 출발점이 된다.

두 번째는 지구 생태 시민으로서의 자각과 생태시민성에 대한 강조이다. 생태시민성ecological citizenship은 정치적으로 민주적일 뿐만 아니라 생태적 민감함이 요구되는 시민성을 지칭한다. 즉, 생태적이면서도 민주적인 시민이 갖는 덕성박순열, 2010a; 2010b, 또는 시민성의 적용을 모든 생물종에게까지 확대하는 개념으로 간주되기도 한다.김병연, 2011; Smith, 1998 생태시민성의 주요 특성은 공간과 시간을 초월하는 비영토성을 가지고 있으며, 권리보다 책임과 의무를 강조하고, 정의, 동정, 배려, 연민과 같은 덕성에 기반하고 공적 영역에 영향을 미칠 수 있다는 측면에서 사적 영역을 중시한다.김희경·신지혜, 2012; Dobson, 2003 공간과 시간을 초월하는 비영토성, 형평성, 즉 정의에 대한 강조 등은 지속가능발전교

육과 세계시민교육의 중요한 특성 중 하나이며, 특히 환경적 지속가능성이 위협을 받는 현 시대의 쟁점을 고려할 때 이러한 생태시민성과의 관련성이 더욱 부각된다. 특히 개인의 실천이나 의사결정 등과 관련된 사적 영역에 대한 강조는 세계시민교육에서의 접근과 관련하여 시사하는 바가 크다. 생태시민성을 함양하기 위한 교육적 접근 방법을 탐색한 김희경과 신지혜[2012]는 기존의 시민성교육이 다루는 지식, 이해, 기술, 가치지향, 권리, 의무, 책임, 관용, 자유, 이해를 기본으로 하고, 정의, 형평성, 의무, 참여를 환경교육 및 지속가능발전교육에서 강조해야 한다고 제언하였다. 또한 돕슨[Dobson, 2003]은 국제적 문제, 세대 간 문제, 종간 문제 등을 주요 주제나 소재로 다루고, 실세계 쟁점과 관련된 캠페인에 직접 참여하는 것이 효과적일 수 있다고 제언하였다. 이는 세계시민교육에도 적용될 수 있다.

세 번째는 지속가능성 소양, 즉 지속가능성을 위한 비판적 문해력이다. 지속가능발전교육의 목표와 관련하여 종종 지속가능성 소양 sustainability literacy을 갖춘 시민의 양성이 강조되기도 한다. 일반적으로 문해력, 문식력 또는 소양 등으로 번역되는 literacy는 읽고 쓸 수 있는 능력을 지칭하지만, 고차적 사고와 의사결정을 가능하게 하는 것은 결국 쟁점에 대한 단순한 이해나 해독의 차원을 넘어선 비판적 문해력의 차원이라고 할 수 있다. 비판적 문해력은 쟁점이 복잡하고 다층적 접근을 요구한다거나 다양한 집단의 이익, 시각 등이 연계될수록 반드시 고려될 필요가 있다.[이선경·김시정, 2018] 이 장의 도입에서 소개한 플라스틱 폐기물, 미래의 에너지에 대한 의사결정, 기후위기 대응 등의 쟁점들과 2020년 전 세계를 멈추게 한 코로나19 등과 같은 전염병과 관련하여 중요한 것은 이러한 실제 상황의 쟁점들을 개인적, 사회적, 세계적인 맥락에서 읽어 내고, 다양한 증거를 기반으로 해석하고, 설명하고,

의사결정하고, 다양한 수준에서 참여하고 실천하는 능력이라고 할 수 있다. 따라서 지속가능한 발전과 미래를 위한 세계시민교육의 맥락에서는 이러한 지속가능성을 위한 비판적 문해력이 학습되고 활용될 수 있는 기회를 제공할 필요가 있을 것이다.

네 번째는 역량에 대한 강조이다. 지속가능발전교육과 세계시민교육에서는 공히 역량을 강조하고 있다. 지속가능발전교육과 관련된 역량에 대한 논의는 독일의 지속가능발전교육 프로젝트에서 사용된 지속가능성 역량sustainability competence에서 볼 수 있다.de Haan, 2006 지속가능성 역량은 "지속가능발전에 입각하여 능동적인 참여를 통해 우리가 살고 있는 사회의 미래를 바꾸고 만들어 갈 수 있는 미래지향적인 능력"으로 정의되며, '미래 조성 역량'이라고도 지칭된다. 하위 요소로는 미래지향적 사고, 학제 간 접근, 국제사회, 문화다양성 관련 이해와 협력, 참여, 미래 계획과 실행, 공감과 연대, 동기부여, 성찰 등의 내용이 제시되고 있다.정미숙, 2005 이에 더해 덴마크의 환경·보건 교육 맥락에서 제시된 실천 역량action competences은 민주주의적 가치를 추구하기 위해 (정치적인) 참여를 중시하고, 다양한 실천을 관련시킨다.Mogensen & Schnack, 2010 또 하나의 중요한 역량은 성찰성에 기반한 역량이다. 이는 실천 역량에서 강조했던 정치적인 참여에서 나아가 개인의 행위성과 '사회 변화'를 동시에 이끄는 핵심 개념으로, 행동과 의사결정 이면의 가정들을 이해하는 데 필요한 핵심적인 능력이다. 이를 통해 미래의 변화에 적응할 수 있는 힘, 즉 지속가능성을 추구할 수 있는 힘이 길러질 수 있다.황세영·이은주, 2018 재인용

먼저 지속가능발전교육10년 동안 각 나라에서 수행되는 지속가능발전교육의 맥락에서 가장 부각된 역량은 '미래에 대한 사고, 비판적이고 반성적인 사고, 복잡성의 이해와 시스템적 사고, 민주적 의사

결정 참여' 등이었으며, 이 외에도 협상과 전체합의 구축, 위기·위험 대처, 타인을 존중하는 행동, 가치를 파악·명시하는 능력, 변화의 계획과 관리, 불확실한 상황에서의 의사결정, 분야들 간의 관계성 이해, 다양한 맥락에의 학습 적용 능력 등이 발견되었다고 보고하였다.[UNESCO, 2009] 이를 발전시킨 유네스코 문서에서는 지속가능발전목표를 달성하기 위한 역량을 가진 사람을 '지속가능성 시민sustainability citizens'으로 규정하고 이를 위한 핵심 역량으로 시스템 사고 역량, 미래 예측 역량, 규범적 역량, 전략적 역량, 협력 역량, 비판적 사고 역량, 자기인식 역량, 통합적 문제해결 역량 등 여덟 가지를 들고, 이것이 지속가능발전교육 및 세계시민교육의 학습과 과정에 포함되기를 제안하고 있다.[UNESCO, 2017]

세계시민교육에서도 역량이 강조되고 있다. 옥스팜에서 발간된 교사를 위한 세계시민교육 지침[Oxfam, 2015]에서는 세계시민교육의 핵심 요소를 지식 및 이해, 역량 및 기술, 가치 및 태도의 범주로 구분하고, 각 범주의 요소를 제안하였다. 이 중 역량 및 기술 범주에서 비판적이며 창조적인 사고, 인간에 대한 공감, 자기인식과 성찰, 소통력, 협력과 갈등 해소, 복잡함과 불확실함에 대한 대처 능력, 지식을 바탕으로 한 성찰적 행동을 제시하고 있다. 해당 내용은 1장에서도 중요하게 언급된 바 있다.[자세한 내용은 36쪽의 [표 1-1] 참조] 또한 조대훈[2016] 역시 세계시민교육의 역량으로 옥스팜을 인용하면서 보편적인 핵심 가치에 대한 이해와 존중, 지구촌 이슈와 경향에 대한 지식 및 이해, 비판적·창의적·혁신적 사고, 문제해결 및 의사결정에 필요한 인지적 기능, 감정이입, 공감 능력, 상이한 관점들에 대한 열린 태도, (나 또는 우리와 다른) 배경과 태생을 지닌 사람들과 네트워킹을 하고, 상호작용하는 데 필요한 의사소통 능력과 적성과 같은 비인지적-정서적 기능, 적극적인 참여 및 행동 능력 등을 들고 있다. 황세영과 최정원[2017]은 우리나라 청소년

3,000명을 대상으로 세계시민의식을 조사한 연구에서 세계시민교육을 위한 기능/역량을 의사소통/상호작용, 비판적 사고, 정보활용, 공감 등으로 구분하였는데, 이 중 공감 능력이 평균 4.08로 가장 높았으며, 그다음이 비판적 사고 평균 3.52, 의사소통/상호작용 평균 3.44였고, 정보활용 능력이 평균 3.22로 가장 낮았음을 보고하였다. 따라서 지속가능발전을 위한 세계시민교육에서는 공감 능력에 기초하여, 의사소통/상호작용, 비판적 사고 역량, 정보활용 역량 등에 대한 강조가 이루어질 필요가 있음을 알 수 있다.

한편 역량competencies은 종종 기능skills과 혼용되기도 하고 구분되기도 한다. 역량은 단순히 기능을 확장한 차원이 아니라 '변화하는 상황에 성공적이고 책임감 있게 대처할 수 있는 개인의 가용성에 대한 지식, 능력 및 의지의 긍정적인 조합'Weinert, 2001일 수 있으며, 지식과 가치와 능력을 더해 실천으로 이어질 수 있게 하는 능력AdomBent & Hoffmann, 2013 재인용을 지칭하기도 한다. 예를 들어, OECD 2030 학습 프레임워크OECD, 2018에서는 기능을 인지적·초인지적 기능(비판적 사고, 창의적 사고, 학습과 자기조절에 대한 학습), 사회·정서적 기능(공감, 자존감, 협력), 실제적·물리적 기능(정보·커뮤니케이션 기술 사용) 등으로 구분하여 제시하고 있으며, 역량은 기존의 OECD의 DeSeCo 역량OECD, 2005에 더해 '새로운 가치 창조, 긴장과 딜레마에 대처하기, 책임감 가지기' 등을 제안하고, 이를 통해 '변혁적 역량transformative competencies'을 지향한다. 앞서 논의한 지속가능발전교육과 세계시민교육에서 강조된 역량들은 OECD 2030 학습 프레임워크에 따르면 인지적·초인지적 기능, 사회·정서적 기능의 범주에 속하는 기능들로 구분되기도 하고, 때로는 변혁적 역량으로 지칭되기도 한다. 지속가능발전과 미래를 위한 세계시민교육에서는 기존의 기능/역량들과 더불어 성찰성에 기반한 변혁적 역량이 강조되고 육성되어야 할 것이다.

마지막으로 중요한 것은 실제 세계에서의 변혁적 실천에의 참여 경험이다. 지속가능발전목표를 위한 지속가능발전교육, 즉 ESD for 2030UNESCO, 2020에서는 변혁적 실천을 강조하고 있다. 지속가능한 미래를 위한 근본적인 변화는 개인적인 수준에서 시작될 수 있으므로, 지속가능발전교육은 각 학습자들이 지속가능성을 위한 변혁적 실천을 수행하도록 지원해야 한다는 것이다. 따라서 지속가능발전과 미래를 위한 세계시민교육에서는 학습자들이 실제 세계에서의 진짜authentic 쟁점과 대면하도록 할 필요가 있으며, 이 쟁점을 둘러싼 복잡성을 탐구하고, 문제해결을 계획하고, 이를 실행으로 옮길 수 있는 기회를 얻을 수 있도록 해야 할 것이다. 실제 세계의 쟁점과 만나는 과정에서 학습자는 질문을 제기하고, 비판적 사고를 수행하며, 지역과 세계의 상호 연계성을 파악하고, 세계시민으로서의 자신의 정체성을 성찰하고, 다양한 형태의 형평성을 체감하고 공감하며, 실행을 통해 그들이 목소리를 내는 경험, 나아가 크고 작은 변화로 이어지는 경험과 학습을 할 기회를 가질 수 있을 것이다. 이런 크고 작은 실천들이 축적되면 실제 세상의 변혁으로 이어질 수 있을 것이다.

그러나 지속가능한 발전과 미래를 위해 세계시민교육이 더욱더 빛날 수 있는 것은 공공선을 이끌어 내기 위한 자발적인 시민성 차원이라고 할 수 있다. 도입에서 언급한 원자력 발전소, 플라스틱 폐기물, 기후변화, 코로나19 등의 사례들에 대한 해법을 당장 찾아내기 위한 교육적 접근도 중요하지만, 위기 상황에 도달하는 것을 미리 방지하기 위한 방편으로 세계시민성을 활용할 수도 있는 것이다. 지속가능한 발전과 미래를 위한 세계시민교육에서는 이러한 점이 기억될 필요가 있을 것이다. GCED

주

발간에 부쳐: 한국 세계시민교육의 이론과 실천 심화를 위하여

1 이번 세미나에서 많이 논의되지는 않았지만, 국내에서 global citizenship education 의 번역도 논란거리였다. 글로벌시민교육, 글로벌시민성교육, 세계시민성교육 등 여러 번역이 쓰였으나, 현재는 대체로 세계시민교육이라는 표현이 널리 쓰이는 것 같다.

2 이하 팬데믹과 세계시민교육에 관한 내용은 졸고, "멀티플 팬데믹 시대, 어떻게 연 대하고 협력할까?"(《멀티플 팬데믹: 세계 시민, 코로나와 부정의를 넘어 연대로 가 는 길을 묻다》, 이매진. 2020)의 내용 일부를 약간 바꾼 것이다.

3 유네스코가 2022-29년에 추진할 사업 방향을 정하기 위해 최근 벌인 의견수렴 작 업에서 전 세계 유네스코 회원국은 교육 분야 16개 사업 영역 중에서 세계시민교육 과 지속가능발전교육을 네 번째로 중요한 사업으로 꼽았다(회원국 86%가 선택). 첫 번째는 SDG 4 이행의 글로벌 조정(95%), 두 번째는 교육 및 평생학습 정책과 계획(89%), 세 번째는 교육에서 양성평등(87%)이다. (출처: 제210차 유네스코 집 행이사회 문서 210 EX/22.INF 98쪽)

1장 세계시민교육 개념의 다원성

1 이 장에서는 저자의 관점에 따라 global citizenship을 세계시민권으로 번역하여 사 용한다.

2 1942년 영국에서 설립된 Oxfam은 Oxford Committee for Famine Relief의 축 약어이다. 초창기 Oxfam의 주요 목표는 기아와 빈곤의 원인을 밝히고 이를 극복 할 대안을 찾는 것이었다. 1994년 이후 19개 멤버 기구의 연합체로 재편한 Oxfam International은 현재 90개국 이상에서 수많은 제휴 협력사와 함께 구호활동을 펼 치고 있는 글로벌 단체로 성장했다. 오늘날 빈곤과 불공정 무역 시스템에 대항하는 대표적인 기구로 인정받고 있다(출처: https://www.oxfam.org/en/our-history).

3 일례로 파이크(Pike)에 따르면 세계시민권은 "시민권 개념에 글로벌 차원의 윤리(도 덕적 원칙과 행동 강령의 집합)를 심는 것이다"(2008: 48).

4 우리나라의 경우 1997년 제7차 교육과정부터 사회과교육의 인간상으로서 '세계시

민'이라는 용어가 처음 등장한다. 이와 더불어 세계시민교육에서 학습 목표로 삼는 주요 주제와 내용들의 상당 부분은 기존의 학교교육 및 평생교육기관, 각종 NGO 또는 시민단체에 의해 평화교육, 다문화교육, 환경교육, 인권교육 등으로 이미 오랜 기간 동안 다루어져 왔다.

5 이러한 혼란에 대응하기 위해 유네스코에서는〈Global Citizenship Education: Preparing Learners for the Challenges of the Twenty-First Century〉를 2014년에 발간하였고, 이어서 유네스코 아시아태평양 국제이해교육원(UNESCO-APCEIU)에서 〈Global Citizenship Education: A Guide for Policymakers〉를 2017년에 출간하였다.

6 뱀버(Bamber) 외(2018)에 따르면 서구권 시각의 보편적 인간 가치에 대한 강조는 오히려 '차이의 유동성, 역사성, 진화를 인식하지 못하게 한다'(2018: 207)는 문제점이 있다.

2장 학교교육의 혁신과 세계시민교육

1 이 장에서는 '학교교육의 변화를 위한 노력'을 지칭하는 용어로 '학교 혁신(school innovation)'이라는 개념을 일관되게 사용하고자 한다. 학교 혁신과 더불어 관련 연구 분야에서는 '학교 개혁(school reform)' 개념이 함께 사용되고 있지만, 학교 개혁보다는 학교 혁신이 "학교 단위로부터 시작된 변화를 토대로 긍정적 학교 변화를 이루어 간다"는 뜻을 더 잘 반영하고 있다(성열관·이순철, 2011: 유경훈(2014: 230)에서 인용). 즉, 학교 개혁은 학교 밖으로부터의 변화 요구를, 학교 혁신은 학교 안으로부터의 변화 노력을 상대적으로 더 잘 나타내고 있다고 보았으며, 이러한 취지에서 학교 혁신이라는 용어를 이 장에 활용하기로 했다.

2 교육계에서는 혁신학교의 기원을 1990년대 경기도 농어촌 지역의 기피 학교들을 되살리려는 학교 구성원들의 자발적인 운동에서 찾고 있다(경기도교육청, 2013). 그 이후 이러한 학교 되살리기 성공 사례가 2009년 경기도 교육감에 당선된 김상곤 교육감의 공약에 대안적 공립학교 모델로 등장하면서 한국 교육계에 공식적인 데뷔를 하게 되었다.

3 부연하면, 근대화 과정 및 교육 체제 발전 과정상의 커다란 차이를 고려할 때, 하그리브스와 셜리가 제시한 서구 선진국 중심의 학교 혁신의 패러다임을 지난 100년 동안 상이한 근대화의 길을 걸었던 한국 사회에 그대로 적용하는 데에는 분명 한계가 있다. 특히 한국 교육 개혁사에는 '제1의 길'을 뜻하는 교육 정책기가 존재하지 않았다고 볼 수 있다.

4 데릭 히터(2007)는 서구 시민교육의 역사를 상세히 고찰하면서 다중 시민성교육으로서 세계시민교육의 등장에 주목하였다. 그는 세계시민교육을 '약한' 세계시민교육과 '강한' 세계시민교육으로 구분하였다. 여기서 '약한' 세계시민교육이란 국민국가의 시민들에게 세계적인 안목을 갖추게 하는 수준의 시민교육을 의미하는 데 반해, '강한' 세계시민교육은 세계시민의 자질 함양을 위한 구체적인 지식, 기능, 가치·

태도 및 행동을 체계적으로 강조하는 시민교육을 지칭한다. 히터는 최근까지도 '강한' 세계시민교육이 대부분의 국가에서 실질적으로 실시되지 않고 있다고 보았다.

5 세계시민교육의 개념과 접근 방식에 대한 논의는 이 책의 1장에서 구체적으로 다루고 있으므로 이 장에서는 생략하기로 한다.

6 구성주의 이론은 지식의 객관성을 인정하는지 여부, 그리고 학습의 과정에서 언어적 상호작용을 중시하는지 여부에 따라 크게 '급진적 구성주의'와 '사회적 구성주의'로 나뉠 수 있는데, 유네스코와 옥스팜, 그리고 주요 세계시민교육 관련 기관들이 기술하고 있는 교육과정 지식은 지식의 객관성이나 언어의 중요성을 인정하는 사회적 구성주의를 반영한다고 할 수 있다.

7 하지만 이는 세계시민교육이 국가주의 관점의 전통적 시민교육을 대체할 수 있는 수준은 결코 아니었으며, 여전히 국가주의적 관점이 지배적인 가운데 세계시민교육의 요소가 결합되는 방식이었다.

8 예를 들어, 유네스코 아시아태평양 국제이해교육원(2018a: 152-154)의 연구는 세계시민교육의 실행 방식을 크게 일곱 가지로 유형화한 후, 복수 응답 형태로 조사를 실시했다. 1) 개별교과 중심, 2) 복수 관련 교과 간 융합적 접근 중심, 3) 학급운영/학습환경 중심, 4) 창의적 체험활동 중심, 5) 자율동아리 중심, 6) 방과후수업 프로그램 중심, 7) 자유학기제 중심(중학교용).

9 거버넌스(governance) 개념은 20세기 후반 시장 실패를 보완하기 위해 적극적인 국가 주도 정책을 추진하는 과정에서 불거진 정부 실패의 문제에 대한 대안적 접근으로 제안되었다(염재호·김영대·권효진, 2007: 10-11). 교육에서의 거버넌스를 이야기할 때, 일반적으로 민(民)-관(官)-학(學) 3주체로 구성된 거버넌스를 지칭하며, 이 중 '민'에는 교사, 학생, 학부모, 지역사회 거주민, 교육활동가, 시민단체, 시·구의원 등 학교 안팎의 다양한 주체들을 포함한다. 서울형혁신교육지구의 교육 거버넌스 갈등 사례를 분석한 최희태(2019: 17)는 거버넌스를 "① 특정한 주제와 관련하여, ② 이해관계를 가진 민·관의 다양한 주체들이 모여, ③ 수평적으로 협력하는 문제해결 방식"이라고 정의하고 있다.

3장 평생학습 맥락에서의 세계시민성교육

1 이 장에서는 저자의 관점에 따라 '세계시민교육' 대신 '세계시민성교육'을 사용한다.

2 현재 우리나라에서는 시민교육, 시민교육 프로그램 혹은 민주시민교육 조례 등 주로 실천 현장에서는 시민교육이라는 개념을 사용하고 있다. 의미상으로는 시민성교육(citizenship education)으로 통일하는 것이 마땅하지만, 실제 용례와 제도적 표현을 그대로 존중하는 것도 필요하다. 따라서 이 장에서는 개념적으로 따질 필요가 있을 때에는 '시민성교육'을 사용하되, 한국의 제도나 프로그램 등에서 관습적으로 사용하는 실제 사태를 의미할 때는 '시민교육'을 그대로 사용한다.

3 평생교육은 넓은 의미에서의 평생학습과 다르다. 평생학습은 요람에서 무덤까지의 전 생애적 교육과 형식, 비형식, 무형식을 포함하는 전 사회적 교육을 모두 품는 개

념이다. 반면, 평생교육은 이 가운데 평생교육법에 의해 제도화된 성인교육을 의미한다.

4장 시민격(citizenship)과 세계시민교육

1 일본, 중국, 북한 등에서는 시민 대신 공민(公民)이라는 말을 많이 사용한다. 또 이 장에서는 도덕적 책임과 법적 의무를 합쳐 책무라고 한다.

2 마셜(Marshall, 1964)은 시민격에 따른 권리를 자유권(civil rights), 정치권(political rights), 사회권(social rights)으로 구분했다. 자유권에는 자유권과 시장권으로 구분할 수 있는 서로 다른 권리들이 포함되어 있다는 비판(키이스 포크, 2009)이 제기되고 있지만, 마셜의 구분은 권리의 특성을 비교적 잘 보여 주기 때문에 광범위하게 사용된다. 자유권은 개인의 자유를 보장하는 권리로서 신체의 자유, 언론·사상·신념의 자유, 재산을 소유하고 합법적인 계약을 맺을 수 있는 권리, 그리고 재판을 받을 수 있는 권리로 이루어져 있다. 정치권은 권력을 행사하는 기구에 참가하거나 그 기구의 구성원을 선출할 수 있는 권리를 의미한다. 사회권은 실업이나 질병, 노령 등으로 경제활동이 불가능한 경우에도 모든 시민과 그 가족이 사회의 문화적 유산을 공유하고 그 사회의 보편적 기준에 따라 문화적 삶을 영위할 수 있는 권리다(최현, 2008). 자유권과 재산을 소유하고 합법적인 계약을 맺을 수 있는 권리를 핵심으로 하는 시장권에 대해서는 앞으로 상세히 다룰 것이다.

3 여성가족부 철폐를 요구하는 한국 남성들의 운동이나 적극적 조치 철회를 요구하는 미국 백인들의 운동 등이 이러한 비판과 관련된다.

4 리처드 세넷(Richard Sennett, 2013)은 공감(sympathy)과 감정이입(empathy)을 구분하고 공동체 생활에서는 공감보다 감정이입이 중요하다고 주장한다. 공감은 동일시라는 상상적 행동을 통해 차이를 극복하는 것이고, 감정이입은 자신의 입장에서 다른 사람에게 관심을 갖고 상대방의 이야기를 듣는 것이다. 여기서는 이 모두가 공감에 포함되는데, 감정이입은 좀 더 구체적인 형태의 공감으로 보인다.

5장 세계시민 관점의 평화교육

1 국내에서 '구조적 폭력'과 '적극적 평화' 개념은 비판적 검토 없이 크게 수용되었지만, 국제적으로는 그렇지 않았다. 여러 국가의 평화 연구자들 사이에서 '구조적 폭력' 개념은 등장 당시부터 최근까지 적실성에 대해서 회의와 비판이 거셌다. 구조가 곧 폭력은 아니기 때문이다. 일부 평화활동가와 평화학자를 제외하면 대부분의 진지한 폭력 연구자들은 처음부터 그 개념에 거리를 두거나 아니면 점차 사실상 그것을 폐기했다. 이를테면, 케네스 보울딩(Kenneth E. Boulding), 피터 롤러(Peter Lawler), 베냐민 지만(Benjamin Ziemann)과 디르크 슈만(Dirk Schumann)은 '구조적 폭력' 개념이 실천적으로 보면 매력적이어서 비판적 지식인들이 즐겨 사용하

고 있지만, 차이에 주목하며 구체적 실상을 분석하는 연구에서는 적절하지 못한 개념이라고 비판했다(Boulding, 1977: 75-86; Lawler, 1995: 80-84; Ziemann, 2002: 20-26; Schumann, 2002: 86-100; Riekenberg, 2008). '구조적 폭력' 개념은 모든 형태의 사회적 불평등과 수탈, 욕구 충족의 좌절 등을 무차별적으로 포괄하기에 분석적 날카로움을 잃어버린다는 비판이다. '구조적 폭력'은 사실 폭력의 일반적 배경이나 먼 원인과 관련될지는 몰라도 폭력 자체에 대해서는 어떤 것도 알려 주지 않는다. 폭력을 구조와 직접 연결시키는 것은 비역사적이고 맥락을 이탈하는 경우가 적지 않다. 따라서 폭력을 '특정한 사회적 행위 양식'으로 보는 것이 필요하다. 폭력의 포괄적인 인과성의 문제를 배제하지는 않되 현실적으로 발현되는 폭력 현상과 과정에 더욱 주목해야만 역사적 구체성을 확보할 수 있다는 비판들이 쏟아졌다. 특히 폭력이 가해지는 곳에는 항상 가해자와 피해자가 있다. 구조적 폭력은 가해자를 특정하지 못하는 사회적 불평등과 권력관계를 지시하고 피해자를 구조의 희생자로만 보기에 구체적인 인간의 경험과 연관된 폭력 자체에 대해서 어떤 접근도 불가능하게 만든다. 때로 사회구조와 정치 체제가 해체되면서 폭력은 폭발적으로 상승한다. 그러므로 구조는 이미 또는 아직 폭력이 아니다. 그 말은 사회나 체제에 '폭력적 구조', 즉 폭력을 유발하거나 촉진하는 요인이 없다는 말이 전혀 아니다. 다만, 구조의 현실이 아무리 고통스럽고 인적 피해를 조장하더라도 그것을 '폭력'이라고 말하는 것은 실제 현실에 존재하는 더 많은 '직접 폭력'에 대한 이해를 방해하면서 결국 구조의 분석과 극복에도 무용할 뿐이다.

2 최근 국내에도 민주시민교육의 원칙으로서 보이텔스바흐 합의가 수용되었다(심성보 외, 2018). 다원주의적 민주주의 사회에서는 평화교육의 방향이나 관점도 단일하기 어렵다. 평화를 둘러싸고도 이견과 논쟁을 막는 획일성의 강제가 아니라 다원적 주장과 입장의 경합은 불가피할 뿐만 아니라 이롭다. 물론, 논쟁과 이견에도 항상 경계는 존재한다. 민주주의와 인권의 준칙을 부정하는 입장을 다원적 견해의 하나로 존중할 수 없는 것과 마찬가지로 평화와 공생을 부정하고 폭력과 적대를 옹호하는 입장을 평화교육의 한 방향이자 관점으로 수용할 수는 없다.

6장 민주시민교육에서 세계시민교육으로: '세계시민주의적 애국주의'라는 발판

1 이에 대해서는 앞으로 자세히 다룬다.

2 김상준은 이를 "코리아 양국체제"라 부른다.

3 대한민국 임시정부와 그 민주적 공화주의의 사상적 토대를 마련했던 조소앙은 일제로부터의 해방에 초점을 둔 민족주의를 주창하고 각 민족 단위의 독립과 자유의 우선적 중요성을 강조면서도 각 민족들이 궁극적으로 서로 호혜적으로 균등하게 교류하고 융합하는 '세계일가(世界一家)'를 지향하는 방향으로 나아가야 한다고 했던 바(김용호, 2006: 58; 이상익, 2009: 104), 이는 바로 큰 틀에서 세계시민주의적 애국주의의 지향과 동일하다고 할 수 있다.

4 누스바움은 이런 차원에서 예술 및 문학 교육의 중요성을 강조한다. 반면 그는 역사 교육이 세계시민성의 함양을 위해 중요하다고 강조한다(마사 누스바움, 2018: 30). 나의 논의는 약간 다른 초점을 갖고 있다.

7장 세계화와 경제적 세계시민성

1 브레튼 우즈 체제(Bretton Woods System, BWS)는 제2차 세계대전 종전 직전인 1944년 미국 뉴햄프셔주 브레튼 우즈에 44개국이 참가하여 전후의 대안적인 국제적 통화제도를 구축하기 위한 협정에 따라 탄생되었다. 미국 재무부장관 화이트와 영국 대표인 케인스(J. M. Keynes)가 주도하여 달러를 국제통화로 하고 금 1온스당 35달러로 고정하는 고정환율제도를 도입하여 국제무역을 활성화하고 국제금융은 억제하고자 했다.
2 국제금융의 발달에는 1970년대 초반 고정환율제도의 붕괴와 변동환율제도의 도입이 큰 영향을 미쳤다.
3 해외직접투자(Foreign Direct Investment, FDI)는 해외(대외)투자 중 외국에서 기업 경영에 자금을 투입하여 경영에 참가하기 위해 행하는 투자로서 보통 지분의 10% 이상을 투자하면 직접투자로 인정한다.
4 물론 이에 대한 정책적 대응으로 고등교육에의 투자를 통해 인간 노동의 창의성과 기술을 증진시킨다면 이는 급격한 양극화에 대한 구조적 대응책이 될 수 있다. 하지만 장기적인 해결책이 되지 못하므로 소득재분배 정책이 필요해질 것이다. 또한 총생산량은 증가하지만 소비하지 않는 새로운 생산주체(로봇)의 등장으로 과잉생산의 문제도 야기할 것이다. 따라서 이에 대한 거시경제적 대책이 필요하게 된다.
5 여기서 정치이념적 혁신이라 함은 전통적인 대립에서 벗어나서 변화한 상황을 반영하는 정치이념의 필요성을 의미한다. 전통적인 정치이념은 국민국가의 틀 내에서 구성된 것이므로 세계화된 상황에 대한 대응이 부재하다. 따라서 전통적인 정치이념은 세계시민성에 대해 실용적이고 정세적인 태도만을 취해 왔다고 할 수 있다.

8장 세계시민성의 보편가치와 문화다양성

1 해당 서적의 번역자는 'Appiah'를 '애피아'로 표기했으나 실제 가나 출신 철학자인 본인 스스로는 '아피아'로 발음하고 있다. 이 글에서는 번역서의 인용 표시 외에는 아피아로 표기하고자 한다.

9장 페미니즘과 세계시민교육은 어떻게 만날까?

1 촛불광장을 통해 경험한 '국민주권'의 선언은 '국민이 먼저'라는 구호로 번역되면서

난민 반대가 차별이나 혐오가 아닌 국민의 정당한 권리로 변호될 수 있게 하였고, 강남역 사건과 불법촬영 반대 시위 등을 경유하며 형성된 '여성' 정체성의 정치학은 여성의 안전과 인권을 난민인권과 대립적이자 그것에 우선하는 관계로 설정하면서 페미니즘의 이름으로 난민 반대를 지지하기도 하였다.

2 덧붙여 1980년대 중반으로부터 서구 페미니즘의 인식론적, 실천적 전환을 만들어 온 유색인종 여성 페미니즘, 탈식민 페미니즘, 후기구조주의 페미니즘의 부상과 1990년대에 본격화된 세계화와 신자유주의 확산으로 인한 위기의 심화는 국제여성인권운동의 초국적 페미니즘으로의 전환의 중요한 배경이 되었다.

3 https://www.weforum.org/agenda/2016/11/precariat-global-class-rise-of-populism/

4 서구 사회에서 페미니즘과 성평등 정책의 제도화와 더불어 노동시장 성차별이 완화되는 한편 경기침체와 실질임금 하락이 일어나면서 교육받은 중산층 여성들의 임금노동 참여율이 높아지는 현상은 육아나 노약자 간호 등과 같은 돌봄노동의 공백을 초래하였으며, 이러한 공백은 동남아시아와 라틴아메리카 출신의 이주여성들이 제공하는 저렴한 노동으로 채워지고 있다.

10장 지속가능한 발전과 미래를 위한 세계시민교육

1 이 절의 사례들은 필자가 발표한 원고 〈지속가능한 미래를 위한 환경교육, 어떻게 강화할 것인가〉(《교과서 연구》 통권 95: 6-24), 〈교육현장에서 기후변화 교육의 방향〉(유네스코 아태교육원, 2019)에서 일부 발췌 및 수정하였으며, 본 장에서 주목해야 할 바를 부가하였다.

2 [KBS 스페셜] 1부 〈플라스틱의 역습〉(KBS, 2018년 7월 5일 방영) 등.

3 이는 서울의 K중학교에서 정치인들의 환경 관련 공약을 분석하는 작업에서 시작되었으며, 정치인들의 환경에 대한 고려 없음에 실망한 이 청소년들은 논의를 통해 기후변화소송단을 결성하는 과정으로 이어지게 된다.

4 이 회의에서는 '지속가능발전'이라는 용어는 아니지만, 개념은 최초로 사용되기도 하였다. 바바라 워드(Barbara Ward) 여사가 "환경적인 제약을 고려하지 못하는 경제개발은 낭비적이고 지속불가능하다"라고 하면서 지속가능성을 지향해야 함을 암시하였다.

5 이하 지속가능성과 형평성 관련 논의는 주형선·이선경(2013)의 논문 〈지속가능성 및 형평성 개념으로 살펴본 초등 예비교사들의 지속가능한 발전에 대한 인식〉에 포함된 내용을 발췌하여 정리한 것이다.

6 학교에서의 지속가능발전교육 실행과 관련된 윤신원 교사와의 개인적 면담.

도움받은 글

발간에 부쳐: 한국 세계시민교육의 이론과 실천 심화를 위하여

강순원. (2014). "국제이해교육 맥락에서 한국 글로벌시민교육의 과제". 《국제이해교육연구》, 9(2), 1-31.

김한솔. (2019.10.15). '기후 결석시위' 참여했다 징계 압박 받은 고등학생… 현실적 기후위기 교육 원해. 경향신문. http://news.khan.co.kr/kh_news/khan_art_view.html?art_id=201910151733001

김남준·박찬구. (2015). "세계화 시대의 세계시민주의와 세계시민성: 어떤 세계시민주의? 어떤 세계시민성?". 《윤리연구》, 105, 1-34.

성열관. (2010). "세계시민 교육과정의 보편적 핵심요소와 한국적 특수성에 대한 고찰". 《한국교육》, 37(2), 109-130.

유네스코 아시아태평양 국제이해교육원. (2015). 《유네스코가 권장하는 세계시민교육 교수학습 길라잡이》. Global Citizenship Education: Topics and Learning Objectives 한국판 해제본. 서울: 유네스코 아시아태평양 국제이해교육원.

임현묵. (2020). "멀티플 팬데믹 시대, 어떻게 연대하고 협력할까?". 기모란 외. 《멀티플 팬데믹: 세계 시민, 코로나와 부정의를 넘어 연대로 가는 길을 묻다》. 서울: 이매진.

조윤정·이지영·권순정·서화진·윤선인. (2018). 《미래사회를 위한 세계시민교육 재개념화 연구》. 수원: 경기도교육연구원.

1장 세계시민교육 개념의 다원성

조혜정. (1992). 《탈식민지 시대 지식인의 글 읽기와 삶 읽기 1》. 서울: 또하나의문화.

Andreotti, V. (2006). Soft vs. Critical Global Citizenship Education. *Policy and Practice: A Development Education Review, (3)*, 40-51.

Andreotti, V. (2010). Postcolonial and Post-critical 'Global Citizenship Education'. In V. Andreotti, L. Maria, & L. M. De Souza (Eds.), *Education and Social Change: Connecting Local and Global Perspectives* (pp. 238-250). Routledge.

Andreotti, V., & De Souza, L. M. (2012). Introduction: (Towards) Global

Citizenship Education 'Otherwise'. In V. Andreotti & L. M. De Souza (Eds.), *Postcolonial Perspectives on Global Citizenship Education* (pp. 13-18). Routledge.

Bamber, P., Lewin, D., & White, M. (2018). (Dis-) Locating the Transformative Dimension of Global Citizenship Education. *Journal of Curriculum Studies,* 50(2), 204-230.

Bowden, B. (2003). The Perils of Global Citizenship. *Citizenship Studies,* 7(3), 349-362.

Cabrera, L. (2010). *The Practice of Global Citizenship.* Cambridge University Press.

Cavallar, G. (2012). Cosmopolitanisms in Kant's Philosophy. *Ethics & Global Politics,* 5(2), 95-118.

Crossley, M., & Watson, K. (2003). *Comparative and International Research In Education: Globalisation, Context and Difference.* Routledge.

Davies, L. (2006). Global Citizenship: Abstraction or Framework for Action? *Educational Review,* 58(1), 5-25.

Dill, J. S. (2013). *The Longings and Limits of Global Citizenship Education: The Moral Pedagogy of Schooling in a Cosmopolitan Age.* Routledge.

Doering, H. (2008). *Communities and Citizenship: Paths for Engagement?.* School of Social Science, Cardiff University.

Dower, N. (2000). The Idea of Global Citizenship-A Sympathetic Assessment. *Global Society,* 14(4), 553-567.

Evans, M., Broad, K., & Rodrigue, A. (2010). *Educating for Global Citizenship.* An ETFO Curriculum Development Inquiry Initiative, Ontario, Funded in Part by the Government of Ontario.

Falk, R. (1994). The Making of Global Citizenship. In B. van Steenbergen (Ed.), *The Condition of Citizenship.* London: Sage.

Held, D. (1991). Democracy, the Nation-state and the Global System. *International Journal of Human Resource Management,* 20(2), 138-172.

Keeping, J., & Shapiro, D. (2007). Global Citizenship: What Is It, and What Are Our Ethical Obligations as Global Citizens. *LawNow,* (32).

Koh, A. (2004). Singapore Education in 'New Times': Global/local Imperatives. *Discourse: Studies in the Cultural Politics of Education,* 25(3), 335-349.

Luke, A., & Luke, C. (2000). A Situated Perspective on Cultural Globalization. In N. C. Burbules & C. A. Torres (Eds.), *Globalization and Education: Critical Perspectives* (pp. 275-297). Routledge.

Meredith, R., & Hoppough, S. (2007). Why Globalization is Good. *Forbes,* 179(8), 1-4.

Miller, D. (2011). *The Idea of Global Citizenship.* Nuffield's Working Papers

Series in Politics.

Oxfam. (2015). *Education for Global Citizenship: A Guide for Schools*. Oxford: Oxfam.

Parekh, B. (2003). Cosmopolitanism and Global Citizenship. *Review of International Studies*, 29(1), 3-17.

Pashby, K. (2011). Cultivating Global Citizens: Planting New Seeds or Pruning the Perennials? Looking for the Citizen-subject in Global Citizenship Education Theory. *Globalisation, Societies and Education*, 9(3-4), 427-442.

Pike, G. (2008). Reconstructing the Legend: Educating for Global Citizenship. In A. Adbi & L. Shultz (Eds.), *Educating for Human Rights and Global Citizenship* (pp. 223-237). State University of New York Press.

Popkewitz, T. S. (1980). Global Education as a Slogan System. *Curriculum Inquiry*, 10(3), 303-316.

Rapoport, P. A. (2015). Global Aspects of Citizenship Education: Challenges and Perspectives. In B. Maguth & J. Hilburn (Eds.), *The State of Global Education: Learning with the World and Its People* (pp. 43-56). Routledge.

Rhoads, R. A., & Torres, C. A. (2005). *The University, State, and Market: The Political Economy of Globalization in the Americas*. Stanford University Press.

Sant, E., Davies, I., Pashby, K., & Shultz, L. (2018). *Global Citizenship Education: A Critical Introduction to Key Concepts and Debates*. London/New York: Bloomsberry Academic.

Sears, A. M., & Hughes, A. S. (1996). Citizenship Education and Current Educational Reform. *Canadian Journal of Education/Revue Canadienne de l'education*, 21(2), 123-142.

Shultz, L. (2007). Educating for Global Citizenship: Conflicting Agendas and Understandings. *Alberta Journal of Educational Research*, 53(3), 248-258.

Steger, M. (2009). Political Ideologies and Social Imaginaries in the Global Age. *Global Justice: Theory Practice Rhetoric*, (2), 1-17.

Tanner, J. (2007). Global Citizenship. In D. Hicks & C. Holden (Eds.), *Teaching the Global Dimension: Key Principles and Effective Practice* (pp. 150-160). Routledge.

Tarozzi, M., & Torres, C. A. (2016). *Global Citizenship Education and the Crises of Multiculturalism: Corporative Perspectives*. Bloomsbury Publishing.

UNESCO. (2015). *Global Citizenship Education: Topics and Learning Objectives*. Paris: UNESCO.

Urry, J. (1999). Globalization and Citizenship. *Journal of World-Systems Research*, 5(2), 310-324.

Weber, S., Barma, N., Kroenig, M., & Ratner, E. (2007). How Globalization Went Bad. *Foreign Policy*, 158, 48-54.

2장 학교교육의 혁신과 세계시민교육

경기도교육청. (2013). 《혁신교육 백서》. 수원: 경기도교육청.

교육개혁위원회. (1996). 《세계화·정보화 시대를 주도하는 신교육 체제 수립을 위한 교육개혁 방안》. 서울: 대통령자문교육개혁위원회.

구정화. (2011). "사회과 쟁점 토론 수업에서 금기 주제 수용성 연구: 초등 예비교사를 중심으로". 《사회과교육》, 50(1), 53-68.

김성천. (2018). "혁신학교 정책의 여섯 가지 차원의 딜레마". 《교육문화교육》, 24(2), 33-56.

김왕근. (1999). "세계화와 다중 시민성교육의 관계에 관한 연구". 《시민교육연구》, 28(1), 45-68.

김진희. (2015). "Post 2015 맥락의 세계시민교육 담론 동향과 쟁점 분석". 《시민교육연구》, 47(1), 59-88.

김진희·차승한. (2016). "세계시민의식과 도덕 교육의 이론적 관계 정립: 세계시민이론과 중학교 도덕 교육과정 분석". 《한국교육》, 43(3), 31-55.

김천기. (2007). "부르디외의 장·아비투스 이론의 적용 가능성과 난점: 학교와 교사의 성향을 중심으로". 《교육사회학연구》, 17(3), 79-99.

나종민·김천기. (2015). "부르디외의 장 이론 관점에서 본 혁신학교 교원들의 권력관계 특성". 《교육사회학연구》, 25(1), 79-103.

데릭 히터. (2007). 《시민교육의 역사》. 김해성 옮김. 서울: 한울아카데미.

모경환·김선아. (2018). "2015 개정 초등 사회과 교육과정에 나타난 세계시민교육 내용 분석". 《시민교육연구》, 50(1), 29-51.

모경환·임정수. (2014). "사회과 글로벌 시티즌십 교육의 동향과 과제". 《시민교육연구》, 46(2), 73-108.

박환보·조혜승. (2016). "한국의 세계시민교육 연구동향 분석". 《교육학연구》, 54(2), 197-227.

백병부·성열관·양성관. (2019). "혁신학교의 지속가능성 위협 요인 분석: 혁신학교 확산기 경기도의 경험을 중심으로". 《한국교육》, 46(3), 99-128.

설규주. (2001). "탈국가적 시민성의 대두와 시민교육의 새로운 방향: 세계시민성과 지역시민성의 조화로운 함양을 위한 후천적 보편주의 시민교육". 《시민교육연구》, 32(1), 151-178.

성경희·이소연. (2019). "2009 개정과 2015 개정 중학교 '사회' 교육과정에 나타난 세계시민교육 내용 요소 비교 분석". 《교육연구》, 74, 55-70.

성열관·이순철. (2011). 《혁신학교-한국 교육의 희망과 미래》. 서울: 살림터.

안선회. (2015). "5·31 교육개혁이 학교교육 혁신에 미친 영향". 《한국교원교육학회 학술대회 자료집》, 31-56.

앤디 하그리브스·데니스 셜리. (2015). 《학교교육 제4의 길》. 이찬승·김은영 옮김. 서울: 21세기교육연구소.

염재호·김영대·권효진. (2007). 《정책 환경 변화에 따른 정부역할/재정역할 재정립》.

기획재정부 기획예산처 위탁 연구보고서.

유경훈. (2014). "혁신 고등학교 운영과정의 특징에 관한 문화기술적 사례 연구: 양가성(ambivalence)을 중심으로". 《교육행정학연구》, 32(4), 229-261.

유네스코 아시아태평양 국제이해교육원. (2014). 《글로벌시민교육: 21세기 인재 기르기》. 서울: 유네스코 아시아태평양 국제이해교육원.

유네스코 아시아태평양 국제이해교육원. (2018a). 《세계시민교육 국내 이행현황 연구보고서: 유·초중등학교 교육과정을 중심으로》. 서울: 유네스코 아시아태평양 국제이해교육원.

유네스코 아시아태평양 국제이해교육원. (2018b). 《세계시민교육 학교 만들기 가이드: 전학교적 접근으로 실천하는 세계시민교육》. 서울: 유네스코 아시아태평양 국제이해교육원.

유혜영·김남순·박환보. (2017). "시·도교육청의 세계시민교육 정책 현황 분석". 《글로벌교육연구》, 9(4), 3-33.

윤노아·최윤정. (2015). "한국 사회과교육에서의 세계시민교육 관련 경험적 연구 분석: 1993-2015". 《사회과교육》, 54(4), 35-48.

이동민·고아라. (2015). "중등 지리 교육과정에 반영된 세계시민교육 관련 요소의 구조적 특성에 관한 연구: 2009 개정 교육과정 성취기준에 대한 내용분석을 중심으로". 《사회과교육》, 54(3), 1-19.

이정우. (2017). "사회과 교육과정에 반영된 세계시민교육: 제6차 교육과정에서 2015 개정 교육과정의 변화를 중심으로". 《교육연구》, 68, 57-88.

임경수. (2006). "금기 주제를 통한 사회과 쟁점 수업에 대한 고찰". 《사회과교육》, 45(4), 163-181.

장은주. (2017). 《시민교육이 희망이다: 한국 민주시민교육의 철학과 실천모델》. 서울: 피어나.

조대훈. (2015). "글로벌·다문화 한국의 '시민'과 '시민교육': 새로운 쟁점과 과제". 《교육과학연구》, 17(1), 1-18.

조대훈. (2019). "인문계 고등학교 시민교육 프로그램에 관한 질적 사례 연구". 《교육연구》, 76, 53-72.

최희태. (2019). "교육 거버넌스를 둘러싼 갈등 사례 연구: 서울형혁신교육지구를 중심으로". 《교육연구》, 34(1), 1-42.

피에르 부르디외. (2004). 《사회학의 문제들》. 신미경 옮김. 서울: 동문선.

한경구·김종훈·이규영·조대훈. (2015). 《SDGs 시대의 세계시민교육 추진 방안》. 서울: 유네스코 아시아태평양 국제이해교육원.

한국교육개발원. (2015). 《세계시민교육의 실태와 실천과제》. 연구보고 RR 2015-25. 서울: 한국교육개발원.

한국교육과정평가원. (2019). 《혁신학교 교육과정 편성·운영 실태 분석》. 연구보고 RRC 2019-6. 서울: 한국교육과정평가원.

한국교육학술정보원. (2019). 《교육 정보화 관련 교육 정책 동향 분석: K-12를 중심으로》. 연구자료 RM 2019-15. 서울: 한국교육학술정보원.

APCEIU. (2019). *Forstering Global Citizenship for a Peaceful and Sustainable Future (2019 APCEIU Annual Report)*. Seoul: APCEIU.

Apple, M. W. (2014). *Official Knowledge: Democratic Education in a Conservative Age* (3rd ed.). New York: Routledge.

Banks, J. A. (2007). Approaches to Multicultural Curriculum Reform. In J. A. Banks & C. A. M. Banks (Eds.), *Multicultural Education: Issues and Perspectives* (6th ed., pp. 247-270). New York: John Wiley & Sons, Inc.

Cox, C. (2017). *Global Citizenship Concepts in Curriculum Guidelines of 10 Countries: Comparative analysis*. IBE-UNESCO & APCEIU. https://unesdoc.unesco.org/ark:/48223/pf0000247788

Choi, Y. & Kim, Y. (2018). Deconstructing Neoliberalism in Global Citizenship Discourses: An Analysis of Korean Social Studies Textbooks. *Critical Studies in Education*, 61(4), 464-479.

Davies, L. (2006). Global Citizenship: Abstraction or Framework for Action? *Educational Review*, 58(1), 5-25.

Elmore, R. F., Peterson, P. L., & McCarthey, S. J. (1996). *Restructuring in the Classroom: Teaching, Learning & School Organization*. San Francisco: Jossey-Bass.

Freire, P. (2000). *Pedagogy of Freedom: Ethics, Democracy, and Civic Courage*. Lanham, MD: Rowman & Littlefield Publishers.

Freire, P. (2005). *Teachers as Cultural Workers: Letters to Those Who Dare Teach*. Boulder, CO: Westview Press.

Fullan, M. G. (1991). *The New Meaning of Educational Change*. New York: Teachers College Press.

Gaudelli, W. (2016). *Global Citizenship Education: Everyday Transcendence*. New York: Routledge.

Giroux, H. A. (2011). *On Critical Pedagogy* (1st ed.). New York: Continuum.

Heater, D. (1999). *What Is Citizenship?* Cambridge, UK: Polity Press.

Heater, D. (2002). *World Citizenship: Cosmopolitan Thinking and Its Opponents*. London: Continuum.

Jackson, P. W. (1968). *Life in Classrooms*. New York: Holt, Rinehart & Winston.

Jho, D. (2008). Negotiating Ideological Borderlines: Korean Social Studies Teacher Gatekeeping in the Teaching About North Korea. In D. Grossman & J. T. Lo (Eds.), *Social Education in Asia: Critical Issues and Multiple Perspectives* (pp. 13-38). Charlotte, NC: IAP

Kincheloe, J. L. (2008). *Knowledge and Critical Pedagogy: An Introduction*. London: Springer.

Lortie, D. (1975). *Schoolteacher: A Sociological Study*. Chicago: University of Chicago Press.

McLaren, P. (1995). *Critical Pedagogy and Predatory Culture: Oppositional Politics in a Postmodern Era.* New York: Routledge.

Meyer, J. W., & Rowan, B. (1978). The Structure of Educational Organizations. In M. Meyer & Associates (Eds.), *Environments and Organizations* (pp. 78–109). San Francisco: Jossey-Bass.

Meyer, J. W., & Rowan, B. (1983). Institutionalized Organizations: Formal Structure as Myth and Ceremony. In J. W. Meyer & W. R. Scott (with the assistance of B. Rowan and T. E. Deal), *Organizational Environments: Ritual and Rationality* (pp. 21–44). Beverley Hills, CA: Sage.

Moon, R. (2012). Global Citizenship and Human Rights: A Longitudinal Analysis of Social Studies and Ethics Textbooks in the Republic of Korea. *Comparative Education, 49*(4), 424–439.

Moon, R. J., & Koo, J. (2011). Global Citizenship and Human Rights: A Longitudinal Analysis of Social Studies and Ethics Textbooks in the Republic of Korea. *Comparative Education Review, 55*(4), 574–599.

Muncey, D. E., & McQuillan, P. J. (1996). *Reform and Resistance in Schools and Classrooms: An Ethnographic View of the Coalition of Essential Schools.* New Haven, CT: Yale University Press.

Oxfam. (2015). *Education for Global Citizenship: A Guide for Schools.* London, England: Oxfam.

Sant, E., Davies, I., Pashby, K., & Shultz, L. (2018). *Global Citizenship Education: A Critical Introduction to Key Concepts and Debates.* New York: Bloomsbury Academic.

Sarason, S. B. (1990). *The Predictable Failure of Educational Reform: Can We Change Course Before It's Too Late?.* San Fransisco: Jossey-Bass.

Shin, G. (2006). *Ethnic Nationalism in Korea: Genealogy, Politics and Legacy.* Stanford: Stanford University Press.

Sung, Y., Park, M., & Choi, I. (2013). National Construction of Global Education: A Critical Review of the National Curriculum Standards for South Korean Global High Schools. *Asia Pacific Education Review, 14*(3), 285–294.

Tyack, D., & Cuban, L. (1995). *Tinkering toward Utopia: A Century of Public School Reform.* Cambridge, MA: Harvard University Press.

Weick, K.(1976). Educational Organizations as Loosely Coupled Systems. *Administrative Science Quarterly, 21,* 1–19.

3장 평생학습 맥락에서의 세계시민성교육

김민호. (2016). "시민성 학습의 일상화". 《평생학습사회》, 12(3), 1–28.

박종효·조대훈·박환보. (2018). 《SDG 4.7 세계시민교육 지표수립을 위한 기초연구》. 서울: 유네스코 아시아태평양 국제이해교육원.

신형식. (2012). "시민사회와 민주시민교육". 《한국민주시민교육학회보》, 13(2), 29-50.

유네스코 아시아태평양 국제이해교육원. (2015). 《유네스코가 권장하는 세계시민교육 교수학습 길라잡이》. Global Citizenship Education: Topics and Learning Objectives 한국판 해제본. 서울: 유네스코 아시아태평양 국제이해교육원.

조철민. (2018, 9). "민주시민교육과 제도". 전국 민주시민교육 토론회, (2018년 9월 4일). 13-14. 서울: 청년문화공간 JU동교동 3층 바실리홀.

한경구·김종훈·이규영·조대훈. (2015). 《SDGs 시대의 세계시민교육 추진 방안》. 서울: 유네스코 아시아태평양 국제이해교육원.

한숭희·고영상·이재준·이은정. (2019). 《국내 평생교육 내 세계시민교육 이행현황 연구》. 서울: 유네스코 아시아태평양 국제이해교육원.

한숭희. (2000). "시민지식연대: 사회교육의 새로운 역할". 《평생교육학연구》, 6(2), 129-157.

Andreotti, V. (2006). Soft versus Critical Global Citizenship Education. *Policy and Practice: A Development Education Review,* 3, 40-51.

Armstrong, C. (2006). Citizenship in Global Perspective. *Policy and Practice: A Development Education Review,* 3, 14-25.

Baker, D. P. (2014). *The Schooled Society.* CA: Stanford University Press.

Davies, I., Evans, M., & Reid, A. (2005). Globalising Citizenship Education? A Critique of 'Global Education' and 'Citizenship Education'. *British Journal of Educational Studies,* 53(1), 66-89.

Drinkwater, M., Rizvi, F., & Edge, K. (2019). *Transnational Perspectives on Democracy, Citizenship, Human Rights and Peace Education.* London: Bloomsbury.

Engeström, Y. (2001). Expansive Learning at Work: Toward an Activity Theoretical Reconceptualization. *Journal of Education and Work,* 14(1), 133-156. http://doi.org/10.1080/13639080020028747

Engeström, Y. (2015). *Learning by Expanding: An Activity-Theoretical Approach to Developmental Research.* Cambridge: Cambridge University Press.

Freire, P. (1970). *Pedagogy of the Oppressed.* New York: Seabury Press.

Freire, P. (1973). *Education for Critical Consciousness.* New York: Seabury Press.

Hin Toh, S., & Shaw, G. (2017). *Global Citizenship Education: A Guide for Policy Makers.* Asia-Pacific Centre of Education for International Understanding (APCEIU).

Jarvis, P. (2007). *Globalization, Lifelong Learning and the Learning Society: Sociological Perspectives.* New York: Routledge.

Lundvall, B., & Archibugi, D. (2001). Introduction: Europe and Learning Economy. In D. Archibugi & B. Lundvall (Eds.), *The Globalizing Learning Economy: Major Socio-economic Trends and European Innovation Policy.* Oxford: Oxford University Press.

Mannion G., Biesta, G., Priestley, M., & Ross, H. (2011). The Global Dimension in Education and Education for Global Citizenship: Genealogy and Critique. *Globalisation, Societies and Education, 9*(3-4), 443-456.

Peters, M. A., Britton, A., & Blee, H. (2008). *Global Citizenship Education: Philosophy, Theory and Pedagogy.* Rotterdam: Sense Publisher.

UNESCO. (2014). *Global Citizenship Education: Preparing Learners for the Challenges of the Twenty-first Century.* Paris: UNESCO.

UNESCO. (2015). *Recommendation on Adult Learning and Education.* Hamburg: UNESCO Institute for Lifelong Learning.

UNESCO. (2019). *Addressing Global Citizenship Education in Adult Learning and Education: Summary Report.* Hamburg: UNESCO Institute for Lifelong Learning.

Vygotsky, L. S. (1978). *Mind in Society: The Development of Higher Psychological Processes.* Cambridge, MA: Harvard University Press.

〈웹 문서〉

교육통계서비스. 평생교육통계(2009년~2018년). https://kess.kedi.re.kr/index (2019. 11. 4. 인출)

The Sustainable Development Goals. https://www.un.org/sustainable development/sustainable-development-goals/(2019. 9. 10. 인출)

Sustainable Development Goal 4(Tagets & Indicators). https://sustainable development.un.org/sdg4(2019. 9. 10. 인출)

4장 시민격(citizenship)과 세계시민교육

낸시 프레이저. (2010). 《지구화 시대의 정의》. 김원식 옮김. 서울: 그린비.

리처드 세넷. (2013). 《투게더》. 김병화 옮김. 서울: 현암사.

베네딕트 앤더슨. (2002). 《상상의 공동체》. 윤형숙 옮김. 서울: 나남.

세실 라보르드 외. (2009). 《공화주의와 정치이론》. 곽준혁·조계원·홍승헌 옮김. 서울: 까치.

앤서니 D. 스미스. (2012). 《민족주의란 무엇인가?》. 강철구 옮김. 서울: 용의숲.

어네스트 겔너. (1988). 《민족과 민족주의》. 이재석 옮김. 서울: 예하.

울리히 벡. (2014). 《위험사회》. 홍성태 옮김. 서울: 새물결.

윌 킴리카. (2006). 《현대 정치철학의 이해: 자유주의, 마르크스주의, 공동체주의, 시민권이론, 다문화주의, 페미니즘》. 장동진·장휘·우정열·백성욱 옮김. 서울: 동명사.

이철우. (2009). "탈국가적 시민권은 존재하는가". 조희연·지주영 엮음. 《지구화 시대의 국가와 탈국가》, 334-369. 서울: 한울.

이해주. (2010). "시민교육의 의미와 방법". 민주화운동기념사업회 교육사업국 엮음. 《시민교육 현장 지침서》, 35-55. 서울: 민주화운동기념사업회.

장하준. (2010). 《그들이 말하지 않는 23가지》. 김희정·안세민 옮김. 서울: 부키.

최현. (2008). 《인권》. 서울: 책세상.

최현. (2009). "탈근대적 시민권 제도와 초국민적 정치 공동체의 모색". 조희연·지주영 엮음. 《지구화 시대의 국가와 탈국가》, 305-333. 서울: 한울.

최현. (2010). "공동체와 시민". 민주화운동기념사업회 교육사업국 엮음. 《시민교육 현장 지침서》, 12-34. 서울: 민주화운동기념사업회.

칼 마르크스. (1997). "포이에르바하에 관한 테제들". 《칼 맑스 프리드리히 엥겔스 저작선집 1》, 185-189. 최인호 외 옮김. 서울: 박종철출판사.

칼 폴라니. (2009). 《거대한 전환》. 홍기빈 옮김. 서울: 길.

키이스 포크. (2009). 《시티즌십: 시민정치론 강의》. 이병천·이종두·이세형 옮김. 서울: 아르케.

Brubaker, R. (1992). *Citizenship and Nationhood in France and Germany.* Cambridge, Mass.: Harvard University Press.

Jacobson, D. (1997). *Rights across Borders: Immigration and the Decline of Citizenship.* Baltimore: Johns Hopkins University Press.

Joppke, C. (1998). *Challenge to the Nation-State: Immigration in Western Europe and the United States.* Oxford, England; New York: Oxford University Press.

Kymlicaka, W. (1995). *Multicultural Citizenship: A Liberal Theory of Minority Rights.* Oxford: Clarendon Press

Marshall, T. H. (1964). *Class, Citizenship, and Social Development: Essays.* Garden City, N.Y.: Doubleday.

Soysal, Y. N. (1994). *Limits of Citizenship: Migrants and Postnational Membership in Europe.* Chicago: University of Chicago.

5장 세계시민 관점의 평화교육

나종일. (2012). 《자유와 평등의 인권선언 문서집》. 서울: 한울.

디터 젱하스. (2016). 《지상의 평화를 위하여》. 김민혜 옮김. 파주: 아카넷.

마이클 하워드. (2000). 《평화의 발명: 전쟁과 국제질서에 대한 성찰》. 안두환 옮김. 서울: 전통과현대.

박순용. (2015). "글로벌시민교육은 글로벌 위기에 어떻게 대응하는가". 한국국제이해교육학회 편. 《모두를 위한 국제이해교육》. 서울: 살림터.

빌프리트 로트. (2018). "국가와 권력관계의 변화". 이리에 아키라 엮음. 《하버드-C.

H. 베크 세계사: 1945 이후—서로 의존하는 세계》. 이동기·조행복·전지현 옮김. 서울: 민음사.

서울교육청. (2020). 《동아시아 평화와 공존을 위한 교육자료》.

심성보·이동기·장은주·케르스틴 폴. (2018). 《보이텔스바흐 합의와 민주시민교육》. 서울: 북멘토.

유네스코 아시아태평양 국제이해교육원. (2014). 《글로벌시민교육: 21세기 새로운 인재 기르기》. 서울: 유네스코 아시아태평양 국제이해교육원.

이경주. (2014). 《평화권의 이해》. 서울: 사회평론.

이동기. (2013a). "디터 젱하스의 평화론: 문명화의 복합구성". 《오토피아: *The Journal of Social Paradigm Studies*》, 28(1), 31–66.

이동기. (2013b). 《20세기 평화텍스트 15선》. 파주: 아카넷.

이동기. (2014). "평화사란 무엇인가". 《역사비평》, 106, 16–36. 고양: 역사비평사.

이동기. (2018). 《현대사 몽타주》. 파주: 돌베개.

이동기·송영훈. (2014). 《평화·통일교육 추진전략 연구》. 서울: 유네스코한국위원회.

이문영. (2013). "평화의 문화, 문화의 평화—'평화인문학'". 《사이》, 14, 599–630.

이삼열. (1991). 《평화의 철학과 통일의 기초》. 서울: 햇빛출판사.

Bonacker, T., & Weller, C., (Eds). (2006). *Konflikte der Weltgesellschaft: Akteure, Strukturen, Dynamiken.* Frankfurt a.M: Campus.

Boulding, K. E. (1977). Twelve Friendly Quarrels with Johan Galtung. *Journal of Peace Research,* 1(Vol. XIV/1977).

Boulding, E. (1998). Peace Culture: The Problems of Managing Human Difference. *Cross Currents,* 48(4), 445–457.

Clark, R. P. (2003). *Global Awareness. Thinking Systematically about the World.* Lanham: Rowman & Littlefield.

Cortright, D. (2008). *Peace: A History of Movement and Ideas.* Cambridge University Press.

Dülffer, J., & Niedhart G. (Eds.). (2011). *Frieden durch Demokratie? Genese, Wirkung und Kritik eines Deutungsmusters.* Essen: Klartext.

Fues, T., & Hamm, B. (2001). *Die Weltkonferenzen der 90er Jahre: Baustellen für Global Govenrnance.* Bonn: Dietz.

Fischer, S., Fischer, F., Kleinschmidt, M., & Lange, D. (2016). *Globalisierung und Politische Bildung. Eine didaktische Untersuchung zur Wahrnehmung und Bewertung der Globalisierung.* Wiesbaden: Springer VS.

Galtung, J. (1969). Violence, Peace and Peace Research. *Journal of Peace Research,* 6(3), 167–191.

Gugel, G. (2008). Was ist Friedenserziehung?. In R. Grasse, B. Gruber, & G. Gugel (Eds.), *Friedenspädagogik. Grundlagen, Praxisansätze, Perspektiven.* Rowohlt Taschenbuch Verlag.

Gugel, G. (2011). Friedenserziehung. In H. J. Gießmann & B. Rinke (Eds.),

Handbuch Frieden. Wiesbaden: Vs Verlag für Sozialwissenschaften.

Hauswedell, C. (1997). *Fridenswissenschaften im Kalten Krieg. Friedensforschung und friedenswissenschaftliche Initiativen in der Bundesrepublik Deutschland in den achtziger Jahren.* Baden-Baden: Nomos Verlagsgesellschaft.

Koppe, K. (2010). Zur Geschichte der Friedensforschung im 20. Jahrhundert. P. In P. Imbusch & R. Zoll (Eds.), *Friedens-und Konfliktforschung. Eine Einführung.* Wiesbaden: VS Verlag für Sozialwissenschaften.

Lawler, P. (1995). *A Question of Values. Johan Galtung's Peace Research.* Boulder: Lynne Rienner Publishers.

Merkel, C. M. (2011). Kultur des Friedens. In H. J. Gießmann & B. Rinke (Eds.), *Handbuch Frieden.* Wiesbaden: VS Verlag für Sozialwissenschaften.

Meyer, J. W. (2005). *Weltkultur. Wie die westlichem Prinzipien die Welt durchdrignen.* Frankfurt a. M.: Suhrkamp.

Ostermann, Ä., & Nicklas, H. (1991). Erziehung zur Friedensfähigkeit. In U. C. Wasmuth (Ed.), *Fridensforschung. Eine Handlungsorietierung zwischen Politik und Wissenschaft.* Darmstadt: Wissenschaftliche Buchgesellschaft.

Riekenberg, M. (2008). Auf dem Holzweg? Über Johan Galtungs Begriff der 'strukturellen Gewalt'. Zeithistorische Forschungen/Studies in Contemporary History, Online-Ausgabe, 5(2008). History, 5, 172-177.

Schumann, D. (2002). 'Gewalt' als Leitbegriff der Historischen Friedensforschung. In B. Ziemann (Ed.). *Perspektiven der Historische Friedensforschung.*

Tomlinson, J. (1999). *Globalization and Culture.* Cambridge: Polity Press.

UNESCO. (1999). Kultur des Friedens. Erklärung und Aktionsplan, UNESCO heute Nr.4/1999.

Wasmuht, U. C. (1998). *Geschichte der deutschen Friedensforschung. Entwicklung-Selbstverständnis-Politischer Kontext.* Münster: agenda Verlag.

Weller, C., & Bösch, R. (2011). Globalisierung und transnationale Konflikte: Frieden aus einer Global-Governance-Perspektive, *Online Akademie der Friedrich-Ebert-Stiftung.*

Weller, C. (2000). *Die öffentliche Meinung in der Außenpolitik. Eine konstruktivistische Perspektive.* Wiesbaden: Westdeutscher Verlag.

Weller, C. (2006). Globalisierung, transnationale Konflikte und der Frieden in der Weltgesellschaft, *Online Akademie der Friedrich-Ebert-Stiftung.*

Wintersteiner, W. (2004). Friedenspädagogik: die Pädogogik im Zeitalter der Globalisierung. In G. Steffens & E, Weiß (Eds.). Jahrbuch für Pädagogik 2004. Frankfurt a. M.: Peter Lang.

Ziemann, B. (2002). Perspektiven der Historischen Friedensforschung. B. Ziemann (Ed.). *Perspektiven der Historischen Friedensforschung.* Essen: Klartext Verlag.

6장 민주시민교육에서 세계시민교육으로: '세계시민주의적 애국주의'라는 발판

김동택. (2019). "3·1운동, 최초의 민주주의 혁명". 민주화운동기념사업회 한국민주주의연구소 엮음. 《한국 민주주의, 100년의 혁명(1919~2019)》. 서울: 한울 아카데미.

김상준. (2019). 《코리아 양국체제: 촛불을 평화적으로 완성하는 길》. 파주: 아카넷.

김용호. (2006). "조소앙과 삼균주의에 대한 재조명". 《한국정치연구》, 15(1).

김정인. (2019). "한국 민주주의 기원의 재구성". 《한국 민주주의, 100년의 혁명(1919~2019)》. 서울: 한울 아카데미.

마사 C. 누스바움. (2010). "민주시민과 서사적 상상력". 황은덕 옮김. 《오늘의 문예비평》, 2010년 겨울호. 부산: 오문비.

마사 누스바움. (2018). 《인간성 수업: 새로운 전인교육을 위한 고전의 변론》. 정영목 옮김. 서울: 문학동네.

마사 누스바움. (2020). 《세계시민주의 전통: 고귀하지만 결함 있는 이상》. 강동혁 옮김. 서울: 뿌리와 이파리.

위르겐 하버마스. (2009). "국제법의 입헌화는 아직 기회가 있는가?". 《분열된 서구》. 장은주·하주영 옮김. 서울: 나남.

이상익. (2009). "조소상 삼균주의의 사상적 토대와 이념적 성격". 《한국철학논집》, 30(30).

장은주. (2017). 《시민교육이 희망이다: 한국 민주시민교육의 철학과 실천모델》. 서울: 피어나.

장은주. (2019). "한국의 민주시민교육: 사회적 합의의 방향과 제도화의 과제". 《시민과 세계》, 2019년 상반기호(통권 34호).

키이스 포크. (2009). 《시티즌십: 시민정치론 강의》. 이병천·이종두·이세형 옮김. 서울: 아르케.

헤르만 R. 판 휜스테런. (2020). 《시민권의 이론: 동시대 민주정들에서 다원성을 조직하기》. 장진범 옮김. 서울: 그린비.

Bellamy, R. (2014). Citizenship: Historical Development of. In J. Wright (Ed). *International Encyclopaedia of Social and Behavioural Science* (2nd ed.). Elsevier.

Erez, L., & Laborde, C. (2019). Cosmopolitan Patriotism As a Civic Ideal. *American Journal of Political Science*, 64(1).

Gutmann, A. (1987). *Democratic Education*. Princeton University Press, Princeton.

Oxfam. (2015). *Education for Global Citizenship: A Guide for Schools*. Oxford: Oxfam.

UNESCO. (2018). *Global Citizenship Education and the Rise of Nationalist Perspectives: Reflections and Possible Ways Forward*. Paris: UNESCO.

7장 세계화와 경제적 세계시민성

구경남. (2017). "'애국주의'를 넘어 '세계시민주의'를 지향하는 역사교육 탐색". 《역사교육연구》, 28, 37-74.

구정우·이수빈. (2017). "세계시민성의 영향 요인에 관한 연구: 초국적 기구의 정책 결정에 대한 선호를 중심으로". 《사회와이론》, 373-423.

김진희. (2015). "Post 2015 맥락의 세계시민교육 담론 동향과 쟁점 분석". 《시민교육연구》, 47(1), 59-88.

대니 로드릭. (2016). 《그래도 경제학이다》. 이강국 옮김. 서울: 생각의힘.

마사 C. 누스바움. (2020). 《세계시민주의 전통: 고귀하지만 결함 있는 이상》. 강동혁 옮김. 서울: 뿌리와이파리.

성열관. (2010). "세계시민교육의 보편적 핵심 요소와 한국적 특수성에 대한 고찰". 《한국교육》, 37(2), 109-130.

신종섭. (2020). "도덕교육에서 애국주의와 세계시민주의의 정합성 연구". 박사 학위 논문, 서울대학교 대학원, 서울.

안현효. (2005). "경제교육의 관점에서 본 경제학교육". 《경제교육연구》, 12(2), 177-195.

이강국 외. (2007). "세계화와 소득 불평등". 《경제·인문사회연구회 협동연구총서》, 41. 한국보건사회연구원.

이지훈. (2014). "세계시민주의에 대한 비판적 고찰 및 도덕 교육의 방향 연구". 석사학위 논문, 서울대학교 대학원, 서울.

조녀선 D. 오스트리 외. (2020). 《IMF, 불평등에 맞서다》. 신현호 외 옮김. 서울: 생각의힘.

칼 폴라니. (2009). 《거대한 전환》. 홍기빈 옮김. 서울: 길.

토마 피케티. (2020). 《자본과 이데올로기》. 안준범 옮김. 서울: 문학동네.

페터 울리히. (2010). 《신자유주의시대 경제 윤리》. 이혁배 옮김. 서울: 바이북스

피터 플레밍. (2018). 《호모 이코노미쿠스의 죽음》. 박영준 옮김. 서울: 한스미디어.

Engle, S. H., & Ochoa, A. S. (1988). *Education for Democratic Citizenship.* New York: Teachers College, Columbia University.

Furceri, D., Loungani, P., & Ostry, J. D. (2019). The Aggregate and Distributional Effects of Financial Globalization: Evidence from Macro and Sectoral Data. *Journal of Money, Credit and Banking,* 51, 163-198.

Nayef, Al-Rodhan, R.F., & Stoudmann, G. (2006). *Definitions of the Globalization: A Comprehensive Overview and a Proposed Definition.* GCSP (Geneva Centre for Security Policy).

OECD. (2015). *In It Together: Why Less Inequality Benefits All.* OECD.

Oxley, L., & Morris, P. (2013). Global Citizenship: A Typology for Distinguishing Its Multiple Conceptions. *British Journal of Educational Studies,* 61(3), 301-325.

Pike, G. (2008). Citizenship Education in Global Context. *Brock Education,* 17(1), 38–49.

Rodrik, D. (2006). Goodbye Washington Consensus, Hello Washington Confusion? A Review of the World Bank's Economic Growth in the 1990s: Learning from a Decade of Reform. *Journal of Economic Literature,* 44(4), 973–987.

Weisbrot, M., & Ray, R. (2011). *The Scorecard on Development, 1960~2010: Closing the Gap?* (DESA Working Paper, No. 106). United Nations Department of Economic & Social Affairs.

Weisbrot, M., Baker, D., Kraev, E., & Chen, J. (2003). The Scorecard on Globalization 1980–2000: Twenty Years of Diminished Progress. *Social Policy,* 33(3), 42–43.

Williamson, J. (1990). *Latin American Adjustment: How Much Has Happened?* Institute for International Economics.

8장 세계시민성의 보편가치와 문화다양성

구기연. (2017). 《이란 도시 젊은이, 그들만의 세상 만들기: 국가의 감정통제와 개인들의 자아구성》, 서울: 서울대학교출판문화원.

김석수. (2004). "칸트 세계시민사상의 현대적 의의". 《칸트연구》, 14, 225-262.

김진희. (2015). "Post 2015 맥락의 세계시민교육 담론 동향과 쟁점 분석". 《시민교육연구》, 47(1), 59-88.

김형준. (2018). 《히잡은 패션이다》. 서울: 서해문집.

엄익란. (2015). 《금기, 무슬림 여성을 엿보다》. 서울: 한울.

에드워드 버넷 타일러. (2018). 《원시문화》. 유기쁨 옮김. 파주: 아카넷.

임현묵. (2015). "유네스코는 왜 문화다양성과 생물다양성을 중요하다고 할까?". 한국국제이해교육학회 편. 《모두를 위한 국제이해교육》. 서울: 살림터.

최두환. (2015). "다시 칸트의 '세계시민론'을 생각한다". 《세계시민》, 1(1), 22-29.

콰메 앤터니 애피아. (2008). 《세계시민주의》. 실천철학연구회 옮김. 서울: 바이북스.

한건수. (2015a). "다문화 사회로 이행하는 한국에서 국제이해교육은 무엇을 할 수 있는가?". 한국국제이해교육학회 편. 《모두를 위한 국제이해교육》. 서울: 살림터.

한건수. (2015b). "한국 사회와 문화다양성: 유네스코 문화다양성 협약의 의미와 과제". 《국제이해교육연구》, 10(2), 163-199.

한건수. (2019). "문화다양성 담론의 형성과 전개: 한국과 유네스코를 중심으로". 유네스코 한국위원회 편. 《문화다양성 협약 이행과 도전 과제》. 서울: 유네스코 한국위원회.

한경구·한건수 외. (2015). 《문화다양성 교육 커리큘럼 개발을 위한 지침서》. 나주: 한국문화예술위원회.

Achebe, C. (1988). *Hopes and Impediments.* New York: Doubleday.

Diop, C. A. (1974). *The African Origin of Civilization: Myth or Reality.* New York: L. Hill.

Glendon, M. A. (2002). *A World Made New: Eleanor Roosevelt and the Universal Declaration of Human Rights.* New York: Random House.

Lévi-Strauss, C. (1952). *Race and History.* Paris: UNESCO.

Mudimbe, V. Y. (1988). *Invention of Africa: Gnosis, Philosophy, and the Order of Knowledge.* Bloomington: Indiana University Press.

Mudimbe. V. Y. (1994). *The idea of Africa.* Bloomington: Indiana University Press.

Thiong'o, N. (1986). *Decolonising the Mind: The Politics of Language in African Literature.* London: James Currey.

The Executive Board of AAA. (1947). Statements on Human Rights: Submitted to the Commission of Human Rights of the United Nations. *American Anthropologist,* 49(4), 539-543.

Twiss, S. (2007). Confucian Ethics, Concept-clusters, and Human Rights. In M. Chandler & R. Littlejohn (Eds.), *Polishing the Chinese Mirror: Essays in Honor of Henry Rosemont, Jr.* New York: Global Scholarly Publications.

UNESCO. (1982). Mexico City Declaration on Cultural Policies World Conference on Cultual Policies. Paris: UNESCO.

UNESCO. (1995). *Our Creative Diversity: Report of the World Commission on Culture and Development.* Paris: UNESCO.

UNESCO. (2001). *Universal Declaration on Cultural Diversity.* Paris: UNESCO.

UNESCO. (2005). *The 2005 Convention on the Protection and Promotion of the Diversity of Cultural Expressions.* Paris: UNESCO.

9장 페미니즘과 세계시민교육은 어떻게 만날까?

김현미. (2006). "국제결혼의 전 지구적 젠더정치학". 《경제와사회》, 70, 10-37.

정현주. (2012). "이주여성들의 역설적 공간". 《젠더와 문화》, 5(1), 105-144.

Andreotti, V. (2006). Soft vs. Critical Global Citizenship Education. Policy and Practice: A Development Education Review, (3), 40-51.

Bakhru, T., & Rogers, R. (2016). Global Citizenship as a Feminist Pedagogical Tool. *Social Alternatives,* 35(3), 18-24.

Beck, U. (2016). Varieties of Second Modernity and the Cosmopolitan Vision. *Theory, Culture and Society,* 33(7-8), 257-270.

Beck, U., & Sznaider, N. (2006). Unpacking Cosmopolitanism for the Social Sciences: A Research Agenda. *The British Journal of Sociology,* 57(1), 1-23.

Benhabib, S. (2007). Twilight of Sovereignty of the Emergence of Cosmopolitan Norm? Rethinking Citizenship in Volatile Times. *Citizenship Studies,* 11(1), 19-36.

Bunch, C. (1990). Women's Rights as Human Rights: Toward a Re-vision of Human Rights. *Human Rights Quarterly,* 12(4), 486-498.

Çağatay, N., Grown, C., & Santigao, A. (1986). The Nairobi Women's Conference: Toward a Global Feminism?. *Feminist Studies,* 12(2), 401-412.

Davis, K. (2007). *The Making of Our Bodies, Ourselves: How Feminism Travels across Borders.* Duke University Press.

de Jong, S. (2013). Intersectional Global Citizenship: Gendered and Racialized Renderings. *Politics, Groups, and Identities,* 1(3), 402-416.

Desai, M. (2007). The Messy Relationship between Feminisms and Globalizations. *Gender and Society,* 21(6), 797-803.

Ehrenreich, B., & Hochschild, A. R. (Eds.). (2004). *Global Woman: Nannies, Maids, and Sex Workers in the New Economy.* Holt Paperback.

Enslin, P., & Tijattas, M. (2004). Cosmopolitan Justice: Education and Global Citizenship. *Theoria,* 104, 150-168.

Ferree, M. M., & Mueller, C. M. (2004). Feminism and the Women's Movement: A Global Perspective. In D. A. Snow, S. A. Soule, & H. Kriesi (Eds.), *The Blackwell Companion to Social Movements.* Blackwell Publishing.

Grewal, I. (2003). Transnational America: Race, Gender, and Citizenship after 9/11. *Social Identities,* 9(4), 535-561.

Harvey, D. (2000). Cosmopolitanism and the Banality of Geographical Evils. *Public Culture,* 12(2), 529-564.

Lister, R. (1996). Towards Global Citizenship? *Journal of Area Studies,* 4(8), 77-105.

Lister, R. (1997). Citizenship: Towards a Feminist Synthesis. *Feminist Review,* 57, 28-48.

Mahler, S. J., & Pessar, P. R. (2001). Gendered Geographies of Power: Analyzing Gender across Transnational Spaces. *Identities,* 7(4), 442-459.

McRobbie, A. (2006). Vulnerability, Violence, and (Cosmopolitan) Ethics. *The British Journal of Sociology,* 57(1), 69-86.

Moghadam, V. M. (2000). Transnational Feminist Networks: Collective Action in an Era of Globalization. *International Sociology,* 15(1), 57-85.

Mohanty, C. T. (2003). *Feminism without Borders.* Duke University Press.

Newman, L. M. (1999). *White Women's Rights: The Racial Origins of Feminism in the United States.* Oxford University Press.

Nussbaum, M. (2002). Education for Citizenship in an Era of Global Connection. *Studies in Philosophy and Education,* 21, 289-303.

Ong, A. (2006). *Neoliberalism as Exception.* Duke University Press.

Pardy, M. (2018). Transnational Feminisms and Cosmopolitan Feelings. *Women's Studies International Forum,* 67, 94–101.

Parreñas, R. (2001). *Servants of Globalization.* Stanford University Press.

Pashby, K. (2015). Conflations, Possibilities, and Foreclosure: Global Citizenship Education in a Multicultural Context. *Curriculum Inquiry,* 45(4), 345–366.

Pateman, C. (1988). *The Sexual Contract.* Stanford University Press.

Rich, A. (1980). Compulsory Heterosexuality and Lesbian Existence. *Signs,* 5(4), 631–660.

Reilly, N. (2007). Cosmopolitan Feminism and Human Rights. *Hypatia,* 22(4), 180–198.

Riley, D. (1988). *Am I That Name?* Macmillan Publisher.

Roggeband, C., & VeTloo, M. (1999). The Global Sisterhood and Political Change. In K. van Kersbergen, R. H. Lieshout, & G. Lock (Eds.), *Expansion and Fragmentation: Internationalization, Political Change and the Transformation of the Nation-state.* Amsterdam University Press.

Rupp, L. J. (1997). *Worlds of Women: The Making of an International Women's Movement.* New Jersey: Princeton University Press.

Scott, J. W. (1996). *Only Paradoxes to Offer.* Harvard University Press.

Shultz, L. (2007). Educating for Global Citizenship: Conflicting Agendas and Understandings. *The Alberta Journal of Educational Research,* 53(3), 248–258.

Toukan, E. V. (2018). Educating Citizens of 'the Global': Mapping Textual Constructs of UNESCO's Global Citizenship Education 2012–2015. *Education, Citizenship and Social Justice,* 13(1), 52–64.

Wolf, V. (1938). *Three Guineas.*

Wright, M. (2006). *Disposable Women and Other Myths of Global Capitalism.* New York: Routledge.

Yuval-Davis, N. (1993). Gender and Nation. *Ethnic and Racial Studies,* 16(4), 621–632.

Yuval-Davis, N. (2006). Intersectionality and Feminist Politics. *European Journal of Women's Studies,* 13(3), 193–209.

Young, I. M. (2004). Responsibility and Global Labor Justice. *The Journal of Political Philosophy,* 12(4), 365–388.

Zeng, M. (2014). Subaltern Cosmopolitanism: Concept and Approaches. *The Sociological Review,* 62, 137–148.

10장 지속가능한 발전과 미래를 위한 세계시민교육

강하니. (2015). "SDGs를 둘러싼 다섯 가지 쟁점".《ODA Watch Letter》, 104, 19-27.

김병연. (2011). "생태 시민성 논의의 지리과 환경 교육적 함의".《한국지리환경교육학회지》, 19(2), 221-234.

김태경. (2006). "지속가능발전을 위한 교육(ESD)과 지속가능성을 위한 (경제)교육-〈지속가능성〉의 개념 공유를 위한 환경교육과 그 범위".《환경교육》, 19(2), 67-79.

김희경·신지혜. (2012). "생태시민성 관점에서의 환경교과 분석: 고등학교 '환경과 녹색성장' 교육과정 및 교과서를 중심으로".《한국지리환경교육학회지》, 20(1), 125-141.

문순홍 편. (1999).《생태학의 담론》. 서울: 솔.

박순열. (2010a). "생태시티즌십(ecological citizenship) 논의의 쟁점과 한국적 함의".《환경사회학연구》, 14(1), 167-194.

박순열. (2010b). "한국 생태시티즌십(ecological citizenship) 인식유형에 관한 경험적 연구".《한국사회학연구》, 14(2), 7-52.

박순용. (2020.05.27). "팬데믹 시대의 세계시민교육에 대한 성찰", *APCEIU 인사이트*, No.2. http://www.unescoapceiu.org/board/bbs/board.php?bo_table=k35&wr_id=318

유네스코. (2015).《세계시민교육: 학습 주제 및 학습 목표》. 유네스코 아시아태평양 국제이해교육원 옮김. 서울: 유네스코 아시아태평양 국제이해교육원.

유네스코 아시아태평양 국제이해교육원. (2014).《글로벌시민교육: 21세기 인재 기르기》. 서울: 유네스코 아시아태평양 국제이해교육원.

유네스코 아시아태평양 국제이해교육원. (2017).《새로운 교육과정에 담은 세계시민교육: 고등학교 교사용》. 서울: 유네스코 아시아태평양 국제이해교육원.

윤순진. (2003). "지속가능한 발전을 지향하는 그린 거버넌스(green governance)를 바라며".《kapa@포럼》, 101, 13-17.

이선경. (2015). "왜 세계는 지속가능발전교육을 말하는가?".《모두를 위한 국제이해교육》. 서울: 살림터.

이선경. (2019). "지속가능한 미래를 위한 환경교육, 어떻게 강화할 것인가".《교과서연구》, 95, 6-24.

이선경·김시정. (2018). "과학교과에서 본 국어교과와의 만남과 융합".《국어교육연구》, 41, 343-375.

이선경·이재영·이순철·이유진·민경석·심숙경. (2005).《유엔 지속가능발전교육10년을 위한 국가 추진 전략 개발 연구》. 대통령자문지속가능발전위원회.

정미숙. (2005). "독일의 지속가능발전교육 프로젝트 'BLK Program 21' 조사 및 분석 연구". 석사 학위 논문, 한국교원대학교, 청주.

조대훈. (2016). "세계시민교육이란 무엇인가?".《서울교육》, 225.

조우진. (2012). "지속가능발전교육: '발전'비판과 대안을 위한 '렌즈'".《국제이해교육

연구》, 7(1), 39-69.

주형선·이선경. (2013). "지속가능성 및 형평성 개념으로 살펴본 초등 예비교사들의 지속가능한 발전에 대한 인식". 《환경교육》, 26(3), 397-409.

토다 기요시. (1996). 《환경정의를 위하여》. 김원식 옮김. 서울: 창비.

한경구. (2017). "왜 지금 세계시민교육인가?". 《새로운 교육과정에 담은 세계시민교육-고등학교 교사용》, (pp. 2-16). 서울: 유네스코 아시아태평양 국제이해교육원.

허학영. (2017). "지속가능발전목표(SDGs)와 보호지역". 《유네스코 인문·사회·자연과 학분야 지속가능발전목표 국내 이행 방안 연구》, (pp. 68-88). 서울: 유네스코한국 위원회.

황세영. (2019). "환경교육과 세계시민교육". 《2019 한국환경교육학회 동계 학술대회 자료집》.

황세영·이은주. (2018). "지속가능역량의 관점에서 뉴욕시 청소년 프로그램의 의미 탐색". 《환경교육》, 31(4), 356-376.

황세영·최정원. (2017). "세계시민의식 함양을 위한 청소년활동 활성화 방안". 한국청 소년정책연구원 연구보고 17-R05.

Adomßent, M., & Hoffmann, T. (2013). *The concept of competencies in the context of Education for Sustainable Development (ESD)*. http://se-ed. co.uk/edu/wp-content/uploads/2010/09/130314-Concept-Paper-ESD-Competencies.pdf.

de Haan, G. (2006). The BLK '21' Programme in Germany: A Gestaltungskompetenz'-Based Model for Education for Sustainable Development. *Environmental Education Research, 12*(1), 19-32.

Des Jardins, J. R. (2005). *Environmental Ethics: An Introduction to Environmental Philosophy.* Wadsworth Publishing.

Dobson, A. (1998). *Justice and the Environment.* New York: Oxford University Press.

Dobson, A. (2003). *Citizenship and the Environment.* New York: Oxford University Press.

Fien, J., & Tilbury, D. (2002). The Global Challenge of Sustainability. In D. Tilbury, R. Stevenson, J. Fien, & D. Schreuder (Eds.), *Education and Sustainability: Responding to the Global Challenge* (pp. 1-11). IUCN.

Gore, C. (2015). The Post-2015 Moment: Towards Sustainable Development Goals and a New Global Development Paradigm. *Journal of International Development, 27*(6), 717-732.

Haughton, G. (1999). Environmental Justice and the Sustainable City. *Journal of Planning Education and Research, 18*, 233-243.

Hollweg, K. S., Taylor, J. R., Bybee, R. W., Marcinkowski, T. J., McBeth, W. C., & Zoido, P. (2011). *Developing a Framework for Assessing Environmental Literacy.* Washington, DC: North American Association for Environmental

Education.

Lee, S. (2019). Changing Education, not the Planet: Direction of Climate Change Education. *Sangsaeng APCEIU,* 53, 12–15.

Lotz-Sisitka, H., & Raven, G. (2009). South Africa: Applied Competence as the Guiding Framework for Environmental and Sustainability Education. In J. Fien, R. Maclean, & M. G. Park (Eds.), *Work, Learning and Sustainable Development: Opportunities and Challenge* (pp. 308–318). UNEVOC Technical and Vocational Education & Training Series, 8. Heidelberg: Springer.

Mogensen, F., & Schnack, K. (2010). The Action Competence Approach and the 'New' Discourses of Education for Sustainable Development, Competence and Quality Criteria. *Environmental Education Research,* 16(1), 59–74.

OECD. (2005). *The Definition and Selection of Key Competencies. Executive Summary.* https://www.oecd.org/pisa/35070367.pdf

OECD. (2018). *The Future of Education and Skills: Education 2030.* Paris: OECD.

Oxfam. (2015). *Education for Global Citizenship: A Guide for Schools.* Oxford: Oxfam.

Pearce, D. (Ed.). (1993). *Blueprint 3: Measuring Sustainable Development,* London: Earthscan.

Smith, M. (1998). *Ecologism: Towards Ecological Citizenship.* Buckingham: Open University Press.

UNESCO. (2005). *UN Decade of Education for Sustainable Development 2005–2014. International Implementation Scheme Draft.* Paris: UNESCO.

UNESCO. (2014a). *UNESCO Roadmap for Implementing the Global Action Programme on Education for Sustainable Development.* Paris: UNESCO.

UNESCO. (2014b). *Shaping the Future We Want: UN Decade of Education for Sustainable Development(2005–2014)–Final Report.* Paris: UNESCO.

UNESCO. (2015). *Global Citizenship Education: Topics and L earning Objectives.* Paris: UNESCO.

UNESCO. (2017). *Education for Sustainable Development: Learning Objectives.* Paris: UNESCO.

UNESCO. (2019). *Educational Content Up Close: Examining the Learning Dimensions of Education for Sustainable Development and Global Citizenship Education.* Paris: UNESCO.

UNESCO. (2020). *ESD for 2030.* Paris: UNESCO.

United Nations. (2015). *Transforming Our World: The 2030 Agenda for Sustainable Development.* A/RES/70/1 (21 October 2015), available from https://www.unfpa.org/sites/default/files/resource-pdf/Resolution_A_RES_70_1_EN.pdf. New York: United Nations.

United Nations Secretary-General. (2014). *Global Education First Initiative.* New York: United Nations.

Weinert, F. E. (2001). Concept of Competence: A Conceptual Clarification. In D. S. Rychen & L. H. Salganik (Eds.), *Defining and Selecting Key Competencies* (pp. 45-65). Hogrefe & Huber Publishers.

World Commission on Environment and Development. (1987). *Our common future.* Oxford: Oxford University Press.